河南省中等职业教育
质量研究报告

河南省职业技术教育教学研究室　主编

中原出版传媒集团
中原传媒股份公司

大象出版社
·郑州·

图书在版编目(CIP)数据

河南省中等职业教育质量研究报告/河南省职业技术教育教学研究室编.— 郑州：大象出版社,2019.12
ISBN 978-7-5711-0424-5

Ⅰ.①河… Ⅱ.①河… Ⅲ.①中等专业教育-教育质量-研究报告-河南 Ⅳ.①G719.2

中国版本图书馆 CIP 数据核字(2019)第 263592 号

河南省中等职业教育质量研究报告

HENANSHENG ZHONGDENG ZHIYE JIAOYU ZHILIANG YANJIU BAOGAO

河南省职业技术教育教学研究室　编

出 版 人	王刘纯
策 划 人	杨秦予
责任编辑	李晓媚
责任校对	安德华　牛志远
装帧设计	王莉娟

出版发行	大象出版社(郑州市郑东新区祥盛街 27 号　邮政编码 450016)
	发行科 0371-63863551　总编室 0371-65597936
网　　址	www.daxiang.cn
印　　刷	北京汇林印务有限公司
经　　销	各地新华书店经销
开　　本	787 mm×1092 mm　1/16
印　　张	17.25
字　　数	322 千字
版　　次	2019 年 12 月第 1 版　2019 年 12 月第 1 次印刷
定　　价	61.25 元

若发现印、装质量问题,影响阅读,请与承印厂联系调换。

印厂地址　北京市大兴区黄村镇南六环磁各庄立交桥南 200 米(中轴路东侧)
邮政编码　102600　　　　　　电话　010-61264834

编委会名单

主　任　王身佩

副主任　杨金栓　王会莉

编委（按照内文出现先后顺序编排）

　　　王会莉　陆俊杰

　　　田虎伟　周　启

　　　尤　莉　范如永

　　　王为民　吕朝阳

　　　梅　波　冯　丽

　　　杨金栓

前言

近年来,河南省中等职业教育事业取得了长足的进步,但在快速变革与发展时期的中等职业教育实践也面临着一系列的问题与挑战。为了更好地推进河南省中等职业教育事业科学发展,河南省职业技术教育教学研究室组织专家编写了这本《河南省中等职业教育质量研究报告》,旨在通过科学研究,正确认识河南省中等职业教育事业发展到今天的现实情况、存在的困难与问题,探索未来发展的路径,为河南省中等职业教育事业发展提供决策参考与政策建议。

本报告由王身佩研究员根据国家、河南省教育政策以及工作重点,拟定十个专题并确定研究基调。由王身佩、杨金栓、王会莉同志共同商定研究专家,安排研究工作。自2018年12月启动这项工作以来,历时半年,各位专家不计报酬,不辞辛劳,克服各种困难,都完成了自己承担的专题研究,如期交出了自己的研究成果。为了保障各专题研究成果的科学性,特别邀请了河南省教育科学研究院徐宏升研究员对书稿进行了通审,最后由王身佩研究员审订。在本书的出版过程中,河南省职业技术教育教学研究室赵丽英、李菁同志做了许多具体工作。

尽管我们尽力想把这项工作做完美,在做的过程中也付出了辛勤的努力,但是由于能力所限,缺点与错误在所难免,诚望读者不吝批评指正。

目 录

专题一　河南省中等职业教育现状及发展趋势　　　　　　　　　　*001*
王会莉

专题二　河南省中等职业教育办学体制改革研究　　　　　　　　*023*
陆俊杰

专题三　河南省中等职业教育推进产教融合育人调查研究
　　　——以洛阳市为例　　　　　　　　　　　　　　　　　　*059*
田虎伟

专题四　河南省中等职业教育经费投入状况研究　　　　　　　　*081*
周　启

专题五　河南省中等职业教育教师队伍建设研究　　　　　　　　*101*
尤　莉

专题六　河南省中等职业教育信息化问题研究　　　　　　　　　*129*
范如永

专题七　河南省中等职业学校布局调整及专业优化问题研究　　　*165*
王为民　吕朝阳

专题八　河南省中等职业教育品牌示范学校和特色学校建设研究　*193*
梅　波

专题九　河南省中等职业教育人才培养模式改革研究　　　　　　*217*
冯　丽

专题十　河南省中等职业教育教学改革研究　　　　　　　　　　*239*
杨金栓

专题一 河南省中等职业教育现状及发展趋势

河南省职业技术教育教学研究室　王会莉

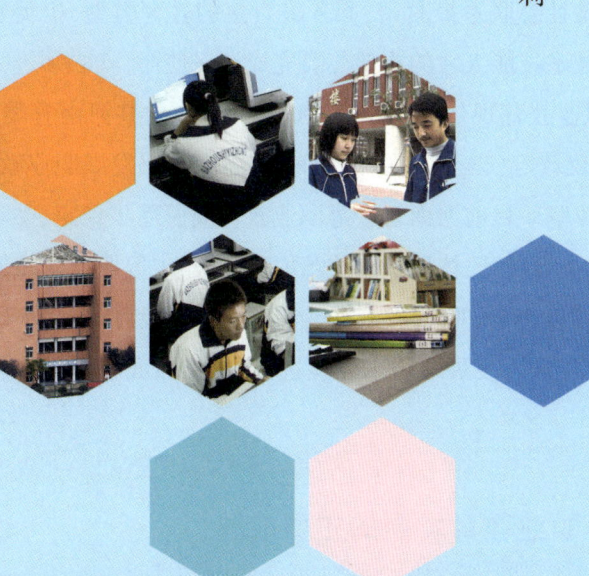

职业教育作为与经济社会联系最紧密、服务最直接的教育类型,担负着为经济社会发展提供高素质技术技能人才的重任。要完成这一使命,就必须进一步办好职业教育,大幅提升职业教育现代化水平。2008年以来,中共河南省委(以下简称"省委")、河南省人民政府(以下简称"省政府")高度重视发展职业教育,启动实施了两期职业教育攻坚。目前河南省中等职业教育规模逐步稳定,办学条件取得明显改善,内涵建设全面展开,体制机制改革取得突破,中等职业学校服务产业发展能力得到了较大幅度提升,职业教育作为一种教育类型开始逐步确立起来[1]。尽管河南省中等职业教育发展取得了明显进展,但仍然面临着很多新的困难和挑战。

一、河南省中等职业教育发展的主要成绩

(一)办学基础逐步夯实

1.中等职业教育总体规模趋于稳定

2008年实施职业教育攻坚计划和省政府与教育部共建国家职业教育改革试验区以来,在国家和省政府关于大力发展职业教育政策的影响下,越来越多的人选择了职业教育。中等职业教育招生数(招生数含技工学校,下同)在2008年和2009年连续两年实现了较大规模增长,2009年中等职业教育招生达到历史最高水平。在校生规模则在2010年达到历史峰值,相应地,2010年中等职业教育的招

---

[1] 徐国庆.从分等到分类——职业教育改革发展之路[M].上海:华东师范大学出版社,2018:2.

生数和在校生数分别占高中阶段教育的53.55%和49.62%,实现了"使中等职业教育招生规模与普通高中招生规模大体相当"的目标要求。此后几年受每年初中毕业生数逐年递减、高等教育招生指标逐年增加等因素影响,中等职业教育招生数和在校生数逐年减少,但中等职业教育在校生数始终保持在130万人左右,实现了中等职业教育在校生规模的基本稳定。截至2017年年底,河南省共有中等职业学校789所(学校数含技工学校,下同),在校生133.23万人(在校生含技工学校,下同),河南省中等职业教育招生和在校生数又开始有所回升,约占全国中等职业教育在校生规模的8.4%,具体情况见表1-1。

表1-1　2008—2017年河南省中等职业教育规模情况表

年度	学校数（所）	招生（万人）	在校生（万人）
2008	1173	67.64	171.75
2009	1180	73.11	187.91
2010	1130	72.47	189.31
2011	961	68.02	184.72
2012	920	63.3	173.87
2013	899	53.06	147.19
2014	885	49.39	137.58
2015	875	47.89	131.48
2016	800	47.79	128.25
2017	789	52.87	133.23

2.学校布局趋于合理

2008年,河南省中等职业学校共计1173所,到2017年,河南省中等职业学校共计789所,学校数量减少了384所(河南中等职业学校数量变化情况见图1-1及表1-2),中等职业学校校均在校生数由2008年的1465人提高到2017年的1689人(校均在校生数变化情况见表1-2),中等职业学校的规模效益初步显现。

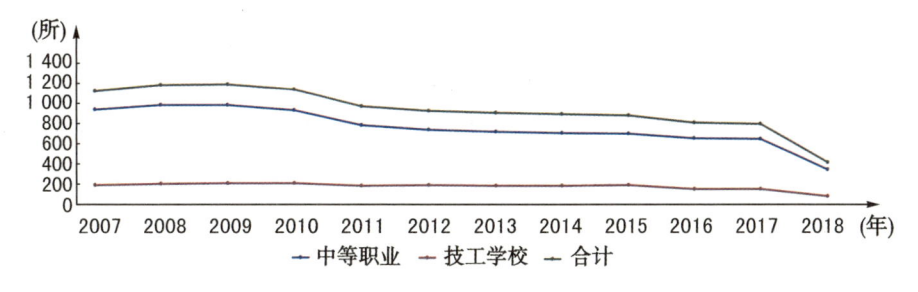

图1-1　河南省中等职业学校数量变化趋势图(2007—2018年)

表 1-2　2008—2017 年河南省中等职业教育学校数及校均在校生数

年度	中等职业学校数（所）	校均在校生数（人）
2008	1173	1465
2009	1180	1593
2010	1130	1676
2011	961	1923
2012	920	1890
2013	899	1638
2014	885	1555
2015	875	1503
2016	800	1604
2017	789	1689

影响中等职业学校数量变化的主要因素是政府的相关政策规定和制度设计。2008 年,《河南省人民政府关于实施职业教育攻坚计划的决定》(豫政〔2008〕64 号)提出,整合教育资源,优化学校布局,推动职业教育向规模化、集团化、品牌化发展。2009 年,《河南省人民政府办公厅转发省教育厅等部门关于河南省中等职业学校布局调整等 4 个实施意见的通知》(豫政办〔2009〕63 号)明确提出,淘汰一批办学条件差、学校规模小、社会效益低的中等职业学校。2015 年颁发的《河南省人民政府关于进一步优化中等职业学校布局提升办学水平的意见》(豫政〔2015〕74 号),要求河南省采取撤销、合并、兼并、划转、转型、共建等形式,整合一批弱、小、散的中等职业学校,推动中等职业教育资源向优质学校集中。以上政策和制度的实施切实改变了河南省中等职业学校弱、小、散的状况,有效地推动了中等职业学校上规模、上水平,提升了学校的办学效益。

3. 办学条件逐步改善

通过实施两期职教攻坚计划,河南省中等职业教育办学资源总量得到了显著提升,基础能力建设显著加强。河南省中等职业学校(不含技工学校)在校园占地面积、校舍建筑面积、纸质图书藏量、固定资产、教学仪器设备、专任教师等办学条件建设方面,均有了较大幅度的提升。2017 年,河南省中等职业学校(不含技工学校)占地 4.64 万亩,校舍建筑面积 1 499.46 万平方米,生均(生均指标中中等职业学校在校生数同样不含技工学校,2017 年按照 106.52 万人计算,办学条件涉及的生均均按此计算)纸质图书数量 23.76 册,生均教学仪器设备值约为 3938 元。具体指标见表 1-3。

表1-3 2008—2017年河南省中等职业学校基本办学情况表

年度	校园占地面积(万亩)	校舍建筑面积(万平方米)	纸质图书藏量(万册)	固定资产总值(亿元)	教学仪器设备值(亿元)	专任教师数(万人)
2008	5.77	1 601.87	3100	120.48	21.82	5.59
2009	6.15	1 721.72	3167	131.81	23.16	5.95
2010	6.86	1 827.20	3409	135.53	24.89	6.04
2011	6.53	1 873.03	2577	147.00	26.86	5.83
2012	6.48	1 906.10	3442	160.40	32.24	5.72
2013	6.04	2 064.04	2902	157.63	31.39	5.26
2014	6.49	1 984.66	2834	178.12	33.47	5.18
2015	5.18	1 605.13	2546	175.73	31.38	5.17
2016	4.86	1 540.80	2590	179.60	33.72	5.03
2017	4.64	1 499.46	2531	186.61	41.95	6.38

注：此表中数据均不含技工学校。

对照教育部《中等职业学校设置标准》中的五项办学指标,河南省中等职业学校五项生均办学指标由2007年的均不达标提高至2017年的三项达标,其中,生均占地面积、生均教学仪器设备值、专任教师生师比三项达标。生均校园占地面积由2008年的约22.38平方米增加到2017年的29.04平方米;生均教学仪器设备值由2008年的约1270元增加到2017年的3938元,超出教育部规定达标值1438元;2017年河南省中等职业教育专任教师生师比达到16.70,低于教育部规定达标值20。与2008年相比较,2017年河南省中等职业学校生均校园占地面积、生均教学仪器设备值、专任教师生师比等基本办学条件得到极大改善,但在生均校舍建筑面积、生均纸质图书藏量两个指标方面,与教育部规定的指标仍有差距。总体来说,经过两期职教攻坚,河南省中等职业学校办学条件和基础设施得到了明显提升。

4.办学经费投入逐年增长

2008年,中等职业学校办学经费投入约54.62亿元,校均投入0.046亿元,生均投入约0.32万元;2016年,河南省中等职业学校教育经费投入约107.64亿元,校均投入约0.14亿元,生均投入约0.81万元,9年间,办学经费、校均经费和生均经费投入分别增长49.26%、65.39%和62.10%(见表1-4)。据统计,2008—2014年,各级政府采取财政倾斜投入一点、申报项目争取一点、对外招商引一点、担保贷款借一点、土地置换筹一点等办法,多渠道筹措职教经费约440亿元,其中公共财政累计投入约388.7亿元,为职教攻坚提供了资金支持。

表 1-4　河南省中等职业学校各类办学经费状况

(单位：千元)

年度	经费投入	国家财政性教育经费投入	民办学校中创办者投入	捐赠收入	事业收入	其他教育经费收入
2008	5 461 975	3 563 657	56 218	955	1 764 210	76 935
2016	10 764 120	9 481 314	85 476	2116	971 409	223 804
增幅(%)	49.26	62.41	34.23	54.87	—	65.62

近年来，中等职业学校办学经费各项支出逐年增加。2008年，办学经费支出约54.93亿元，校均支出约0.05亿元。2016年，办学经费支出约107.35亿元，校均支出约0.13亿元，增长了约61.54%。2016年，河南省中等职业学校的各项经费支出中，专项项目支出增幅最大，增长了约73.63%；其次是基本建设支出，增长了约72.68%（见表1-5）。办学经费支出中，专项项目中大部分都是内涵建设的项目，一定程度上说明河南省中等职业教育在两期攻坚中能够坚持基本建设和内涵建设两手抓。

表 1-5　河南省中等职业学校各类办学经费支出情况

(单位：千元)

年度	经费支出	个人部分	公用部分	基本建设支出	专项公用支出	专项项目支出
2008	5 492 957	3 319 164	2 068 580	105 213	316 537	442 198
2016	10 734 729	5 223 068	5 126 604	385 058	961 838	1 676 813
增幅(%)	48.83	36.45	59.65	72.68	67.09	73.63

5. 实训基地不足的局面得到缓解

根据《河南省教育厅　河南省财政厅关于实施2017年河南省中等职业教育实训基地建设项目的通知》(教职成〔2017〕552号)精神，实施了示范性实训基地建设计划。紧紧围绕河南省中等职业教育品牌示范专业和特色专业建设，在汽车、电子信息、电子商务、装备制造、食品、轻工、建材、能源、化工、现代农业、旅游、交通、现代物流等专业领域，在河南省中等职业教育品牌示范和特色学校建设了100余个管理科学、运行高效，集教学、培训、鉴定和生产等多种功能于一体的职业教育实训基地，进一步提升了示范校和特色校的实训教学水平。实训基地建设项目的实施，极大缓解了中等职业学校实训条件不足的状况，推动了人才培养与岗位需求有效对接。

(二)人才培养质量显著提升

2012年以来，我省以加强内涵建设、提高教学质量为重点，集中人力、财力、物力,持续实施了品牌示范专业和特色专业建设计划、"双师型"教师队伍建设计划、示范性实训基地建设计划和信息化建设计划等"四项计划",重点建设了300所省级职业教育品牌示范院校和特色院校。通过"四项计划"的实施,进一步增强了骨干职业院校的办学实力,带动了河南省中等职业院校办学水平的提升。

1. 专业设置逐步与产业发展对接

2008年以来,围绕"三区"建设及河南省高成长性产业、传统优势产业和战略性新兴产业的发展要求,根据经济发展方式转变和产业结构调整升级的实际需求,各地各中等职业学校研究制定适合本地、本学校的专业设置与建设发展规划,调整优化专业结构,设置符合河南省重点产业、新兴产业和区域支柱产业、特色产业发展需求以及就业前景良好的专业,淘汰落后专业,有效地提高了专业结构与产业结构吻合度。同时,河南省教育厅支持和引导区域、行业内学校之间合理分工、错位发展,避免专业盲目设置和重复建设,促进专业布局科学合理。

从专业分布看,截至2019年3月,河南省中等职业学校合计专业数为245个,专业点5178个,校均专业数为12个,涵盖了教育部中等职业教育专业目录的19个大类。在专业大类分布中,在校生最多的8个专业大类分别是信息技术类、教育类、交通运输类、财经商贸类、医药卫生类、文化艺术类、加工制造类、农林牧渔类(见表1-6)。

表1-6 河南省中等职业学校在校生数排名前八的专业大类情况

编号	专业类别	2017年在校生数(人)	2017年毕业生数(人)	获得职业资格证书的人数(人)
1	信息技术类	173 434	52 006	42 358
2	教育类	155 782	54 869	47 232
3	交通运输类	133 994	34 425	27 964
4	财经商贸类	125 525	33 168	22 271
5	医药卫生类	88 594	28 600	16 968
6	文化艺术类	84 463	19 010	13 658
7	加工制造类	82 834	27 596	22 679
8	农林牧渔类	74 050	26 334	23 292

从2015年到2018年,河南省教育厅实施了河南省职业教育品牌示范专业和特色专业建设计划,在河南省104所中等职业教育品牌示范学校和特色学校中重点建设了近800个品牌示范专业、特色专业,这些专业覆盖了河南省18所省属中等职业学校、17个省辖市和9个直管县(市)属的86所中等职业学校。中等职业教育品牌示范和特色专业点建设,不仅大大提升了中等职业教育品牌示范学校和

特色学校的办学水平,而且打造了"少林武术""漯河食品""长垣厨师""林州建工""邓州护理""河南机电""信阳茶艺"等一批职业教育知名品牌,有效地服务了地方骨干产业和特色产业的发展。

2. 师资队伍素质整体提升

提高职业教育的办学水平和质量,关键在教师。2008年以来,随着河南省职业教育的快速发展和教育教学改革逐步深化,各级政府高度重视职教师资工作,把加强职教师资队伍建设摆在职业教育发展中的重要位置,作为提高职业教育办学质量的基础性工程,采取强有力的措施,大力推进师资队伍建设工作,取得了明显成效。中等职业教育教师队伍的规模稳步扩大,素质结构不断优化。截至2017年,河南省中等职业教育教职工7.95万人,其中,专任教师6.38万人。专任教师中,"双师型"专任教师达1.01万人。专任教师学历合格率90.22%,具有研究生及以上学历的比例为8.48%。具有正高级专业技术职务的教师155人、副高级专业技术职务的教师10 670人。职教师资培训体系建设取得突破,基本建立起省级、市级、校级三级师资培训网络,集中力量建设了21个专业骨干教师省级培训基地、24个青年教师企业实践基地、32个"双师型"教师培养培训基地,制定了33个专业的教师培训标准,构建了中等职业教育师资培训专家库。以骨干教师为重点的师资培训活动广泛开展,采用"学校+企业(行业)"的"双师型"教师培养培训模式,在河南省累计培养培训1.5万余名"双师型"教师,极大缓解了"双师型"教师紧缺的局面。省政府按照"两年一评审、一次80名"的机制,在全国率先评审认定了366名省级职教专家。河南省教育厅评审认定了47名中职学校名校长、63个中等职业教育技能名师工作室、470名教学名师和一批"双师型"教师,造就了一批发挥重要作用、具有一定影响力的名教师、名校长,有效带动了河南省中等职业学校教师专业成长,中等职业学校教师整体素质明显提升,初步形成了一支数量充足、素质优良、结构合理、专兼结合的中等职业学校教师队伍。

3. 中等职业教育教学质量明显提高

一是探索建立了适合中等职业教育的人才培养模式和教学模式。河南省中等职业学校切实落实工学结合、校企合作、顶岗实习的模式,着力改变一支粉笔、一本教材、一块黑板的传统教学方式,普遍推行仿真实训教学和模拟教学、项目教学、案例教学、技能打包教学等适合职业教育的教学方法。高度重视实践和实训环节教学,大力开展职业技能竞赛活动,提高中等职业学校师生实践能力和职业技能水平。我省中等职业学校在全国技能大赛中屡创佳绩,竞赛成绩连续多年位居全国第一方阵,在中西部省份名列前茅。特别是2018年,我省中等职业学校在全国职业院校技能大赛中取得了优异成绩,共获得一等奖12个、二等奖34个、三等奖44个,获奖率达81.8%,远高于全国60%的平均获奖率。二是制订了中等职业教育教学标准。围绕我省经济和社会发展需求,以服务我省支柱产业、优势产业为宗旨,依托我省行业优势、区域经济优势,结合我省中等职业教育办学实际,遴选现代农艺技术、种子生产与经营、园林技术、畜禽生产与疾病防治、农产品保鲜与加工、建筑工程施工、机械加工技术、数控技术应用、汽车运用与维修、计算机网络技术、护理、会计电算化、电子商务、酒店服务与管理等32个专业制订专业教学标准。三是研发了精品教材。采取"教学专家+企业专家"的"双主编"方式,研发了中等职业教育18个专业103本校企合作精品教材,着力提高了课程的针对性和实用性。四是开展了职业教育国际合作与交流。开展了德国"双元制"模式河南本土化试验,在32所中等职业学校开办了104个"中德班";省教育厅与德国驻华大使馆、德国工商总会上海代表处签署了《豫德职业教育合作备忘录》;每年选派100多名专业骨干教师赴德国、美国、澳大利亚等职业教育发达国家研修。

(三)体制机制改革取得突破

1.改革封闭式办学模式,大力推进产教融合、校企合作

2012年,省政府在全国省级层面第一个出台了《职业教育校企合作促进办法(试行)》。2018年,制定并印发了《河南省人民政府办公厅关于深化产教融合的实施意见》,成立了由省政府主管部门、行业协会、企业单位、职业院校共同组成的省校企合作促进委员会,分三批成立了25个行业职业教育校企合作指导委员会,有效指导和推进了职业教育产教融合、校企合作工作。河南省先后组建了64个职教集团,共吸纳职业院校、行业协会、企业和科研机构等成员单位2122家,有效地推进了校企合作办学、协同育人。河南省教育厅、河南省财政厅与京东集团签署了职业教育产教融合战略合作框架协议,京东集团投资2.6亿元、河南省财政配套4000万元,利用两年时间,在河南省职业院校共同建设100个电子商务实训基地。

2.改变了单一政府投资模式,建立了多元化的经费投入渠道

2015年,河南省财政厅、河南省教育厅在全国率先出台了《省属职业院校财政经费核拨机制改革方案(试行)》,省属公办职业院校全面实行以学生人数、专业类别、办学质量安排生均财政拨款预算的办法。从2015年秋季学期起,河南省

中等职业学校全日制在校学生全部免除了学费。通过深化改革，激发了河南省中等职业学校的办学活力。在保证政府投入的同时，河南省积极开展股份制、混合所有制、"公办民助""民办公助""托管办学"等办学体制改革，引导、支持行业、企业、社会组织和个人参与办学。截至2017年年底，河南省民办中等职业学校有186所，在校生达23.3万人，分别约占河南省中等职业学校数和在校生数的23.57%和17.48%，民办职业教育规模位居全国前列。

（四）社会服务能力明显增强

1. 有力支撑了经济发展

2017年，河南省中等职业学校在校生达到133.23万人，每万人口中普通中专平均在校学生数达76人，比2008年增加了15人。2017年，中等职业学校毕业生40.38万人，其中，获得职业资格证书的人数达到24.95万人；2008年到2017年，累计完成"农村劳动力转移培训""农村实用人才培训""成人继续教育与再就业培训""阳光工程""雨露计划"等各类职业技能培训2700多万人次。中等职业学校紧紧围绕我省6大高成长型产业、4大现代服务业不断调整专业设置，提升了专业结构与产业结构的吻合度，加速了产业的优化升级。河南省的技能人才总量明显增加、质量明显提升，人才竞争力优势进一步凸显，人口负担正在转变为人力资源优势，增强了区域竞争力。

2. 有效促进了民生改善

2008年以来，河南省中等职业学校毕业生就业率连年保持在95%以上。"职教强县"创建提升了职业教育服务县域经济发展的能力，河南省71个"职教强县"大力开展职业教育和职业培训，有效堵住了新"技能盲"产生的口子，大面积提高了劳动者的素质。据调查，2008年以来，河南省71个"职教强县"经济总量和财政收入增速均高于河南省县市的平均增速，职业教育促进区域经济发展的作用显著增强。

3. 全面服务了脱贫攻坚

河南省坚持资源、资金、项目向贫困县职业学校倾斜，省财政累计投入10亿多元，支持贫困县中等职业学校改善办学条件，提升贫困地区中等职业学校办学水平。近两年，河南省财政累计投入资金4723万元，在河南省贫困县中等职业学校开设"精准脱贫技能培训班"，累计培训贫困人员1.74万余名，有效促进了贫困家庭实现脱贫减贫。大力开展新型职业农民培养工作，投入资金1100万元，依托20个新型职业农民培养基地,培养了1800名新型职业农民学员,培养造就了一批脱贫致富的带头人。实施了贫困县中等职业学校"兼职教师特聘岗计划"。投入专项经费2400万元,设立800个特聘岗位,资助贫困地区中等职业学校聘请高水平工程技术人员担任兼职教师。

二、河南省中等职业教育发展的主要经验

(一)认真做好顶层设计

河南省委、省政府始终把职业教育放到促进中原崛起河南振兴、增强区域竞争力的高度来谋划,探索形成了"三改一抓一构建"(改革封闭式办学模式、改革单一的政府投资模式、改革职业院校管理体制和机制,抓一批具有品牌效应的职业教育示范院校和特色院校建设项目,探索构建现代职业教育体系)和"六路并进"(教育、人力资源和社会保障、民政、农业、扶贫、残联部门共同实施"全民技能振兴工程")的工作思路,为河南省职业教育改革发展指明了方向。2008年实施职教攻坚计划以来,省政府主要领导同志亲自动员、部署安排,亲自调查研究,亲自督促落实,多次召开省政府常务会、办公会和省长议事会等会议,专题研究、部署职业教育工作;省政府根据职业教育攻坚不同阶段工作任务的需要,每年召开一次会议、每年出台一个文件,强力推动职业教育改革发展。2017年以来,省政府先后召开了河南省职业教育攻坚动员大会、表彰大会、工作推进会、电视电话会议、攻坚二期工程推进会等会议;先后出台了《关于实施职业教育攻坚计划的决定》《河南省职业教育校企合作促进办法(试行)》《关于加快发展现代职业教育的意见》《关于加快推进职业教育攻坚二期工程的意见》等重要文件;河南省教育厅、河南省人力资源和社会保障厅、河南省财政厅、河南省机构编制委员会办公室等有关部门先后出台了职业教育品牌示范院校和特色院校建设、生均经费标准、中职学校编制标准、教育教学专家评审办法等配套文件,解决攻坚中的重大困难和问题,在关键环节和重点领域实现了突破。各级党委、政府对职业教育的发展也给予了高度重视,很多省辖市及县(市、区)将职教攻坚作为"一把手工程"来抓,推动职教攻坚取得了阶段性显著成效。目前,河南省基本形成了"抓职教就是抓发展、抓经济、抓民生"的共识,职业教育在河南省经济社会发展中的战略地位显著提升,大力发展职业教育成为我省各级党委、政府和全社会的共识。

（二）坚定不移地走内涵发展之路

河南省中等职业教育的快速发展，最重要的一条经验就是将提高质量作为整个职业教育工作的重中之重。2008年以来，尤其是二期职教攻坚实施以来，以实施国家职业教育改革发展示范学校、建设计划项目为契机，扎实推进河南省职业教育品牌示范校和特色校建设、中等职业学校布局调整、省级示范性中等职业学校建设、薄弱中等职业教育建设等，切实加强河南省中等职业学校的内涵建设，打造了一批品牌示范学校，提升了河南省中等职业学校的办学水平。深入推进中等职业教育教学改革，以新大赛体系推进技能大赛全员化，选择一批试点学校探索现代学徒制，推动校企专业共建、教材共编、课程共担、师资共训、人才共育，着力建立符合职业教育发展规律的技能型人才培养模式，推动河南省中等职业学校将工作重点和发展重心转移到内涵建设和提高质量上来。

（三）始终坚持改革创新

改革创新是推动教育事业科学发展的根本保障之一。近年来，河南省中等职业教育坚持改革创新，进一步解放思想、开阔思路，在实践中大胆探索、大胆尝试，以体制机制改革激活动力，以创新增强活力。只要有利于职业教育发展、有利于中等职业学校建设、有利于中等职业学校学生成长，就大胆地改、大胆地试，不拘泥于传统的发展思路、发展模式，取得了职业教育多个方面的突破。如：改革单一僵化的办学体制，大力实施多元办学体制，积极引导支持社会力量参与、兴办职业教育，探索发展股份制、混合所有制职业院校。河南省有110多所职业院校开展公办民助、民办公助、股份制形式等多元化办学改革试点，吸纳社会资金40多亿元。改革封闭的办学模式，探索建立了由政府强力推动，政府部门、行业协会、企业、职业院校等广泛参与的校企合作办学模式。同时，深入开展职业教育集团化办学实践，吸纳职业院校、行业协会、企业和科研机构等参与办学，初步形成了校企共同育人的模式。改革僵化的管理体制，探索改革公共资源的供给机制，实行省属中职和高职高专生均财政拨款预算改革，依据在校生规模和就业质量，按生均标准拨付教职工奖励性绩效工资和公用经费，有效提高了财政经费的使用效益。同时，探索实施了发放职业培训券、给予培训补贴等政府购买服务的办法。

（四）不断深化产教融合、校企合作

产教融合、校企合作是彰显职业教育特色、创新人才培养模式、培养技术技能人才的根本途径。在探索产教融合、校企合作过程中，一方面，加强顶层设计，省政府出台了《职业教育校企合作促进办法》，成立了由省政府有关部门、行业、企业、职业院校、科研院所等多方参与的河南省职业教育校企合作促进委员会。在此框架下，根据河南产业特点，省政府又成立了省行业职业教育校企合作指导委员会，指导和服务产教融合、校企合作。另一方面，中等职业学校从封闭办学模式向主动联系、对接、服务行业企业的开放式办学转变，涌现出了顶岗实习模式、订单培养模式、集团化办学模式、混合所有制办学模式、教学工厂模式、股份制办学模式等校企合作模式。同时，为学习借鉴发达国家先进职业教育经验和模式，河南省教育厅多次组织中等职业学校领导和教师到国外研修、考察、学习，有效地推动了德国"双元制"、新加坡教学工厂等先进校企合作模式的本土化探索进程。如河南省工业科技学校在汽车类专业中对教学工厂模式进行了尝试，于2015年8月成功地将教学工厂教学模式与学校新增的汽车美容专业对接，并促使河南省众诚联盟汽车美容公司与学校达成合作协议，形成了引企入校、校企融合的办学模式，推动了学校主动面向社会、面向市场办学进程，提高了服务经济社会发展的能力。

（五）加强教师队伍建设

2008年以来，河南省坚持把教师队伍建设作为教育事业最重要的基础性工作，加大投入、多措并举，积累了一套丰富的中等职业教育教师队伍建设经验。一是加强制度建设，先后出台了《河南省人民政府关于全面加强教师队伍建设的意见》《河南省中等职业学校"双师型"教师基本能力标准（试行）》《河南省教育厅、河南省人力资源和社会保障厅、河南省财政厅、河南省机构编制委员会办公室关于加强河南省中等职业学校"双师型"教师队伍建设的若干意见》《河南省中等职业学校教师培养培训规划（2016—2020年）》等文件，制定了一系列支持职业院校教师队伍建设的政策措施。二是健全培养培训体系，集中力量建设了3个国家级中等职业教师培训基地、40个中等职业教育"双师型"教师培养培训基地、39个中等职业专业骨干教师省级培训基地（含21个省级培训基地、18个省辖市培训基地）、15个青年教师企业实践基地、4个省级班主任培训基地，组建了高水平的培训师资团队，组织开展了职业教育管理人员、校长、班主任、教研员、骨干教师培训等形式多样的活动，基本形成了以国家级、省级培训为引领，以市、县级培训为补充，以校本培训为基础的五级培训体系。三是优化教师队伍结构，探索建立了以职教专家为龙头、正高级讲师和教学名师为骨干、技能名师工作室为平台的职教"双师型"师资队伍领军团队建设模式。四是加强教师对外合作交流，河南省教育厅多次组织职业教育行政管理干部、校长、骨干教师、教研人员等到上海、南京、杭州等知名高校培训，并先后选派了600多名省职教教学专家、骨干教师到德国、澳大利亚、新加坡等职业教育发达的国家进行研修和交流，以开拓眼界、增长见识，提高职业教育国际化水平。

三、河南省中等职业教育改革发展中存在的主要问题

（一）经费投入不足，中等职业学校办学条件仍显薄弱

虽然近年来河南省中等职业教育经费投入有了大幅度的提升，但随着中等职业教育事业的发展，经费投入增长力度还是无法满足事业发展的需要。经过这几年的基本建设，中等职业学校关键的办学指标有了新的提升，办学条件有了很大提高，但从河南省总体来看，仍有部分地方的中等职业学校办学条件较差，特别是生均指标达不到教育部颁布的《中等职业学校设置标准》的要求，严重影响了中等职业教育的办学水平和社会声誉。同时，河南省的中等职业教育在经费投入上仍显落后，比如学费标准，河南省目前执行的仍是1998年制定的中等职业学校学费标准（职业中专：每人每年800~1200元；职业高中：每人每年300~700元；普通中专：每人每年1700~2100元）。学费标准偏低已不能满足中等职业学校实际发展需求。中等职业学校生均经费制度未全面铺开，目前只有31所省属公办中等职业学校和新乡、驻马店、濮阳市属公办中等职业学校实行了生均经费制度。而且，省属公办中等职业学校生均财政拨款标准（理工类专业6390元、文科类专业5751元、体育卫生艺术类专业7029元），与公办本科和高等职业学校每年生均财政拨款水平不低于1.2万元的差距较大，绝大多数省辖市尚未制定本地公办中等职业学校生均拨款办法和标准，致使中等职业学校投入不足，中等职业学校发展较为困难。稳定的经费保障机制尚未完全建立，一些地方教育费附加的30%费用用于职业教育的规定没有完全落实，还有生均经费拨款制度未完全落实到位，这些因素都给中等职业教育的改革发展带来了困难。

（二）体制机制不健全，职业教育产教融合、校企合作深度不够

近年来，河南省在职业教育产教融合、校企合作方面出台了一些政策措施，搭

建了校企合作基本框架,但是当前中等职业教育的产教融合、校企合作大多仍然处于浅层次,"三热三不热(上热下不热、官热民不热、校热企不热)"现象普遍存在,企业并未实质性地参与到技术技能人才培养的全过程。究其原因,一是校企合作主体的责、权、利不够明晰。从技术技能人才成长规律来看,学校要使其具备基础知识和通识技能,成为一个初级工人,而后从初级工人成长为一个熟练工就是企业的责任。但当前由于教育部门并没有对职业学校的人才培养规格做出明确的规范,导致企业接收的人才规格不够,只能将这些学生作为廉价劳动力来使用。二是缺乏推进产教融合、校企合作的长效机制。从组织学的角度看,职业学校和企业是两种不同性质的组织。企业是以营利为目标的,企业的营利性质是正常的组织行为。职业学校以培养人才为目标,是教学组织机构,是一种公益性组织。要使两个性质完全不同的组织实现深度合作,必须建立在双方自愿的基础上,当前就是要注重企业投入的营利性,制定相关校企合作中企业投入资本的收益实施细则,建立促进校企合作深入进行的长效机制,切实调动企业参与职业教育的积极性。

(三)内涵发展不够,中等职业教育服务经济社会发展的能力仍需提高

中等职业学校除需要改善办学条件外,更需要注重学校的专业、课程、管理等内涵建设。由于内涵建设与学校办学条件以及当地经济社会发展状况等密切相关,需要投入的资金、精力、时间更多,建设的难度也相对更大。当前,河南中等职业教育的规模、结构和质量与河南省经济社会发展的需求还不十分适应。品牌示范校、特色校的整体实力还不强,办学特色不够突出,服务能力不强,教育质量还有待提高,尤其在教育教学领域还存在一些亟须解决的问题。以教学为中心的工作要求还没有很好地落实,有些地方和学校对教学工作重视不够,推进教学改革缺乏主动性,教学工作投入不足,缺乏条件和机制保障;技能大赛精英化倾向较为严重,全员化技能大赛制度还未完全建立;素质教育还没有很好地实施,培养的学生适应职业岗位变化的能力不强,继续学习能力不强;人才培养与市场需求还没有很好地衔接,课程、教材内容与职业标准不对接,传授给学生的知识和技能与企业实际脱节;严格规范的教学管理制度还没有很好地建立,育人过程随意性大,损害了职业教育的形象;现代教学方式方法和手段还没有很好地应用,信息化作为一种教学手段还未得到正确运用,要么使用过度,试图以信息化工具代替教师的教学,要么使用不足,缺乏基本的信息化条件和能力,教学信息化发展程度较低。

河南省中等职业教育教学研究工作基础薄弱,科研对职业教育事业发展的保障作用未能有效发挥,国家级职业教育教学成果奖获奖情况在全国处于较为落后的水平。以上这些问题均影响了中等职业教育质量的提高,影响了老百姓对职业教育的选择,进而影响到整个中等职业教育的吸引力和影响力。

(四)"双师型"教师数量不足,中等职业教育质量仍然较低

一是中等职业学校"双师型"教师比例偏低。2017年,我省中等职业学校"双师型"教师总数1.01万人,占专任教师总数的15.83%,距离省政府提出的"双师型"教师占专任教师70%的目标相去甚远。二是教师专业化能力与教学需求的差距较大,据调研统计,河南省71.3%的专业课教师没有经过专业的、系统的教师教育培养;73.7%的专业课教师对所教专业在企业、行业中的应用缺乏深入了解,不少老师在新教育理念的接受能力、现代教育教学手段的掌握和应用能力、专业实操能力、实训教学指导能力等方面都有待提高,与现代职业教育发展所需要的既有扎实专业理论功底又有丰富实践工作经验的"双师型"教师要求差距明显。三是引进技术人才困难,没有形成有效的补充机制。按照教育部颁布的《中等职业学校设置标准》规定的20∶1生师比计算,目前河南省中等职业学校缺少专任教师2.1万人,其中专业课教师至少缺1.04万人。2008年以来河南省中等职业学校引进具有企业经历的高技术技能人才数量不足210人,县属学校寥寥无几。四是教师培养培训经费投入相对不足。近年来,虽然我省中等职业学校教师培养培训经费逐年增加,但从全省情况看,经费还相对不足,尤其是不少市、县级财政部门或教育部门没有职教教师队伍建设专项经费,工作无法正常开展。

(五)鄙薄职业教育的观念依然存在,中等职业教育吸引力仍较低

近年来,尽管国家和我省出台了一系列加快职业教育改革发展的政策措施,极大地扶持了农村和城镇家庭经济困难学生接受教育并赢得工作机会,但受"学而优则仕""劳心者治人,劳力者治于人"的传统思想影响,社会上对职业教育的认识还存在偏见,很多家长和学生不会主动选择接受职业教育。在对加快普及高中阶段教育的认识上,一些地方政府及教育部门只重视发展普通高中,"重普教、轻职教"的现象还比较严重。这些因素反映在中等职业教育发展过程中,表现为中等职业学校招生难的问题比较突出,近几年高中阶段职普比下滑的压力较大。

四、河南省中等职业教育的发展趋势

2019年1月24日,国务院印发了《国家职业教育改革实施方案》,将党中央、国务院关于奋力办好新时代职业教育的决策部署细化为若干具体行动,从7个方面提出20条具体改革措施,简称"职教20条",为我国职业教育改革指明了方向。面对中等职业教育发展难题,立足于河南省中等职业教育发展的现实,未来中等职业教育的发展方向成为每一个河南职教人必须认真思考的问题。河南省人民政府省长陈润儿于2019年2月18日在郑州专题调研职业教育工作时的讲话为河南省中等职业教育发展指明了方向:在办学格局上,加快由政府主办为主向政府统筹管理、社会多元办学的格局"转";在办学模式上,加快由参照普通教育办学模式向企业社会参与、专业特色鲜明的类型教育"转";在办学取向上,加快由追求规模扩张向提高质量"转"。因此,未来河南省中等职业教育发展,需要从转变观念、深化改革、提高内涵、深化产教融合校企合作等方面下功夫。

(一)尊重规律,探索河南特色的中等职业教育发展道路

《国家职业教育改革实施方案》明确指出:职业教育与普通教育是两种不同的教育类型,具有同等重要的地位。中等职业教育作为高中阶段教育的一个类型和职业教育的一个层次,既有别于普通高中,也有别于高等职业教育,承担着普及高中阶段教育、为经济社会发展培养技术技能人才的重任。中等职业教育作为高中阶段教育的一种类型,必然有区别于普通高中教育的培养目标、培养途径、课程体系、教学内容、教学方法、评价标准等,有其自身独特的规律。要打造"职业教育强省",河南的中等职业学校就要进一步解放思想,从职业教育的属性、功能、理念、制度及管理等方面入手,学习先进国家职业教育的成功经验,创新教育理念,探索新时代中国特色职业教育的规律,真正从参照普通教育办学模式向企业社会参与、专业特色鲜明的教育类型转变,走出一条河南特色的职业教育发展新路子。

(二)突出内涵,全面提升中等职业教育教学质量

在经过了两期职教攻坚工程、国家改革发展示范校以及省品牌示范校和特色校建设之后,河南省中等职业教育的办学条件和基本面貌发生了根本性的变化,经过布局调整保留下来的学校都是办学条件比较好的学校,这些学校只有牢牢把

握内涵建设这条主线,打造学校品牌,形成特色,实现差异化发展,才能凸显价值。

河南省中等职业教育在内涵建设方面要突出以下几个重点:一是落实立德树人根本任务。落实好立德树人根本任务,健全德技并修、工学结合的育人机制,把社会主义核心价值观融入教育教学全过程。以中等职业学校学生素质能力大赛、中华优秀传统文化大赛、班主任基本功大赛等活动为抓手,着力培养学生的工匠精神、职业道德、职业技能和就业创业能力。二是调整、优化专业布局结构。建立健全行业产业动态调整和人才供需状况定期发布制度,形成专业预警和退出机制。调整、优化中等职业学校专业布局,重点建设新兴产业相关专业,着力升级改造传统产业相关专业,扶持农林牧渔地矿油等艰苦专业,引导中高等职业学校建立紧密对接产业链、创新链的专业体系。三是重构、优化课程体系。适应"互联网+职业教育"的需求,以课程资源为核心,建设河南省职业教育数字化教学资源库,打造职业教育信息化教学资源共享平台,推动优质资源跨区域、跨学校共建共享,逐步实现所有专业优质数字教育资源全覆盖。坚持标准引领,落实职业教育教学相关标准,主动对接产业发展、技术进步和流程再造,修订、开发专业教学标准,形成分层分类、系统衔接的职业教育课程体系。推进"课堂革命",创新教学组织方式和实践机制,大力推行项目式、案例式、混合式教学,打造特色示范课。四是建立健全中等职业教育质量评价制度。以学习者的职业道德、技术技能水平和就业质量,以及产教融合、校企合作水平为核心,建立中等职业教育质量评价体系。实施中等职业教育质量年度报告制度,报告向社会公开。完善政府、行业、企业、职业院校等共同参与的质量评价机制,积极支持第三方机构开展评估,将考核结果作为政策支持、绩效考核、表彰奖励的重要依据。五是加强中等职业教育科学研究。加强中等职业教育科研体系建设,健全中等职业教育教学成果和科研成果奖励制度,设立省级中等职业教育教学成果奖,加强成果的转化、应用和推广,用优秀成果引领中等职业教育改革创新。

(三)完善机制,深入推进中等职业教育产教融合、校企合作

产教融合、校企合作,是关系到建设有中国特色中等职业教育的一个深层次关键问题,是提高中等职业教育质量的根本途径。一是要构建产教融合、校企合作机制。探索建立"政府、行业、企业、学校、社会协同推进"的产教融合、校企合作工作机制。健全行业中等职业教育校企合作指导委员会,提升行业举办和指导中等职业教育的能力。积极推进现代学徒制和企业新型学徒制,推动校企共同研

究制定人才培养方案,及时将新技术、新工艺、新规范纳入教学标准和教学内容,促进产教融合、校企"双元"育人。二是探索产教融合、校企合作路径。如遴选企业和学校开展省级产教融合建设试点,在此基础上,认定一批产教融合型企业和学校。在中等职业学校中,重点支持建设产教融合型产业学院(系部)和具有辐射引领作用的高水平专业化产教融合实训基地。重点建设一批特色鲜明、成效突出、教育链与产业链融合的省级示范性中等职业教育集团(联盟)和省级产教融合专业联盟,带动中小企业参与。三是制定支持产教融合、校企合作政策。如河南省人民政府可以设立"职业教育产教融合校企合作奖励基金",对在推进产教融合、校企合作中做出突出贡献的中高等职业学校、企业、行业协会等予以奖励。对企业和学校在校企合作中取得的收益如何分配予以明确,以保证校企在合作中可以获取正当利益,如建立接收学生实习实训成本补偿机制,对经基金会考核,符合实习规范的企业,按照一定标准,补助企业参与职业教育的办学成本。校企合作中,学校可从中获得智力、专利、教育、劳务报酬等。

(四)加强建设,打造一支高素质"双师型"的教师队伍

河南省中等职业教育师资队伍建设的方向:一是全面加强中等职业学校师德师风建设,健全师德建设长效机制,引导广大教师以德立身、以德立学、以德施教、以德育德。二是加强职业教育领军人物和团队建设,建立长效化的激励机制,引领河南省中等职业学校的教师队伍建设。三是改革中等职业学校教师管理体制。建立健全中等职业学校根据实际教学需要自主招聘专业教师的制度,建立健全职业院校自主聘任兼职教师的办法,推动企业工程技术人员、高技能人才和中高等职业学校教师双向流动。完善企业经营管理和技术人员与学校领导、骨干教师相互兼职兼薪制度。建立双师型教师长效培养机制,创造条件建设独立设置的职业技术师范院校,鼓励、支持具备条件的本科高校和高职院校设立职业技术师范二级学院,培养职业教育师资。四是打造"双师型""一体化"教师队伍。完善国家、省、市、县、校五级教师培训体系,深入实施中等职业院校教师素质提高计划,重点建设一批省级职业教育"双师型""一体化"教师培训基地,完善"学校+企业(行业)"的培训模式,提高培训质量和效益。五是提高中等职业学校教师待遇。完善以技术技能人才的能力培养为核心指标的中等职业学校教师职称评聘制度,建立中等职业学校正高级职称评聘工作的常态化机制,进一步健全中等职业学校教师与当地公务员工资福利待遇同步增长机制,切实提高中等职业学校教师待遇。

(五)深化改革,扩大中等职业学校办学自主权

改革是中等职业教育发展的动力。只有改革,才能破解中等职业教育发展中的瓶颈。为此要深化以下几个方面的改革:一是加快推进办学体制机制改革。发挥企业办学的主体作用,鼓励有条件的企业特别是大型企业举办高质量职业教育。鼓励社会力量通过独资、合资、合作等形式举办或参与举办职业教育,允许社会力量通过购买、承租、委托管理等方式改造办学活力不足的公办中高等职业学校。鼓励发展股份制、混合所有制等中高等职业学校和各类职业培训机构。支持开展混合所有制办学改革试点,允许企业以土地、资本、知识、技术、管理等要素依法参股、入股,与公办中等职业学校合作举办混合所有制性质的中等职业学校或二级学院(产业学院)、系部。二是深化中等职业教育管理体制改革。深化"放管服"改革,加快推进职能转变,由注重"办"职业教育向"管理与服务"过渡。政府主要负责规划战略、制定政策、依法依规监管。建立和完善依法治校、自主办学、民主管理的运行机制和现代中等职业学校制度,加快中等职业学校章程建设,提升中等职业学校治理能力。扩大中等职业学校人事管理、教师评聘、收入分配、教育教学、学生管理等方面的自主权。推行中等职业学校全员岗位聘任制和绩效考核分配制,因岗聘人、按岗定薪、依绩取酬。三是大力发展民办中等职业教育。通过优惠政策,鼓励和大力支持社会力量举办非营利性民办中等职业学校。对从事学历教育的民办中等职业学校在建设用地、项目安排以及学生资助、税收、银行贷款等方面与公办中等职业学校一视同仁。规范民办中等职业学校的管理,建立公开透明规范的民办职业教育准入、审批制度,探索民办职业教育负面清单制度,建立健全退出机制。

参考文献:

[1]河南省教育厅.2008年全省教育事业发展统计公报[EB/OL].(2010-10-30)[2019-04-30].http://www.haedu.gov.cn/2010/10/30/1379489968725.html.

[2]河南省教育厅.2009年全省教育事业发展统计公报[EB/OL].(2010-01-02)[2019-04-30].http://www.haedu.gov.cn/2010/10/30/1288408936968.html.

[3]河南省教育厅.关于印发《2011年河南省教育事业发展统计公报》的通知[EB/OL].(2012-02-08)[2019-04-30].http://www.haedu.gov.cn/2012/02/08/1328670928859.html.

［4］河南省教育厅.2012 年河南省教育事业发展统计公报［EB/OL］.（2013-01-23）［2019-04-30］.http://www.haedu.gov.cn/2013/03/08/1362711213369.html.

［5］河南省教育厅.2013 年河南省教育事业发展统计公报［EB/OL］.（2014-04-03）［2019-04-30］.http://www.haedu.gov.cn/2014/04/03/1396505613265.html.

［6］河南省教育厅.2014 年河南省教育事业发展统计公报［EB/OL］.（2015-07-04）［2019-04-30］.http://www.haedu.gov.cn/2015/07/14/1436863613341.html.

［7］河南省教育厅.2015 年河南省教育事业发展统计公报［EB/OL］.（2016-05-16）［2019-04-30］.http://www.haedu.gov.cn/2016/05/16/1463367234225.html.

［8］河南省教育厅.2016 年河南省教育事业发展统计公报［EB/OL］.（2017-03-17）［2019-04-30］.http://www.haedu.gov.cn/2017/03/17/1489720664881.html.

［9］河南省教育厅.2017 年河南省教育事业发展统计公报［EB/OL］.（2018-04-02）［2019-04-30］.http://www.haedu.gov.cn/2018/04/02/1523265555694.html.

［10］河南省教育厅.河南省教育厅关于印发《2018 年河南省教育事业发展统计公报》的通知:教发规〔2019〕226 号［EB/OL］.（2019-04-15）［2019-04-30］.http://www.haedu.gov.cn/2019/04/15/1555295281651.html.

［11］教育部财务司，国家统计局社会和科技统计司.2009 中国教育经费统计年鉴［M］.北京：中国统计出版社，2010：158-159.

［12］同［11］322-323.

［13］教育部财务司，国家统计局社会科技和文化产业统计司.2017 中国教育经费统计年鉴［M］.北京：中国统计出版社，2018：142-143.

［14］同［13］258-259.

［15］河南省统计局，国家统计局河南省调查总队.河南统计年鉴（2018）［EB/OL］.［2019-04-30］http://www.ha.stats.gov.cn/hntj/lib/tjnj/2018/indexch.htm.

专题二 河南省中等职业教育办学体制改革研究

中原工学院　陆俊杰

一、河南省中等职业教育办学体制改革的历程

从学界研究和官方文件来看,对职业教育办学体制尽管有相对一致的内涵方向,但在具体使用时往往在外延上有所区别。因此,研究河南省中等职业教育办学体制,首先必须对相关概念作一简要分析和界定。

(一)概念界定

学界一般认为,职业教育办学体制主要是指职业教育"由谁来办"的问题,但是,这一概念往往与"由谁来管"有交叉,因此,职业教育办学体制与管理体制往往无法十分精确地区分。袁娅(2002)认为,办学体制或称办学模式,是教育体制的有机组成部分。原有的办学模式过分强调统一性、国家化,造成办学体制单一化。这种办学体制已经很不适应市场经济体制的客观要求[①]。当然,关于办学体制的研究在我国很早已经开始,李青藻、谢聿栋(1985)认为,必须弄清多渠道、多种形式办学的含义。我们探讨多渠道多形式发展职业教育时,只重视全日制职业教育的内部关系,而对业余的成人职业教育本身就是一种重要形式却认识不够[②]。包小明(2001)研究发现,中等职业教育的条条管理、行业管理仍然是职业教育放开搞活的一项制约因素,在人事制度、工资管理等方面仍存在着行政事业单位固有的迂腐模式、教条、人浮于事的消极因素,在管理上仍存在等、靠、要的现

---

① 袁娅.论新世纪的中等职业教育体制改革[J].吉林商业高等专科学校学报,2002(04):21-22.
② 李青藻,谢聿栋.关于中等教育结构改革中若干问题的探讨[J].教育评论,1985(02):1-6.

象[①]。这里虽然主要谈的是管理体制,事实上也同时指明了办学体制方面的问题。直至 2010 年,张建敏(2010)依然提议,加快职业技术教育院校办学和管理体制的创新,构建多样化的职业技术教育发展体系[②]。值得注意的是,学者关于改革开放 40 年办学体制改革的综合历时研究谈及办学体制时,论述的话语体系也基本没有大的更改,可以视为这一概念的相对成熟。万卫(2018)认为,改革开放 40 年来,我国职业教育办学体制改革经历了全面恢复期、改革初期、改革深化期三个阶段。当前职业教育办学体制存在着办学主体较单一、办学管理体制不顺、院校办学自主权未落实等突出问题[③]。

学者研究的基本思路也可在官方文件中得以体现,二者可视为相互体现的关系。《关于调整中等职业学校布局结构的意见》(教职成〔1999〕3 号)指出,为贯彻落实《中共中央国务院关于深化教育改革全面推进素质教育的决定》和第三次全国教育工作会议精神,进一步深化中等职业教育办学体制和管理体制改革,优化中等职业教育资源配置,实现中等职业教育在新的历史时期的资源重组,提高办学质量和整体效益,促进中等职业教育适应经济体制改革的需要,更好地为经济建设和社会发展服务。我国目前的中等职业学校布局结构是在计划经济体制下形成的。在计划经济体制下,部门、行业和地方分别举办中等职业学校,形成了"条块分割"的中等职业学校布局结构。可见,文件虽然没有明确区分办学体制和管理体制,甚至文件名只是谈布局结构,事实上也着重谈了职业教育应该由谁举办和由谁管理的问题。教育部职业教育与成人教育司于 1999 年 4 月 12 日至 15 日在江西省南昌市召开全国中等职业教育办学体制研讨会。会议围绕如何贯彻落实《面向 21 世纪教育振兴行动计划》,进一步推进中等职业教育办学体制改革进行深入的研讨。从全国看,现有的办学体制与市场经济的需要还不适应,要进一步加大改革力度,当前要以中等职业学校布局调整为突破口推动办学体制改革。会议还着重就如何发展民办和国有民营职业教育的问题,进行了深入的研讨。与会代表认为,各地民办、国有民营职业教育的发展很不平衡。今后要按照"积极鼓励,大力支持,正确引导,加强管理"的方针,倡导和支持发展多种形式的民办职业教育。会议召开及主题的确定,也证明了上述判断。

浙江省教育厅(2005)在公办职业学校体制改革方面指出:简政放权,扩大公办

---

① 包小明.中等职业教育体制改革势在必行[J].内蒙古农业科技,2001(S1):12.
② 张建敏.国外中等教育结构改革对我国职业教育的启示[J].教育与职业,2010(24):93-95.
③ 万卫.职业教育办学体制改革 40 年回顾与展望[J].教育与职业,2018(12):19-24.

职业学校的办学自主权;深化学校人事分配制度改革,调动教职工的工作积极性;创新学校内部管理制度,提高学校管理水平①。虽然没有明确指出只谈办学体制,但从其论述的方面依然可以看出主要谈到了办学的相关问题。

这种观点具有一定代表性,至今正式文件关于办学体制的说明也均在此方向之上。

(二)中国中等职业教育办学体制改革简要历程

1.历程与成绩

1954年,政务院发布的《关于改进中等专业教育的决定》规定:中央各有关业务部门应直接领导所属中等专业学校的工作,不再转托给下层机构,地方所需财经干部分别由中央有关部门统一培养,对原地方所属工业学校,仍由省市有关部门领导,待中央专管地方工业的部门成立后,学校即转归各部直接领导,由各部统一规划、培养和分配各省市所需的中级工业技术干部。

1980年10月,国务院批转教育部、国家劳动总局《关于中等教育结构改革的报告》。

1981年,教育部转发辽宁省《关于中等教育结构改革情况和今后意见的报告》,建议在省政府的领导下,成立由省计委、教育、劳动、财政、农业及各有关部门参加的中等教育结构改革联席会议,日常工作由教育、劳动等主管部门负责。实行的是在中央统一领导下分级分工办学,按系统归口,由业务部门领导和管理,由教育部门实行综合管理的体制,技工学校由劳动部门综合管理,中等以下的职业技术教育以地方为主进行管理。

1983年,国务院发出了《关于加强和改革农村学校教育若干问题的通知》。1983年,教育部等部门颁发了《关于改革城市中等教育结构,发展职业技术教育的意见》。

1985年颁行的《中共中央关于教育体制改革的决定》要求大力发展职业技术教育,充分调动企事业单位和业务部门的积极性,并且鼓励集体、个人和其他社会力量办学。要提倡各单位和部门自办、联办或与教育部门合办各种职业技术学校。全国各地职业技术教育蓬勃发展,出现了教育部门办学、劳动部门办学、系统办学、企业办学、教育部门与有关部门联合办学等多种形式办学的局面。在中央、省、地(市)、县(区)四级教育部门里都设有职业技术教育的管理机构。中央和省

---

① 浙江省教育厅.深化公办职业学校体制改革 做大做强中等职业教育[J].中国职业技术教育,2005(19):11-12.

级进行宏观调控和指导；地（市）级既进行统筹指导，又对直属学校进行实体管理。大部分职业中学是县（区）一级办的，由县（区）管理，乡（镇）办的学校由县、乡两级管理。劳动部门直接举办的职业技术教育有两个部分：一是技工学校，二是就业培训中心。技工学校的管理机构为劳动部门的培训处和劳动就业处，对劳动部门举办的技工学校实行管理。就业培训中心由劳动部门的各级劳动就业局和劳动服务公司管理。其他业务部门办的职业技术学校均实行归口领导，分级管理。因此，各级政府、经济业务部门，甚至企业都对办中专、技校、职业中学表现出较大的热情和主动性。办学有很强的针对性，主办者可根据本行业、本部门所需人才的规格、专业门类、阶段需求量等情况办学，并能根据变化的状况及时予以调整，较好地避免了办学的盲目性。同时，"谁办学，谁管理，谁受益"的模式可以使上、下级管理机构关系清楚，责任明确，保证在一定范围内的管理渠道畅通。

1993年，中共中央、国务院发布的《中国教育改革和发展纲要》明确提出，教育体制改革的目标是"建立起与社会主义市场经济体制和政治体制、科技体制相适应的教育体制"。改革管理体制，"逐步实行中央和省、自治区、直辖市两级管理、以省级政府为主"的分权管理体制，极大地推动了部门办学、条块分割的体制改革，建立中央和省两级管理，以省为主的管理体制，增强了省级政府统筹管理教育的权力和责任；改革办学体制，改变政府包揽办学的格局，逐步建立了以政府办学为主、社会积极参与、各方面联合办学的体制。职业技术教育主要依靠行业、企业、事业单位办学和社会各方面联合办学。国家对社会团体和公民个人依法办学，采取积极鼓励、大力支持、正确引导、加强管理的方针。

2002年，《国务院关于大力推进职业教育改革与发展的决定》明确提出：推进管理体制和办学体制改革，促进职业教育与经济建设、社会发展紧密结合。深化职业教育办学体制改革，形成政府主导、依靠企业、充分发挥行业作用、社会力量积极参与的多元办学格局。鼓励和支持民办职业教育的发展。这种管理体制有利于促进我国职业教育更好地适应经济建设和社会发展需要，加快培养面向基层，面向生产、建设、服务和管理等一线职业岗位的高技能专门人才的速度；有利于扩大省级政府对发展高等教育的决策权和统筹权，使得地方政府更积极地探索以多种形式、多种途径和多种机制发展地方职业教育。《国务院关于大力推进职业教育改革与发展的决定》明确提出，要加强地方政府对职业教育的统筹和管理权，要求地方政府要统筹规划，促进本行政区域内职业教育与其他各类教育协调发展，建立多渠道筹措职业教育经费的机制，组织动员社会力量举办职业教育；要整合和充分利用现有各种职业教育资源,打破部门界限和学校类型界限,积极发挥市场机制的作用,提高办学效益,优化职业学校布局结构。明确提出要鼓励和支持民办职业教育的发展,并制定了优惠政策:非营利性的民办职业学校,享受举办社会公益事业的有关优惠政策;地方人民政府和其他单位,可以采取出租闲置的国有、集体资产等措施,对民办职业学校予以扶持;民办职业学校教师、学生享有与公办职业学校教师、学生同等的义务与权利;对举办民办职业教育有突出贡献的单位和个人予以表彰奖励。以上政策对民办职业教育的发展起到了积极的促进作用。

2004年6月,经国务院批准,教育部、国家发改委等七部委建立了职业教育工作部际联席会议制度。目前,全国多数地方都建立了省级职业教育工作部门联席会议制度。这一制度的建立,强化了政府对职业教育的统筹领导,促进了政府有关部门对职业教育工作的沟通与协调,是我国职业教育发展史上一个重要的体制创新,对我国职业教育的改革和发展具有十分重要的意义。

近年来的一系列关于办学体制和管理体制的文件规定也基本沿袭了上述说法。而且,值得关注的是,2018年11月,国务院同意建立国务院职业教育工作部际联席会议制度。《国务院关于同意建立国务院职业教育工作部际联席会议制度的批复》(国函〔2018〕144号)规定,同意建立由国务院领导同志牵头负责的国务院职业教育工作部际联席会议制度。联席会议不刻制印章,不正式行文,按照国务院有关文件精神,认真组织开展工作。撤销职业教育工作部际联席会议,其职能并入国务院职业教育工作部际联席会议。联席会议由教育部、国家发展改革委、工业和信息化部、财政部、人力资源和社会保障部、农业农村部、国务院国有资产监督管理委员会、国家税务总局、国务院扶贫开发领导小组办公室9个部门和单位组成,教育部为牵头单位。召集人为国务院副总理孙春兰,副召集人为教育部部长陈宝生、国务院副秘书长丁向阳。这也可视为我们办学体制和管理体制改革的新进展和新契机。

总之,我国对职业技术教育实行由中央专业部门直接领导的体制,这种体制是在计划经济以及与这种体制相联系的权力集中的政治体制条件下形成的,它曾为我国国民经济的迅速恢复和发展培养了大批合格的初、中级人才,对我国职业教育的兴起和发展起了极大的促进作用。经过多年的改革与发展,我国的职业技术教育逐渐体系化;在办学体制方面,鼓励和支持社会力量办学,形成了职业教育多元化办学格局[①]。

2.主要问题

1985年颁行的《中共中央关于教育体制改革的决定》要求大力发展职业技术教育,但这种体制也存在着弊端。由于多方办学,多部门管理,造成条块分割、各自为政的状态。综合部门由于不掌握人、财、物的管理权,宏观调控能力不强,致使学校布局不合理,专业设置重复,学校的规模效益无法提高;分散的管理使本来就不很完善的职业技术教育体系显得更为分散,初、中、高三级职业技术没有规范的衔接关系;中等职业技术教育层次的中专、技校、职业中学分属不同的部门,相互间缺少联系,无法优势互补。此外,职业技术教育与社会的需求和发展存在着相互脱节的现象,各部门、各企业都按自己的需要办学,但部门办学往往社会化程度不高,在宏观上出现结构上的不合理现象。在社会主义市场经济逐步取代计划经济的过程中,职业教育原有体制存在的合理性日趋失却,暴露出种种弊端,以致限制了政府、业务部门和职业学校职能的充分发挥,甚至成为职业教育事业进一步发展的障碍。

教育部职成教司1999年4月12日至15日组织部分在办学体制改革方面积极探索的省、市在江西省南昌市召开了中等职业教育办学体制改革工作研讨会,就改革开放20年来中等职业教育在体制改革方面创造的经验与遇到的困难及今后中等职业教育办学体制改革的思路等进行了专题研讨[②]。其中重要的议题依然是激发各相关方面的办学积极性问题。例如,作为第一个典型代表,在推进公办学校转制方面,江西省下发了《关于在部分职业高中试行国有民办的实施意见》。文件明确规定:职业高中试行国有民办,是在学校所有制不变的前提下,按照民办者所有权与法人财产权分离的原则,将国有学校全部或部分财产有偿、有期限租赁给国有民办学校,实行依法自主办学、自负盈亏。

然而,值得注意的是,上述所提及问题在实际办学中并未得以根本性好转。2002年前后,我国中等职业教育体制还存在着多头管理、职能交叉、统筹乏力的问题,资源难以充分利用,不能形成整体优势,办学效益还较低;行业企业举办职业教育的责任弱化,办学规模缩小等问题[③]。近年来,在改革开放大潮的推动下,不少社会办学、民办学校以及各种形式的短期培训,很受社会欢迎,取得了很好的

---

① 张书义.试论我国职业教育体制改革及趋向[J].教育与职业,2008(36):150-152.
② 韩云鹏.中等职业教育办学体制改革工作研讨会综述[J].职教论坛,1999(06):10-11.
③ 袁娅.论新世纪的中等职业教育体制改革[J].吉林商业高等专科学校学报,2002(04):21-22.

社会效益和经济效益。同时,我国的中专、技工学校主要是由部门举办和主管,发挥了行业办职业教育的优势。但也不同程度地带来了面向过窄、条块分割和重复办学等问题。如会计专业中专有,技工学校也有,省一级学校有,地市级学校也有,结果在就业过程中相互"残杀",造成投资效益和资源的浪费。据此,研究者提出了大力开创办学体制新局面的建议:从职业教育与经济联系特点和我国"穷国办教育"的国情出发,特别是市场经济的建立与完善,在我国实行的公有制为主体、多种经济成分并存的格局下,兴办职业教育决不能靠政府包揽,而必须实行在政府统筹下,广泛发动行业、企事业、公民个人、社会团体等各种社会力量的各种形式的多元化办学体制。

万卫(2018)在《职业教育办学体制改革40年回顾与展望》的研究中指出,总的来看,职业教育办学体制存在的问题还比较突出,制约了职业教育的健康发展[①]。我国职业教育办学体制依然存在"办学主体单一的格局尚未得到根本扭转"的问题。从现实来看,民办职业教育尚未成为我国职业教育体系的重要组成部分。另一方面,民办职业教育的质量总体不高。可见,尽管职业院校的办学主体日益丰富,但尚未从根本上扭转办学主体单一的格局。办学管理体制尚未完全理顺。当前,条块分割依然严重困扰着职业教育的发展。一方面,中央政府与地方政府的关系比较模糊。不论是《中华人民共和国职业教育法》,还是《中华人民共和国高等教育法》,都将职业教育管理的主要权力赋予地方政府。然而,从实际运作来看,中央政府对高等职业教育管理得还比较细。另一方面,教育部门与其他部门之间的关系比较模糊。目前,我国职业教育实行的是多元管理体制,从某种程度上说,它导致中等职业教育管理的条块分割比较严重,制约了职业教育资源的优化配置,影响了政府功能的正常发挥。院校办学自主权尚未全部落实。职业院校的办学自主权有所扩大,但尚未全部落实。一方面,高等职业院校的办学自主权还需拓展。另一方面,中等职业学校的办学自主权必须增强。当前,中等职业学校缺乏办学自主权,地方政府对其实行的是事无巨细的微观管理。职业院校缺乏办学自主权,导致其办学体制比较僵化,办学活力不足。

(三)河南省中等职业教育办学体制改革简要历程

河南中等职业教育办学体制改革按照国家的有关要求,结合自身实际,进行

[①] 万卫.职业教育办学体制改革40年回顾与展望[J].教育与职业,2018(12):19-24.

了诸多探索,基本路线也与国家保持一致。

1980年,我省一方面积极恢复普通中等专业教育,另一方面积极试办农村职业学校,迈出了河南省中等教育结构改革的第一步。当时全省的职业教育管理工作由省教育厅中小学教育处负责。1983年,省教育厅正式成立了职业技术教育处,标志着我省的职业教育正式步入了恢复发展阶段。1985年,中共河南省委、河南省人民政府颁发了《关于贯彻〈中共中央关于教育体制改革的决定〉的意见》,提出发展职业教育要以中等职业教育为重点,要充分调动企事业单位和业务部门的积极性,并鼓励集体、个人和其他社会力量办学。1990年,省政府又下发了《关于进一步做好职业教育工作的补充通知》,进一步强调了政府的责任和义务。为学习、贯彻、落实《职业教育法》和两次全国职业教育工作会议精神,河南省人民政府于1991年5月17日颁发了《关于大力发展职业技术教育的决定》,并成立了"河南省职业技术教育统筹协调领导小组"和"教育综合改革领导小组",由常务副省长任组长,有关副省长任副组长。2000年8月,政府机构改革,原省教委改为省教育厅,撤销成人教育处和职业教育处,成立职业与成人教育处,统筹管理全省普通及成人中等职业学历教育、成人文化技术教育。

河南中等职业教育办学体制改革的情况也可从我省教育事业发展统计公报中得以体现。

2013年,中等职业学校899所,国家级重点学校127所,省部级重点学校116所,国家改革发展示范校62所,省级品牌示范校29所,特色学校79所。招生53.06万人,在校生147.19万人。中等职业教育的招生数和在校生数分别占高中阶段教育的44.53%和43.75%。教职工6.94万人,其中专任教师5.26万人(其中"双师型"1.04万人),专任教师学历合格率87.93%,其中具有研究生及以上学历占总数的6.67%。学校占地5.29万亩,校舍建筑面积1 590.81万平方米,图书2 759.38万册,教学仪器设备值29.26亿元。民办中等职业学校218所,在校生18.61万人。

2014年,中等职业学校885所(校数、招生和在校生均含技工学校),国家级重点中等职业学校151所,省部级重点中等职业学校134所,国家中等职业教育改革发展示范校62所,省级品牌示范院校100所(含高职和技校),特色院校200所(含高职和技校)。招生49.39万人,在校生137.58万人。中等职业教育招生数和在校生数分别占高中阶段教育的43.37%和42.06%。教职工6.77万人(办学条件均不含技工学校),其中专任教师5.18万人(其中"双师型"专任教师1.07万人),专任教师学历合格率 87.81%,专任教师具有研究生及以上学历占总数的 6.77%。中等职业学校占地 5.30 万亩,校舍建筑面积 1 658.93 万平方米,图书 0.26 亿册,教学仪器设备值 30.14 亿元。民办中等职业学校 215 所,在校生 16.72 万。

2015 年,中等职业学校 875 所,招生 47.89 万人,在校生 131.48 万人。中等职业教育的招生数和在校生数分别占高中阶段教育的 41.33% 和 40.36%。教职工 6.71 万人(办学条件均不含技工学校),其中专任教师 5.17 万人(其中"双师型"专任教师 1.08 万人),专任教师学历合格率 89.23%,其中专任教师具有研究生及以上学历占总数的 7.34%。中等职业学校占地 5.18 万亩,校舍建筑面积 1 605.13 万平方米,图书藏量 2 545.74 万册,教学仪器设备值 31.38 亿元。民办中等职业学校 205 所,在校生 16.89 万人。

2016 年,中等职业学校 800 所,招生 47.79 万人,在校生 128.25 万人。中等职业教育的招生数和在校生数分别占高中阶段教育的 40.73% 和 39.12%。教职工 6.42 万人(办学条件均不含技工学校),其中专任教师 5.03 万人(其中"双师型"专任教师 1.08 万人),专任教师学历合格率 90.00%,其中专任教师具有研究生及以上学历占总数的 7.80%。中等职业学校占地 4.86 万亩,校舍建筑面积 1 540.80 万平方米,生均图书 22 册,生均教学仪器设备值 3080 元。民办中等职业学校 190 所,在校生 19.62 万人。

2017 年,全省独立设置中等职业学校 789 所。中等职业教育毕业生 40.38 万人,招生 52.87 万人,在校生 133.23 万人。中等职业教育的招生数和在校生数分别占高中阶段的比例为 42.69% 和 39.33%。教职工 7.95 万人,其中,专任教师 6.38 万人。专任教师学历合格率 90.22%,研究生及以上学历占总数的 8.48%。中等职业学校产权(下同)占地 4.64 万亩,校舍建筑面积 1 499.46 平方米,藏书 2 107.58 万册,教学仪器设备值 335 481.73 万元。民办中等职业学校 186 所,在校生 23.30 万人。

(四)主要结论

从概念内涵来看,办学体制与管理体制是一个具有交叉意义的概念系统,尽管近年来提出了管、办、评分离的总体要求,但长期以来二者往往难以分离,即使从目前情况看,管理体制对办学体制的影响依然巨大。正如有学者所言:长期以来,我国职业教育办学体制的特征是在计划经济体制下形成的以政府包揽办学和单一计划办学。办学主体多元化和办学形式多类型是办学体制改革的核心与关键,办学主体决定着办学的管理主体与投资主体①。

我国在计划经济的指导思想下形成的办学体制和管理体制,在当时的历史条件下,对调动各方面办学的积极性,促进中等职业教育的发展,起到了积极作用。但是,随着我国经济体制由计划经济转变为社会主义市场经济,原有的学校布局结构已经不能继续适应经济建设、经济体制改革及教育体制改革的需要,严重制约着我国中等职业教育的进一步发展。1999年的全国中等职业教育办学体制研讨会认为,近年来,中等职业教育积极进行办学体制、管理体制改革,探索以政府为主体的多元化的办学体制,积累了不少好的经验。但是,从全国来看,现有的办学体制与市场经济的需要还不适应。

1999年,《关于调整中等职业学校布局结构的意见》(教职成〔1999〕3号)指出,在社会主义市场经济体制下,学校的发展面临着越来越激烈的竞争,通过合并、共建、联办、划转等多种形式进行布局结构调整,可以进一步优化资源的配置,扩大学校的办学规模,改善办学条件,使教学质量和办学效益都得到提高,进一步提高学校的竞争力。中等职业学校布局结构调整的指导思想是以《中共中央国务院关于深化教育体制改革全面推进素质教育的决定》为指导,通过调整中等职业学校布局结构,进一步推动中等职业教育办学体制和管理体制及运行机制的改革,优化资源配置,提高办学质量和整体效益。但是,在文件颁布10年之后,学者依然提出了相关改革建议,依然直指上述问题。张书义(2008)认为,深化职业教育办学体制改革,形成政府主导、依靠企业、充分发挥行业作用、社会力量积极参与的多元办学格局,逐步建立与经济多元化和办学主体多元性相适应的职业教育办学体制是职业教育办学体制改革的目标②。作为发展中的人口大国,我国公共财力有限,用于教育方面的支出更是难以满足教育发展的需求,这样的基本国情还没有从根本上改变,这就需要调动社会力量来承担更多的任务,这也为民办教育机构的发展提供了广阔的空间。民办教育机构具有鲜活的办学理念、高效的运转管理体制和富有活力的激励机制,民办职业教育的发展是对公办职业教育的有益补充,多样化的教育供给扩大了职业教育资源,也扩大了受教育者的选择范围。万卫(2018)在《职业教育办学体制改革40年回顾与展望》的研究也再次认为,我国职业教育办学体制依然存在"办学主体单一的格局尚未得到根本扭转"③的

---

① 张书义.试论我国职业教育体制改革及趋向[J].教育与职业,2008(36):150-152.
② 同①.
③ 万卫.职业教育办学体制改革40年回顾与展望[J].教育与职业,2018(12):19-24.

问题。

因此，需要注意的是，管理体制对办学体制的影响和制约的惯性也非常大，值得关注。即使从当今情况看，也可以得出结论，有效改革办学体制，依然有很长的路要走。

二、河南省中等职业教育办学体制改革现状与成绩

（一）研究设计与说明

研究主要以河南省各省辖市、教育厅直属中等职业教育学校发布的中等职业教育质量年度报告（2017）为依托，对河南省中等职业教育办学体制进行研究。

研究设计和流程主要包括以下几个方面：第一，样本学校确定（见表2-1）。选择河南省部分有代表性的职业学校，样本学校包括省属职业学校和地方职业学校，公办学校和民办学校等类型。第二，观测指标确定。关于办学体制改革的实践的观察主要选取"4.1 校企合作办学开展情况""4.3 集团化办学情况""6.举办者履责""3.4 规范管理情况"4个指标；成绩评估主要选取"2.4 就业质量""5.2 社会服务"两个指标。第三，对其质量报告进行关键内容摘取，对办学体制改革状况进行评估。

表2-1　样本学校基本情况

序号	学校	学校概况
1	焦作护理学校	焦作护理学校是专门培养护理和医技人员的全日制国家级重点中等专业学校、多元化办学改革试点学校。学校创办于1959年，是河南省特色学校、河南省数字校园学校、河南省文明学校、河南省中等职业学校就业与指导先进单位。
2	郑州市电子信息工程学校	郑州市电子信息工程学校（原郑州市第四职业中等专业学校）创建于1965年，是郑州市教育局直属全日制中等专业学校，河南省加工制造及电工电子类特色学校，国家级重点职业学校，河南省职业教育攻坚工作先进单位，河南省中等职业学校数字化校园试点学校，河南省职业教育特色院校，河南省中等职业学校校园文化建设示范校，河南省参加全国职业院校技能大赛先进单位。
3	郑州市经济贸易学校	郑州市经济贸易学校初创于1963年，原名郑州市第五十中学，是郑州市教育局直属的公办学校。
4	郑州市国防科技学校	郑州市国防科技学校（前身是郑州市第二十五中学）创办于1965年，是郑州市教育局、郑州警备司令部联合创办的一所公办的以国防教育、军事化管理和科技传播为特色的国家级重点中等职业学校、国家中职教育改革发展示范校、国家国防教育示范校和国家机械加工类专业示范点建设校，是郑州市唯一的一所"四国字"学校、"河南省职业教育品牌示范院校"。

续表

序号	学校	学校概况
5	郑州城轨交通中等专业学校	郑州市城轨交通中等专业学校位于新郑市新村产业园区,占地面积732亩,建筑面积31万平方米,在校生23 000余人。目前,学校固定资产约4亿元。
6	郑州电子信息中等专业学校	郑州电子信息中等专业学校创办于1983年,是荥阳市人民政府主办的一所普通中等专业学校。学校是郑州市校企合作示范单位,河南省数字化校园第二批试点单位,河南省职业教育第二批特色院校。2016年该校加入河南省机电职业教育集团、信息服务职业教育集团、河南省电子商务行业指导委员会、焦作旅游教育集团。
7	郑州市商贸管理学校	郑州市商贸管理学校是一所直属郑州市教育局的公办中等职业学校。学校创建于1973年,先后被授予"全国职业院校技能大赛先进单位"、"河南省2017全国职业院校技能大赛突出贡献奖"、"全国国防教育特色校"、"郑州市文明单位"、"郑州市电子商务行业职业教育校企合作指导委员会秘书长单位"、郑州市"教学创新先进单位"、郑州市"德育建设先进单位"、郑州市首批"美育示范校"等荣誉称号。学校已经成为郑州市乃至河南省重要的商贸技能型人才培养基地。学校是国家中职教育美术协会成员单位、河南省工艺美术职业教育集团成员单位、郑州市工艺美术职业教育集团牵头单位。
8	郑州新华中等专业学校	郑州新华中等专业学校成立于2005年6月,是经郑州市教育局批准,由安徽新华教育集团有限公司投资兴办的一所大型专业数字艺术人才和信息技术人才教育基地。
9	漯河市食品工业中等专业学校	漯河市食品工业中等专业学校是1997年省教委正式批准成立的全省唯一的食品类中等职业学校,主要为漯河中国食品名城和河南食品工业大省培养急需的食品类技术技能人才,属民办教育性质。是全国职业教育先进单位,国家级重点职业学校,中央财政支持的职业教育实训基地,河南省职业教育品牌示范校,河南省食品职业教育集团牵头单位。2018年被评为河南省中等职业学校管理强校、2018年度河南省乡村振兴技能人才培养示范基地。
10	漯河市第一中等专业学校	漯河市第一中等专业学校是一所多学科综合性中等职业学校,国家级重点学校,全国职业教育先进单位,教学管理示范性学校,职业教育攻坚工作先进单位,教研教改先进集体,校企合作先进单位,河南省职业教育品牌示范校,河南省首批"中等职业学校管理强校"。
11	南阳幼儿师范学校	南阳幼儿师范学校是南阳市人民政府投资主办的公办职业学校。学校始建于1984年,1989年更名为南阳市第四师范学校,是河南省首批由普师改办为幼师的学校之一,是豫西南唯一一所独立设置的普通中等幼儿师范学校,南阳市唯一一所招收培养五年一贯制学前教育专科层次教师的学校,是国家级重点中等职业学校、河南省中等职业教育特色学校。学校先后荣获河南省"文明单位""省级卫生先进单位""管理工作先进单位""文明标兵学校""师范教育先进集体",南阳市"思想政治工作先进单位""职教攻坚工作先进单位""教育教学质量先进单位""语言文字工作先进单位"等荣誉称号。

续表

序号	学校	学校概况
12	南阳市宛东中等专业学校	南阳市宛东中等专业学校(原唐河师范、南阳三师)位于唐河县文峰街道办事处新春社区,是南阳市人民政府直属学校,属于全额拨款事业单位。学校创办于1955年7月,中专、高中并存,双轨运行,是国家级重点中专、省职业教育特色学校、省级创业培训示范基地、省"职教攻坚先进单位"、省级文明单位、省级卫生先进单位、市级示范性高中。
13	商丘幼儿师范学校	商丘幼儿师范学校的前身是河南省夏邑师范学校,创办于1987年,主要培养合格的小学教师。商丘幼儿师范学校是1999年7月经河南省人民政府批准、国家教育部备案的学校,是河南省首批改制的三所幼师之一,是国家级重点中等职业学校、省中等职业教育改革发展示范专业学校、省中等职业教育特色学校。
14	河南省外贸学校	河南省外贸学校创建于1965年,是河南省商务厅所属的公办学校、国家级重点中专、河南省中等职业教育特色学校、河南省普通大中专毕业生就业工作先进集体。学校还与郑州升达经贸管理学院、河南工贸职业学院、河南信息统计职业学院、河南应用技术职业学院、河南水利与环境职业学院、河南经贸职业学院等院校达成合作意向,学生中专毕业后可以通过对口单招等途径继续到大专或本科院校深造。
15	南阳工业学校	南阳工业学校创办于1960年,是经河南省人民政府批准成立的一所以工科为主、多学科兼容的公办普通中等专业学校。学校隶属于南阳市人民政府,系国家级重点中专、国家第一批中等职业教育改革发展示范学校、河南省品牌示范学校、省级文明单位、河南省未成年人思想道德建设工作先进单位。
16	郑州市艺术工程学校	1965年建校,前身是郑州市第三十中学。1982年开始试办职业教育,1985年经河南省教育厅批准成立郑州市第一职业中等专业学校,2006年更名为郑州市艺术工程学校,是一所具有艺术特色的国家级重点中等专业学校。学校被评为"全国学校艺术教育工作先进单位""河南省校园文化艺术工作先进集体""河南省职业教育特色学校""郑州市美育工作示范学校",2017年年底被确定为郑州市高中阶段多样化发展职普融通类试点学校。

(二)主要研究结果

1.办学体制改革基本做法研究

(1)"4.1校企合作办学开展情况"

从样本学校校企合作整体情况看,各学校在校企合作方面差异不显著,各校均与用人单位有较为紧密的合作关系,校企合作主要是共同建设实训基地、合作育人,并通过合作机制优化教育教学(见表2-2)。部分合作较为深入的学校还引企入校,建立校内实训基地,达到了较高的合作层次。

表 2-2　样本学校校企合作办学开展情况

序号	学校	"4.1 校企合作办学开展情况"
1	焦作护理学校	焦作护理学校各专业联手武陟县精神病医院、厦门医世家美容公司、郑州瑞枫美容集团、北京云头柜智能科技有限公司、北京一发丽锦美容美发公司等省内外多家企业,形成医院课堂、项目承包、订单培养、临床带教、产研合作等具有鲜明特色的校企合作模式。其中,"医院课堂"是学校创新探索的校企深度合作新模式,即在医院建立部分专业教学课堂,教学设备双方共建共享,充分利用医院的真实情境和专业氛围进行教学,极大地提升了学生的护理人文素质,有利于实现校企文化融合和校企资源共享。
2	郑州市经济贸易学校	2017 年,郑州市经济贸易学校继续与北京九众天下有限公司、南京 LG 显示有限公司、河南爱便利商业管理有限公司、青岛传承国际商贸有限公司郑州分公司、北京华联综合超市有限公司郑州分公司等多家企业加强校企合作,共建学生实训就业基地,有力地促进了学生的实习实训与就业发展。
3	郑州市电子信息工程学校	郑州市电子信息工程学校积极加强与企业的沟通和交流,深入开展专业建设、课程资源建设、实习实训基地建设等多方面多层次的合作。在郑州市职业教育校企合作促进委员会的指导下成立了郑州市电子电工与自动化行业职业教育校企合作指导委员会,加强与企业的联系,推进学校加强内涵建设,突出办学特色,全面提升人才培养质量,不断适应经济社会发展的需求。2017 年积极与相关企业合作进行人才培养模式的探索和实践,建立校企合作冠名班 4 个,与校企在人才培养方案、专业课程建设、教学资源建设、师资培养、顶岗实习、学生就业等方面进行全面合作。除此之外,学校继续加强与相关企业在实训基地建设方面的深入合作,积极深入开展产教结合、校企对接、技术咨询等工作,邀请企业参与实训基地和创客基地建设。
4	郑州电子信息中等专业学校	郑州电子信息中等专业学校在各专业实施了"联合培养、共同考核、双向选择""学校教育教学+企业教学实习+顶岗实践+就业"的校企全程合作培养模式。学校和企业共同制定教学指导方案,共同培养技能人才;合作中,企业专家作为兼职教师到校兼课;学校教师定期到企业顶岗进修,了解新技术、新工艺,改进教学;双方共同评价教学效果;学生根据教学计划,定期到企业参加实习实践,提高技能水平及综合素养,最终由企业和学生双向选择,实现就业。为了学校能更好地和企业接轨,学校实施了"学校教育教学+企业教学实习+顶岗实践+就业"的校企全程合作培养模式。先后与淘宝网、康源电子、清华幼儿园、大河公馆酒店等多家企业签订了长期合同,将企业作为开展工学结合、校企合作共同培养学生的一个有效载体。计算机应用技术专业与郑州锐捷科技公司开展"淘宝"班订单培养;旅游与酒店管理专业与大河公馆酒店开展"大河"订单班培养;电子技术应用专业与理想科技公司开展"SMT"班订单培养,还与浙江亚龙科技股份公司合作开发《音响技术》《电工电子综合实训》教材。旅游专业、电子专业、数控专业、幼教、会计专业等专业课教师到企业实践,聘请了 14 位企业技术人员到校任教,实现了教师与企业技术人员的双向交流、互通互用。
5	郑州市国防科技学校	郑州市国防科技学校加强学生校内外实习工作,积极探索多种有效的校企合作模式。与郑州宇通客车、华胜奔驰、宝马、奥迪连锁维修有限公司深度融合,打造校企合作"宇通涂装班""宇通焊接班""华胜"冠名班品牌;将"新奇特"车业门店引入学校,未来学生不出门就能在企业实习实训;与郑州宇通合作的"蓝色精英计划"结硕果,43 名学生通过系统的培训和实习,成为该公司首批正式员工,这标志着校企融合驶入"快车道"。

续表

序号	学校	"4.1 校企合作办学开展情况"
6	郑州城轨交通中等专业学校	郑州城轨交通中等专业学校广泛搭建就业平台,积极推进校企合作,深层次开展"合作办班""订单式培养"等合作方式,先后与北京恒安卫士、中铁柳州机保段、深圳比亚迪等与学校开设专业相关的单位进行合作,在合作过程中双方优势互补,学校根据企业的要求定向培养所需的人才,企业反馈人才需求标准优化学校培养方式,双方真诚合作,互通有无,使合作关系加深。
7	漯河市第一中等专业学校	漯河市第一中等专业学校始终将校企合作摆在优先发展地位,积极推进校企合作办学模式的探索、实践和创新,企业、行业参与专业建设市场调研,参与课程设置、教学计划、教学模式等方面的改革研究,提供体验式、顶岗式实习岗位,在合作的深度、广度及成效上达到一个新的水平,已形成特色鲜明的四种校企合作基本模式。(1)以实习就业为主的订单培养模式。学校根据企业人才需求订单,为企业量身打造技能型人才,与企业签订用人合同,共同制定人才培养方案,实现人才培养校企零距离对接。共开设中德机电班、中韩形象设计班、淘宝商务班、北大青鸟计算机班等30多个校企合作订单班。(2)以专业建设为主的专业指导委员会模式。学校以专业建设为纽带,加强和深化与企业、院校的交流和合作,汇集漯河市企业行业名家能手、教育教学专家及骨干教师,成立了学前教育、汽车运用与维修等10个专业指导委员会。专业指导委员会的成立和有效运作,促进了专业课程内容与职业标准对接,促进了专业建设与产业、岗位的对接,推动了学校产教深度结合与校企一体办学。(3)校企全面深度合作的集团化办学模式。2012年,由学校牵头,与双汇集团、阿里巴巴漯河产业园等19家漯河知名企业,成立漯河市电子信息职业教育集团,每年召开一次年会。通过这一平台,学校与16家本地企业达成了校企定向培养合作意向。(4)以培养技能为主的现代学徒制人才培养模式。学校积极探索现代学徒制人才培养模式,大胆尝试教学过程和生产过程接轨、教学内容与职业标准接轨、专业和岗位接轨的"三接轨"校企一体化人才培养模式。先后与阿里巴巴漯河产业园、长虹北方呼叫中心、漯河市鑫凯隆汽车服务有限公司、漯河市建业福朋酒店、水晶之恋美业集团、奇美服装厂、杭州奥纳电商公司、合肥一同天下电商公司等企业达成合作意向,参与人才培养全过程。
8	郑州新华中等专业学校	郑州新华中等专业学校筹建校内实训、实习基地,让学生感受真实的企业环境,在体验中学习,在工作的过程中学习。引进郑州启凡计算机软件有限公司、郑州惊喜设计工作室、郑州九创装饰设计工程有限公司、河南南方装饰设计工程有限公司等多家公司入住新华IT产业园。2017年学校新华IT产业园升级为互联网创业园,进一步深化校企合作,培养优秀的创业就业人才。
9	南阳幼儿师范学校	南阳幼儿师范学校在南阳市各县市区建立学生实习实训基地100余家,每年近2000名学生到园实习,为学校学前教育人才培养模式的构建与优化提供了坚实的物质载体和实践教学平台。

续表

序号	学校	"4.1 校企合作办学开展情况"
10	郑州市商贸管理学校	郑州市商贸管理学校坚持"为学生搭建升学平台,为社会造就实用人才"的办学宗旨,形成了"产教融合、校企合一"的办学模式。在注重学生专业知识教育的同时,强化产学结合和操作技能的训练,学校开创性地实行"班级公司化、教学市场化"的教育教学管理运作模式。"班级公司化",即每个班都成立模拟股份有限公司,学生在校期间就具备了"学生"和"公司职员"的双重身份,每个班制定公司章程,选举董事会,确立公司经营范围,确定学生岗位职责,渗透企业理念,明确学生业绩目标,让学生在市场的不断锤炼下,成为真正的"职业人",为高质量的就业乃至创业打下良好基础;"教学市场化"即让职业教育由"课堂教育"转变为"岗位教育",让学生从"毕业后就业"转变为"学习中就业"。为此,学校建立了工艺美术专业的艺术产品设计制作基地和油画生产基地、动漫影视制作基地、电子商务专业的O2O体验店、广告设计制作基地、数码设计印刷基地、民族工艺品制作专业的雕塑和陶艺基地、运动训练专业的乒乓球训练基地。为了使学生在市场经济大潮中进一步得到锻炼,学校由学生对油画、动漫影视、广告、装潢、雕塑、陶瓷、玉石等艺术作品进行设计、制作、营销,实现了"校企合一、工学结合"的完美升华。
11	漯河市食品工业中等专业学校	漯河市食品工业中等专业学校在校企合作办学方面进行了以下四方面的探索: 1.完善了校企合作组织及机制。学校成立了校企合作委员会和专业建设指导委员会。校企合作委员会由学校、政府、行业、企业人员组成,统筹推进学校的校企深度合作工作,并制定了《校企合作委员会工作制度》。 2.大力推行校企共建实训机构。学校与京东集团、厚溥教育、国邦投资、郑州幻影科技有限公司在校内共建实验实训室,企业投入200万元,新建4个实训室。同时,新建14个校外实习实训基地。 3.实施校企师资交流。学校出台了《专业教师下企业实践管理办法》和《聘请行业企业兼职教师管理办法》,规范了专业课教师和企业工程技术人员的双向交流。 4.推行订单培养。学校先后与漯河双汇集团、平平食品、南街村集团、传家宝食品有限公司、君来菌往农业技术开发有限公司、河南白象集团、中大生物工程有限公司、华冠养元饮料有限公司、郑州思念集团、万家集团、南京喜之郎食品有限公司、上海永和大王餐饮有限公司等22家企业开展订单培养,在食品加工、食品质量检验、食品包装、食品机械、食品营销等骨干专业设置了47个订单班。学校积极构建职业人才"五共"校企合作模式,校企共同制定订单班人才培养方案、课程设置和课程标准,共同承担课程任务,共同编写工学结合的教材,共同承担订单学员的实习实训,共同推进师资双向交流和培训提高。
12	南阳工业学校	南阳工业学校积极推进校企深度合作,从课程设置、工学结合教学模式改革、学生评价体系构建、教师下企业以及聘请行业、企业专家进课堂等方面推进建立互动双赢校企合作长效机制。学校已与30余家知名企业签订了校企合作协议,制定了委员会章程和工作计划、校企合作实施方案、工学结合实习实施方案及工学交替带队老师管理办法等,合作关系长期而稳定。其中,与河南华祥光学集团、南阳赛亚技电子有限公司、郑州广汇食品有限公司、厦门天马微电子有限公司等企业建立了长期稳定的合作关系,招生时根据上述公司"订单式培养"的要求,先后成立了"华祥班""宇通汽车班""鸿准模具班"等订单班级,学校和企业共同制定订单班级的培养目标、教学计划、课程设置和考核标准,双方共同培养学生。

续表

序号	学校	"4.1 校企合作办学开展情况"
13	南阳市宛东中等专业学校	南阳市宛东中等专业学校强化校企合作，形成紧密对接。校企联合办学是解决学生就业的有效途径之一。学校与杭州锐捷教育科技有限公司、南阳恒通光电科技有限公司等多家企业紧密合作，通过设立冠名班、互为人才培养基地等多种形式，实行"订单式"培养和"定向式"培训，不断推动校企合作向"宽领域、多模式、深层次、紧密型"方向发展，实现了"招生与招工同步、教学与生产同步、实习与就业同步"的递进模式，学生毕业即就业，受到学生和家长、用人单位的一致好评。
14	商丘幼儿师范学校	商丘幼儿师范学校与幼儿园开展多层次、多形式的合作，建立校园合作育人新机制，实现人才培养和幼儿园需求的无缝对接。学校与幼儿园建立会商机制。学校完善校园合作指导委员会、学校的专业建设委员会和专业教学指导委员会，邀请校园合作单位的领导和有关专业技术人员参加。3个委员会正常开展活动。学校与幼儿园实现招生联动机制。主动与有关幼儿园联系，举办幼儿园冠名班，实行订单培养。学校与市内多家省市级示范幼儿园具有良好的合作关系，目前共与26家幼儿园建有实习基地，形成稳定的互惠互利的校园合作机制，为学生实习实训和顶岗实习提供了重要场所。
15	河南省外贸学校	河南省外贸学校在校企合作办学方面进行了以下尝试： 1.引企入校工作取得新进展。以引企入校为切入点，以真实生产环境为标准，加快推进教学模式和课程改革。一是结合学校专业建设需要，积极引入行业优质企业（协会），深度参与学校教育教学改革，在校内实训基地中全面推行面向真实生产环境的任务式教学培养模式。学校共引入河南省国际贸易网商协会、郑州绿动文化传播有限公司、河南乐村淘网络科技有限公司、郑州想创供应链公司、郑州市创世佳电子商务有限公司、河南智轩计算机电子科技有限公司、郑州九号店保税进出口贸易有限公司、河南华益实业有限公司、郑州豫税财务管理中心等9家企业入住校内实训基地，为学生专业课程实训、实习、就业和教师校内企业实践提供岗位。二是积极推动校企合作企业和学校在教材共编、课程共担、师资共训等方面开展合作。 2.送教入企工作取得新突破。以送教入企为切入点，以现代学徒制为主要模式，不断提升职业教育服务区域经济发展能力。学校协同河南省国际货运代理协会、河南省网络营销协会、河南省国际贸易网商协会、河南德睿勤财务管理咨询有限公司和郑州豫税财务管理中心，联系许昌东城跨境电商园区、许昌芙蓉湖跨境电商园区、上蔡县跨境电商园区、郑州送变电工程建设公司、河南省物业商会、巩义市瑞达汽车运输有限公司、河南天华自动化设备有限公司、河南云智汇信息技术服务有限公司、大河精工工程股份有限公司、河南万豫教育科技有限公司等3个园区数家企业开展涉外会计、电子商务、信息技术、无人机协调巡检、无人机植保、现代物流、物业管理等专业送教入企服务。
16	郑州市艺术工程学校	郑州市艺术工程学校一方面积极邀请企业到校宣讲企业文化60余人次，另一方面，借助学校艺术团的品牌，深入企业开展"送文化"活动15次，促进了校企之间文化的融合，提升了学校的美誉度。校企合作等实训基地的建设有利于达到"学教一体化"的教学环境。对学生而言是真实职场的环境和氛围；对教师而言是双师结构的项目教学团队。对学校而言是建立企业化的管理机制。同时，也带动了学校实训室的建设。

（2）"4.3 集团化办学情况"

从样本学校情况看，集团化办学情况大致分为三种情况（见表2-3）：第一类是没有明确说明集团化办学情况,可视为没有集团化办学实践;第二类是参加由其他学校或企业主导成立的职业教育集团,并积极参与相关活动,获得发展;第三类是牵头成立相应的职业教育集团,承担更多责任,并更好地发挥带头作用。其中,牵头成立职业教育集团的主要是由政府主办的、具有较长办学历史的学校。

表2-3　样本学校集团化办学情况

序号	学校	"4.3 集团化办学情况"
1	焦作护理学校	焦作护理学校是焦作市职业教育集团理事单位,该集团在市教育局的直接领导下,以推进焦作教育与行业相互促进、同步发展为目标,以校企合作、校际合作和产学研结合为主要形式,现有几十家单位成员,加入职教集团对学校进一步深化教育教学改革、加快构建现代职教体系有着积极的意义。学校积极与武陟县精神病院、厦门医世家美容公司、郑州瑞枫美容公司、北京云头柜智能科技有限公司、北京一发丽锦美容美发公司等多家医院和企业建立校院(企)合作联盟,引进医院(企业)文化,实现资源共享。
2	郑州市国防科技学校	郑州市国防科技学校牵头组建了郑州市汽车运用工程职业教育集团,集团涵盖了郑州市近30家汽车相关企业、行业协会和10所中等职业学校,集团内集聚了众多的优质资源,为学校开展校企合作及集团化办学创造了良好的条件。郑州市国防科技学校作为职教集团的发起单位之一,在组织协调学校与企业的工作、深化校企合作内涵建设、开展集团化办学等方面做出了积极的努力。2017年在郑州市职业教育校企合作指导委员会指导下成立了郑州市汽车行业职业教育校企合作指导委员会,学校为秘书长单位,组织后与郑州市汽车运用工程职业教育集团共同开展师资培训2次,近100人参加培训,取得了显著效果。
3	郑州新华中等专业学校	郑州新华中等专业学校隶属于新华教育集团,新华教育集团始建于1988年,30年来,新华教育集团始终遵照党的教育方针、政策,以服务经济发展、满足社会需求为导向,以振兴国家、振兴教育为己任,把"新华教育,兴教报国"作为办学的崇高理想。新华教育集团在北京、上海、重庆、河南、河北、山东、四川、安徽、江苏、湖南等30个省市建立了108所院校,教育集团旗下拥有"新华互联网科技""新东方烹饪教育""万通汽车教育""宇星驾校""华信智原""欧米奇西点学校"六大职业教育品牌,形成了覆盖全国的多层次、多学科、多专业、多边合作的新华教育办学格局。
4	郑州城轨交通中等专业学校	郑州城轨交通中等专业学校为了在校企合作方面取得新突破,搭建了河南省交通运输职业教育集团、产学研联合体等校企合作平台并开展工作,在专业建设和实训基地建设方面进行探索和实践,为行业服务的能力明显增强。
5	郑州电子信息中等专业学校	近年来,郑州电子信息中等专业学校被授予"河南省职业教育特色院校""河南省重点职业院校"。学校对经济社会发展做出的贡献,得到了应有的回报,不仅增强了学校的办学实力、提升了教育教学质量,而且扩大了学校的社会影响力、吸引力、知名度和美誉度。2016年学校加入河南省机电职业教育集团、信息服务职业教育集团、河南省电子商务行业指导委员会、焦作旅游教育集团,成立了学校校企合作委员会、专业建设委员会。2017年,学校被河南省教育厅、河南省工信厅命名为河南省电子商务专业实训基地,并加入河南省电子商务职业教育集团,是河南省电子商务专业校企合作行业指导委员会单位。

续表

序号	学校	"4.3 集团化办学情况"
6	郑州市电子信息工程学校	郑州市电子信息工程学校积极参与河南省信息技术职业教育集团、电子商务职业教育集团的活动,实现了校校联合、资源共享,参加了全国职业院校现代制造及自动化技术、全国机械行业职业教育指导委员会等组织开展的教师、学生技能竞赛活动,并获得良好的成绩。
7	漯河市第一中等专业学校	2012年,由漯河市第一中等专业学校牵头,与双汇集团、河南协鑫光伏科技有限公司、阿里巴巴漯河产业带等19家漯河知名企业,成立漯河市电子信息职业教育集团,形成特色鲜明的现代职业教育集团。每年召开一次年会,通过这一平台,学校与16家本地企业达成了校企定向培养合作意向,学校与企业在资源共享、优势互补、合作育人、合作发展上的优势已逐步显现。
8	漯河市食品工业中等专业学校	由漯河市食品工业中等专业学校牵头组建的河南省食品职业教育集团的平台优势,有效加强了集团成员之间的联系和交流,不断扩大集团规模;紧紧围绕当地产业开办专业,积极开展定向培养和订单教育;推行"工学结合、校企合作、顶岗实习"的人才培养新模式;共建校内外实训基地;推动"双师型"队伍建设,促进院校成员专业建设;推动了集团院校之间的合作办学;整体提升了我省食品类职业教育服务经济社会的能力。
9	南阳幼儿师范学校	南阳幼儿师范学校积极参加由郑州幼儿师范高等专科学校牵头,全省各幼儿师范学校、幼教机构、幼儿园组建的河南省学前教育集团,并积极发挥成员作用,2017年与郑州幼专联合办学,招收学前教育五年制大专生400名。通过校企、校园之间的深度沟通与全方位合作,充分发挥群体优势和组合效应,优化应用型人才培养途径,探索职业人才培养新模式。
10	南阳市宛东中等专业学校	为推进集团化办学,深化校企合作,产教融合,实现校企、校校资源共享,共同发展,2014年10月,南阳市宛东中等专业学校依托地方政府和行业支持,充分利用周边高校、兄弟学校及优质企业资源,经南阳市政府批准,参与组建了南阳市校企合作联盟。理事单位有河南天冠集团、河南宛西制药等97家企业,南阳师范学院、南阳理工学院等5家高校以及32家中等职业学校。宛东中等专业学校校长任理事。
11	商丘幼儿师范学校	商丘幼儿师范学校牵头组建"商丘幼教集团",活动开展正常,在资源共享、优势互补、互惠互利、共同发展的基础上,形成生源链、产业链、师资链、信息链、成果转化链、就业链,实现资源优化和功能整合,促进专门人才、技术的社会化、产业化以及教育效益、经济利益、人才效益的最优化。"商丘幼教集团"探索实用型高技能人才培养方案,解决幼儿园发展中高技能实用型人才供给需求,促进校园深度融合,提升人才供给的质量和水平。
12	河南省外贸学校	河南省外贸学校经河南省商务厅批准成立了河南省跨境电子商务研究院、河南省跨境电子商务培训孵化基地、河南省电子商务实训基地。目前,学校正在以"一院两基地"为基础,加强与跨境电商企业、电子商务企业、行业及其他职业院校联系,积极申请成立河南省跨境电子商务职业教育集团。
13	郑州市艺术工程学校	郑州市艺术工程学校是河南省工艺美术职业教育集团成员单位,2017年利用学校的河南省、郑州市美术设计与制作工作室平台,加强了与成员单位的合作。

(3)"6.举办者履责"

质量年度报告在举办者履责上主要要求从经费和政策措施两个方面进行说明。从样本学校情况看,经费有保障,措施较得力(见表2-4)。

从经费情况看,政府各管理部门、行业管理部门、学校均较好地履行了各自相应的办学职责,全年经费及时到位。学校经费来源既包括正常的财政经费,也包括专项的项目经费,个别学校还获得来自社会的赞助性经费。生均公用经费主要用于学校日常公用经费支出。职业中学免学费收入主要用于学校内涵提升、校园维修及购置设备等。

从政府措施来看,各学校能够坚持党委领导下的校长负责制,领导班子认真贯彻民主集中制原则,重大问题集体研究决定,重大事项都经教代会研究通过,自觉接受师生监督。切实加强制度建设,确保各项工作有章可循。各学校也能够落实办学自主权,落实教师编制,不断完善保障办学水平的政策和制度。

表2-4 样本学校举办者履责情况

序号	学校	"6.举办者履责"
1	焦作护理学校	焦作护理学校为民办公助单位,河南申华科技有限公司承担学校办学经费,武陟县财政承担公办在编教职工工资。县财政拨付学校免学费标准为每生每年1900元,生均办公经费标准为每生每年550元。河南申华科技有限公司每年在财力有限的情况下,确保对于基础设施建设投入稳中有升,2017年的资金投入约为1000万元。省实训基地建设、特色专业建设、数字化校园建设等项目的专项建设经费,财政部门均能按时足额拨付,保障了学校各项建设的顺利推进。 在焦作护理学校发展上,各级政府对学校"十三五"发展规划编制、升格发展等重要问题上均能给予政策性指导,鼓励学校创新发展。尤其在与河南正道集团合作办学项目上,从项目洽谈、土地征拨、专项经费等多方面给予了政策支持,使学校步入快速发展之路。
2	郑州市经济贸易学校	郑州市经济贸易学校根据社会需求、办学条件能够自主确定具体的招生人数;能申请开设新专业,满足市场和人才发展的需要。能够自主地根据学校的培养目标、任务以及不同专业和师生的特点,制订教学计划、选编教材、组织实施教学活动、办出各自的特色;学校根据自己的教学任务、培养目标和教育教学的需要,自主设立、调整学校内部的机构设置和人员配备。根据教师和其他专业技术人员的表现,对他们进行评定和聘任,并且按照国家有关规定,以按劳分配、多劳多得为原则,调整教师和其他员工的绩效工资。 郑州市经济贸易学校能按照郑州市教育局、郑州市人力资源和社会保障局要求,根据学校的空编数,申报每年的入编计划,并严格按照程序办理入编手续。 学校针对教师制定《教师管理制度》《岗位设置方案》《绩效考核方案》《职称积分方案》《教师培养方案》等一系列规章制度,调动教师积极性,全面提升了教师的道德水平、教学水平。

续表

序号	学校	"6.举办者履责"
3	郑州市电子信息工程学校	郑州市电子信息工程学校校长全面负责学校各项工作,定期召开校务办公会议、教职工代表大会。 郑州市电子信息工程学校落实教师编制,实行全员聘任,实施绩效管理。 郑州市电子信息工程学校出台提升学校办学水平的政策和制度。修订了《郑州市电子信息工程学校章程》《专业技术岗位设置积分排序办法》。 学校围绕由"全面普及"转到"全面提质"的新要求,进一步确立"制度立校、精致管理"的思想,通过形成符合学校发展的科学化、规范化的管理制度,强化学校内部管理,向管理要质量,向管理要效率。通过制度,规范教育教学,力争把教育教学做到最佳的状态,努力提升办学质量和管理水平。
4	郑州市国防科技学校	郑州市国防科技学校接受上级主管部门领导,按照教育法落实学校办学自主权,贯彻执行《国家中长期教育改革和发展规划纲要(2010—2020)》的要求,在人事管理、党建管理、德育管理、教学管理、招生就业、后勤及财务等方面修订完善了一系列文件及制度。
5	郑州电子信息中等专业学校	郑州电子信息中等专业学校建立了健全的财务和资产管理制度,资金的收入和支出严格按照学校财务管理制度和荥阳市财务制度执行,在专项资产管理上,学校明确专项资金来源、使用范围、开支标准。 郑州电子信息中等专业学校强化党委领导学校发展方向,校长全面负责学校各项工作,定期召开校长办公会议、教职工代表大会。 学校实行全员聘任,实施绩效管理。每年对全校的中层干部和教师实行全员聘任。
6	漯河市食品工业中等专业学校	省级以上建设项目学校配套经费足额到位;每年教育附加费100%足额拨付给漯河市食品工业中等专业学校,用于各项建设。漯河市食品工业中等专业学校建立了健全的财务和资产管理制度,资金的收入和支出严格按照学校财务管理制度执行。 漯河市食品工业中等专业学校强化党委领导学校发展方向,校长全面负责学校各项工作,定期召开校长办公会议、教职工代表大会。实行全员聘任,实施绩效管理。
7	郑州新华中等专业学校	郑州新华中等专业学校所有资金都来自安徽新华教育集团有限公司,自负盈亏,各种收支有明确的记录,安排有专人负责采购,专人负责保管,岗位职责明确、健全。 郑州新华中等专业学校在校企合作工作方面颇为先进,深受郑州市教育局好评,得到了郑州市教育局的鼎力支持。
8	漯河市第一中等专业学校	漯河市第一中等专业学校预算内拨款能及时到位,主要用于学校人员经费、日常运转及各种专项业务支出等;预算外收入主要用于学校招生安置方面的支出。 漯河市政府历来非常重视职业教育的发展;将职业教育纳入经济社会发展"十三五"规划,出台各类文件将职业教育列入政府对相关部门的考核目标;重视职业教育招生工作,将职业教育学生入学率作为初中的考核指标,普职比达1∶1。漯河市第一中等专业学校办学有充分的自主权,根据学校教学需要,2017年招聘了16名教师,保证了学校教育教学工作的正常开展。

续表

序号	学校	"6.举办者履责"
9	郑州市商贸管理学校	郑州市商贸管理学校本着精打细算、用好每一分钱的原则,加强各项开支的预、决算管理,确保专项资金用到位,服务学校师生,服务教育发展。 郑州市商贸管理学校在发展中得到了上级教育行政管理部门的正确领导和悉心关怀。郑州市商贸管理学校不断优化内部管理,加强科学化、精细化管理。
10	南阳幼儿师范学校	南阳幼儿师范学校办学经费得到了很好保障。 南阳市政府历来非常重视职业教育的发展,将职业教育纳入经济社会发展"十三五"规划,出台各类文件将职业教育列入政府对相关部门的考核目标;南阳幼儿师范学校按照地方经济和社会发展需要,根据幼教市场需求,制定和调整学校发展规划。
11	南阳市宛东中等专业学校	每年下达到南阳市宛东中等专业学校的经费均由市财政局拨款到账。 南阳市宛东中等专业学校积极落实有关政策,办学自主权得到了上级教育主管部门的大力支持。
12	商丘幼儿师范学校	市政府出台职业学校生均公用经费财政拨款标准和生均预算内公用经费标准;省级以上建设项目地方配套经费足额到位;市财政在每月按时足额拨付教职工工资的基础上,根据办学条件基本标准和教育教学需要,按时拨付生均公用经费等各项费用。将统筹开展政府性职业技能培训工作交由商丘幼儿师范学校承担。学校建立了健全的财务和资产管理制度,资金的收入和支出严格按照学校财务管理制度和市财务制度执行。 商丘幼儿师范学校定期召开领导班子办公会议、教职工代表大会,审议表决学校重大工作,保证政务公开透明。商丘幼儿师范学校实行严格的干部管理制度,建立部门目标责任制和责任追究制。商丘幼儿师范学校健全师生信访投诉制度,由校纪检监察室负责,确保事事有落实,件件有回音。
13	河南省外贸学校	河南省政府积极推动职教攻坚,在政策和资金等方面予以支持,充分保障了河南省外贸学校建设和发展的需要,为河南省外贸学校提升办学质量提供了坚实的基础。 河南省政府高度重视职业教育的发展,大力扶植职业教育,加快中等职业学校布局调整,持续实施职业教育发展规划,重点建设品牌示范院校和特色院校。
14	南阳工业学校	南阳工业学校全年财政拨款经费及时到位。 南阳工业学校坚持党委领导下的校长负责制,领导班子认真贯彻民主集中制原则,重大问题集体研究决定,重大事项经教代会研究通过,自觉接受师生监督。切实加强制度建设,确保各项工作有章可循。
15	郑州市艺术工程学校	郑州市艺术工程学校生均公用经费主要用于学校日常公用经费支出。职业中学免学费收入主要用于学校内涵提升、校园维修及购置设备等。 郑州市艺术工程学校的政策措施:(1)落实办学自主权;(2)落实教师编制;(3)提升办学水平的政策和制度。

(4)"3.4 规范管理情况"

与举办者履责相类似,各学校的规范管理情况也相对较好,也可视为对举办者履责情况的一种印证。各学校均能积极推行现代学校管理模式,在管理机制上实行"学校和处室二级管理",提高管理效率。注重目标考核,注重绩效管理。教学日常运行和实习实训也均有相应的制度保障。

2. 办学体制改革的基本成效

(1)"2.4 就业质量"

从相关数据可以看出,样本学校就业质量相对较好(见表2-5)。毕业生就业率均在90%以上,而且大部分在95%以上;部分填写对口就业率的学校,对口率也均在70%以上,可视为就业质量相对较高的一种表现;用人单位满意率也均在90%以上。还有部分学校报告了对口升学率,郑州市经济贸易学校升入高等教育人数占毕业生总数的45%。

值得注意的是,有部分学校没有报告对口就业率,部分学校没有报告对口升学率,原因或需进一步调研。而且,本研究只是小范围的抽样,在整体上或有被放大的可能。

表2-5 样本学校就业质量情况

序号	学校	"2.4 就业质量"
1	焦作护理学校	焦作护理学校先后与省内多家医疗卫生单位和省内外多家美容机构签订合作协议,积极推荐毕业生就业,毕业生每年在实习单位安置就业的比例均在90%以上。对口就业率均达到99%以上。雇主满意度均保持在99%以上。
2	郑州市电子信息工程学校	郑州市电子信息工程学校不断加强规范管理,抓好实习动员,做好就业指导,提高就业质量。2017年圆满完成260名左右学生的实习就业工作,首次就业率96%左右,对口就业率70%左右。2017年升入高等教育学生共计250人,其中"3+2"大专升学207人,单招考入大学43人,单招升学人数比2016年增加50%。
3	郑州市经济贸易学校	郑州市经济贸易学校就业率达98.14%,对口就业率达75.71%。毕业生对学校满意度达到98.14%。2017年升入高等教育人数为289人,占毕业生总数的45%,比上一年度增加2.8个百分点。
4	郑州市国防科技学校	郑州市国防科技学校就业率达96%,直接就业人数968人,直接就业率为96%,升入高一级学校就读316人,其他就业学生40名。
5	郑州电子信息中等专业学校	郑州电子信息中等专业学校各专业类具体就业情况:交通运输类就业情况最好,就业率为100%,其次是商贸与旅游类、信息技术类专业、加工制造类,就业率分别为96.44%、96.26%、96.10%。
6	郑州市商贸管理学校	郑州市商贸管理学校总就业率达到98.95%,协议就业率达97.76%(含升学)。
7	郑州新华中等专业学校	郑州新华中等专业学校始终致力于为社会培养计算机紧缺型技能合格人才,让每位学子轻松就业是新华人孜孜以求的目标,郑州新华中等专业学校的就业制度得到了省市教育主管部门、社会用人单位及广大学生家长的一致好评。

续表

序号	学校	"2.4 就业质量"
8	漯河市食品工业中等专业学校	漯河市食品工业中等专业学校重点建设专业毕业生获得双证书比例达99%以上,就业率达到99%以上。
9	南阳幼儿师范学校	南阳幼儿师范学校升入各类高一级学校107人,比例4.76%,直接就业率95.24%,对口就业率100%。
10	南阳市宛东中等专业学校	南阳市宛东中等专业学校毕业生就业率100%;升大专或本科48人,比例为10.55%。
11	商丘幼儿师范学校	商丘幼儿师范学校毕业生就业率为100%;对口率为98.1%,升入高等教育比例为11.31%。
12	河南省外贸学校	河南省外贸学校毕业生一次就业率为97%,对口就业率85%。
13	南阳工业学校	南阳工业学校各专业毕业生就业率平均达到98.8%,对口就业达到85%,升学比重为8.1%。

(2)"5.2 社会服务"

样本学校社会服务主要有以下几种类型:一是职业技能和技术培训(包括在岗培训、电子商务扶贫);二是志愿服务活动;三是参与函授大专、自考等本科学历教育培训;四是承办职工技能大赛和教育技能大赛。从社会服务实践情况看,各学校社会服务均开展较好,取得了一定的成效(见表2-6)。

表2-6 样本学校社会服务情况

序号	学校	"5.2 社会服务"
1	郑州市电子信息工程学校	郑州市电子信息工程学校作为郑州市人力资源和社会保障局批准的郑州市专业技术人员继续教育培训基地,2017年继续开展专业技术人员继续教育工作。本年度共开设二期培训,共培养了包括本校和兄弟学校在内的专业技术人员共300人,开设了包括现代教育技术、计算机网络等相关课程,聘请专家进行授课,严格考勤制度,严肃上课纪律,并进行严格的考核评价,得到广大参训学员的广泛赞誉。 郑州市电子信息工程学校积极参加志愿者服务活动,将慈善志愿服务活动作为在校中等职业学生学习雷锋精神、践行社会主义核心价值观的有效载体。2017年"爱心织女团"被评为郑州市儿童福利院2017年度志愿服务特殊教育项目先进志愿服务集体,"爱心织女团"负责人苗畲被中共郑州市委宣传部、郑州市精神文明建设指导委员会办公室、郑州市民政局、郑州慈善总会授予第四届"郑州慈善大奖"优秀慈善志愿者荣誉称号。
2	郑州市经济贸易学校	郑州市经济贸易学校的航空服务专业开设于2013年,作为省内首家涵盖无人机应用方向的专业学校,走在了无人机职业教育的前列。

续表

序号	学校	"5.2 社会服务"
3	焦作护理学校	焦作护理学校是河南科技大学、河南中医药大学、黄河科技学院等医学继续教育教学点,是武陟县农村社区护士岗位培训和乡村医生全科知识培训基地,为武陟县各级医院护理人员进行继续教育、岗前培训、专题讲座、护理专业的刊授服务,取得了良好的社会效果。学校充分利用护理、美容美体、康复等优质的专业教学资源面向社会开展育婴师、养老护理员、保健按摩师等职业技能和技术培训,积极开展职业技能鉴定与考核工作。各类社会培训年均达2000余人次。
4	郑州城轨交通中等专业学校	郑州城轨交通中等专业学校始终坚持围绕轨道交通行业发展需要,加大社会服务工作力度,主动服务经济社会发展大局。按照郑州市铁路局春运和棉运要求,连续四年都选拔出大批量符合条件和标准的学生进行培训,学校参加春运学生达7000余人,参加棉运学生达4200余人。
5	郑州电子信息中等专业学校	郑州电子信息中等专业学校高度重视技术应用与服务工作,成立了技术应用与服务团队,电子专业阴建强老师被评为"河南省中等职业学校教学名师",建立了电子专业名师工作室,还有计算机、汽修等各种专业服务组。开展对外技术服务和送科技下乡,提升服务社会民生和扶贫攻坚的能力。积极开展免费为民技术服务工作。免费为民开展家电维修、计算机操作、汽车维护等工作。
6	郑州市国防科技学校	郑州市国防科技学校多层级、全方位开展社会实践活动,提高学生社会实践能力,充分发挥青年志愿者在实践育人、思想引领和组织青年等方面的作用。"学雷锋"志愿者服务队先后在各项大型活动中参与志愿服务,利用"学雷锋"活动月、清明节、烈士纪念日等重大节日到郑州市儿童福利院、郑州市恒爱敬老院、郑州烈士陵园、郑州市植物园等地,开展关爱残疾儿童、关心孤寡老人、缅怀祭奠先烈等志愿服务活动。 为支持郑州市国家中心城市、文明城市、卫生城市建设和学校文明单位创建工作,郑州市国防科技学校先后组织志愿者到郑州市区干道、郑州市植物园、郑州市儿童福利院等地开展文明交通执勤、环保宣传、环境卫生清理;植树节期间到黄河富景生态园、中牟沙窝湿地公园开展义务植树活动。 郑州市国防科技学校通过郑州市汽车专业省市技能工作室、数控专业市级技能工作室,汽车、数控郑州市中心教研组组长单位等平台引领郑州市中等职业学校师资队伍发展。同时,聘请了行业企业专家,组织开展郑州市汽车专业教育教学科研活动,对郑州市中等职业学校教师队伍建设、课程设置、培养目标、校企合作、教学实训等都起到了推动作用。2017年为郑州市兄弟职业学校培训师资200余人次,为郑州市专业教师队伍建设做出了突出贡献。 学校利用丰富的国防教育经验和资源,主动承担郑州市乃至河南省大中专、中小学生的国防教育。两年来,通过帮训、军事科目展演、常规武器操作、国内国际形势报告会、参观国防教育展厅和革命老区、军事拓展训练、实弹射击军事实习、军事拉练等形式为郑州外国语学校等20多所大中专、中小学校6000余名学生义务开展国防教育,收到良好的社会效益。
7	郑州新华中等专业学校	2016年,该校被郑州市中原区人力资源和社会保障局评选为"农村劳动力转移就业定点培训机构"。

续表

序号	学校	"5.2 社会服务"
8	郑州市商贸管理学校	郑州市商贸管理学校高度重视技术应用与服务工作,成立了12个实训基地。专业师资和实训基地对社会各界开放,到新郑市辛店镇王庄村开展电子商务扶贫,提升服务社会民生和扶贫攻坚的能力,得到郑州市委、市政府的高度评价。 郑州市商贸管理学校积极开展免费为民技术服务工作。近3年平均每年4次免费为民开展淘宝空间装饰、商品营销策略等工作的培训,受到了广大市民的普遍赞誉。积极参加社会主义新农村建设。开展了手工编织、玉石加工等农村劳动力转移培训等。
9	漯河市第一中等专业学校	漯河市第一中等专业学校始终坚持围绕行业、产业发展需要,加大社会服务工作力度,主动服务经济社会发展大局。学校服装设计专业师生与郾城区沙北齐美服装厂技术人员,共同研发设计生产了本校学生的运动装、礼仪装和教师工作服。 广泛开展新型职业农民、农村转移劳动力、在职职工等群体的职业教育培训。学校利用现有的师资、设备,增强社会服务能力,为漯河当地经济的发展培养了一大批实用的人才。2016年共培训学员3150人。
10	漯河市食品工业中等专业学校	漯河市食品工业中等专业学校加强了内部设立的"漯河市食品研发中心"建设,并在此基础上,由市科技局支持,学校牵头成立了"漯河市食品产业技术创新战略联盟"和"漯河市食品产业知识产权战略联盟"这两个平台。通过这些平台,组织有专长的教师走进企业帮助解决生产技术难题,加强科技咨询、科技推广和联合研发,推动漯河市及河南省食品企业科技创新。一年多时间,组织科技咨询服务50次、科技项目推广22个、联合研发项目9个,为企业新增产值2.3亿元、利税0.21亿元,新增就业人员1226人,有效促进了企业升级转型和地方经济发展。
11	南阳幼儿师范学校	南阳幼儿师范学校在准确认识职业教育新常态、主动适应新常态、全面服务新常态上,与时俱进,积极开展职业素养培训。学校先后与南阳龙祥职业技术学校、中国蒙台梭利协会南阳分部进行合作办学,引导学生参加第二职业资格证书培训考试,年培训在校生2000人次以上,顺利考取证书人数保持在400人以上;与南阳师范学院、信阳师范学院面向校内外联合培养函授、自考等专科、本科教育,年培训人员超过700人,为促进南阳市职业教育发展做出了一定的贡献。
12	南阳市宛东中等专业学校	南阳市宛东中等专业学校充分发挥专业设施设备及人才的优势,积极为企业的生产、研发等提供咨询及技术服务。建立创业咨询信息服务中心一个,建立农民就业培训中心一个。积极开展农村转移劳动力培训、企业在职职工培训,离校未就业大中专学生技能就业培训、失业人员技能再就业培训、"两后生"职业技能培训、返乡农民工创业培训、"雨露计划"扶贫培训、退役士兵技能培训、残疾人就业技能培训等社会培训。共举办计算机技术与应用、学前教育、现代农艺技术、作物栽培、良种繁育、植物病虫害防治、蔬菜栽培技术、果树栽培技术等各类培训班42期,两年累计培训学员8032人。为服务当地经济发展培训了一大批创业型人才,进而带动了更多人员的就业。 南阳市宛东中等专业学校经过三年的农村转移劳动力培训和企业在职职工等各类人员的培训,学员中从事种种植、养殖、零售业和淘宝电商等自主创业的人数已达730多人,约占总培训人数的10%。

续表

序号	学校	"5.2 社会服务"
13	郑州市艺术工程学校	郑州市艺术工程学校建立大师工作室，进行常态化教学。郑州市艺术工程学校作为国家非物质文化遗产开封木版年画传承基地开展工作卓有成效。
14	南阳工业学校	南阳工业学校在为社会服务方面做了以下努力： 1.努力培养技能型人才，为经济建设提供人才保障。2017年，学校充分利用自身良好的设备和师资资源，大力支持、配合相关部门开展社会服务工作。2017年，学校开展各类培训近800人次。 2.充分发挥师资优势，主动满足社会需要。先后为淅川减震器厂技术人员开展为期2个月的CATIA模具软件使用技术培训，为南阳赛亚电子有限公司培训员工150人，与南阳天和机械有限公司联合开发了小型化的免烧自动化制砖生产线和饮料封装机自动控制系统等合作项目，为郑州广汇有限公司技术人员开展为期3个月的计算机软件技术培训，为郑州宇通客车股份有限公司培训职工105人，解决了企业亟须解决的现实问题，产生了良好的社会影响。积极组织心理咨询教师参加学校、街道、社区及各级社团等组织的各类活动，如南阳市社区志愿者协会的"爱心讲师团"巡讲活动，为近邻社工"关爱留守儿童活动"进行8次团体心理辅导，参加"和信调解团"为南阳市民调解家庭矛盾、处理婚恋及儿女教育问题20多场次。学校心理健康教育中心充分利用互联网的便利，通过微信公众号、微信群、QQ群、千聊直播间、有童转播间、喜马拉雅电台节目等多种形式，拓宽渠道和受众，扩大了影响力。学校师生志愿者主动走出校园、深入社区，联合南阳电视台、南阳市社区志愿者协会、南阳市科技馆、南阳市课外活动中心、南阳市福利院、近邻社工、至善社工等组织，长期开展"心理健康教育就在每个人身边"的活动，通过讲座、辅导、团体拓展、成长训练等多种形式进行各种心理疏导，服务人民、回报社会，产生了较好的社会影响。 3.承办职工技能大赛和南阳市中等职业教育技能大赛，为兄弟学校和企业提供技能比武平台。学校充分发挥强大的设备优势和师资优势，连续几年承接了南阳市总工会组织的全市职工技能大赛，其中，职工技能大赛的主会场和车工、钳工、数控车工3个工种的主赛场均设在南阳工业学校。每年参赛的单位均在50家以上，选手200人以上。大赛活动的周密组织得到了市政府、市总工会和参赛单位的一致好评。
15	河南省外贸学校	河南省外贸学校在学历教育方面，与郑州信诺教育培训学校等机构签订合作招生协议，北京理工大学、对外经济贸易大学函授学生150人；对外经济贸易大学远程教育学生480人。办理函授教育毕业生110人，远程教育毕业生150人，毕业率达98%。 河南省外贸学校在外派劳务平台方面也收效良好。外派劳务服务平台与郑州鸿基公司、郑州中懋公司合作，通过服务平台外派劳务人员达530人次。其中根据厅劳务扶贫工作安排，制定相关通过劳务派遣参与扶贫工作的方案，要求入住企业外派人员每10人中必须有1名来自贫困地区的人员，取得了一定的帮扶效果。 河南省外贸学校在培训服务方面，成功举办河南省博览事务局和新疆建设兵团十三师综合业务培训班两期，参训人员近100人。 河南省外贸学校在文化传承方面，利用图书馆每周日开展一次经典诵读的活动，吸引更多的社会人员参加，为文化传承提供了便利。

续表

序号	学校	"5.2 社会服务"
16	商丘幼儿师范学校	商丘幼儿师范学校依托丰富的教学资源,面向社会提供各种形式的教学支持和服务;一是面向全市幼儿园开展各类短期培训,年均社会培训300人次;二是充分利用学校艺术教育资源优势,积极与市文化局及社会艺术团体建立合作关系,大力传承本地民间优秀传统文化,形成了学校艺术教育发展特色;三是承办了商丘市中等职业技能大赛(音乐类),共有150位选手参加比赛,大赛成为中等职业学校学生展示才艺与风采的平台,在全市职业教育行业影响极大。

(三)基本结论

关于办学体制改革的实践的观察主要选取了"4.1 校企合作办学开展情况""4.3 集团化办学情况""6.举办者履责""3.4 规范管理情况"4 个指标。研究发现,从样本学校校企合作整体情况看,各学校在校企合作方面差异不算显著,各校均与用人单位有较为紧密的合作关系,校企合作主要是共同建设实训基地、合作育人,并通过合作机制优化教育教学。部分合作较为深入的学校还引企入校,建立校内实训基地,达到了较高的合作层次。从样本学校情况看,集团化办学大致分为三种情况:第一类是没有明确说明集团化办学情况,可视为没有集团化办学实践;第二类是参加由其他学校或企业主导成立的职业教育集团,并积极参与相关活动,获得发展;第三类是牵头成立相应的职业教育集团,承担更多责任,并很好地发挥带头作用。其中,牵头成立职业教育集团的主要是由政府主办的、具有较长办学历史的学校。质量年度报告在举办者履责上主要要求从经费和政策措施两个方面进行说明。从经费情况看,各政府管理部门、行业管理部门、学校较好地履行了各自相应的办学职责,全年经费及时到位。学校经费来源既包括正常的财政经费,也包括专项的项目经费,个别学校还获得来自社会的赞助性经费。生均公用经费主要用于学校日常公用经费支出。职业中学免学费收入主要用于学校内涵提升、校园维修及购置设备等。从政府措施来看,各校能够坚持党委领导下的校长负责制,领导班子认真贯彻民主集中制原则,重大问题集体研究决定,重大事项都经教代会研究通过,自觉接受师生监督。切实加强制度建设,确保各项工作有章可循。各校也能够落实办学自主权,落实教师编制,不断完善保障办学水平的政策和制度。与举办者履责相类似,各学校的规范管理情况也相对较好,也可视为对举办者履责情况的一种印证。各学校均能积极推行现代学校管理模式,在管理机制上实行"学校和处室二级管理",提高管理效率。注重目标考核,注重绩效管理。教学日常运行和实习实训也均有相应的制度保障。

成绩评估主要选取"2.4 就业质量""5.2 社会服务"两个指标。研究发现,从数据可以看出,样本学校就业质量相对较好。毕业生就业率均在 90% 以上,而且大部分在 95% 以上;部分填写对口就业率的学校,对口率也均在 70% 以上,可视为就业质量相对较高的一种表现;用人单位满意率也均在 90% 以上。还有部分学校报告了对口升学率,郑州市经济贸易学校升入高等教育人数占毕业生总数的 45%。值得注意的是,有部分学校没有报告对口就业率,部分学校没有报告对口升学率,原因或需进一步调研。而且,本研究只是小范围的抽样,在整体上或有被放大的可能。样本学校社会服务主要有以下几种类型:一是职业技能和技术培训(包括在岗培训、电子商务扶贫),二是志愿服务活动,三是参与函授大专、自考等本科学历教育培训,四是承办职工技能大赛和教育技能大赛。从社会服务实践情况看,各学校社会服务均开展得较好,取得了一定成效。

三、河南省中等职业教育办学体制改革的问题

(一)研究设计与说明

主要以河南省各省辖市、教育厅直属中等职业学校发布的中等职业教育质量年度报告(2017)为依托,对河南省中等职业教育办学体制进行研究。

研究设计和流程主要包括以下几个方面:第一,样本学校确定。选择河南省部分有代表性的职业学校,样本学校包括省属职业学校和地方职业学校、公办职业学校和民办职业学校等类型。第二,观测指标确定。关于办学体制改革问题的观察选取"8.主要问题和改进措施"。第三,对其质量报告进行关键内容摘取,对办学体制改革问题进行评估。第四,对学校自评情况进行评述,并得出相关结论。

(二)主要研究结果

样本学校列举的办学中存在问题主要包括以下几个类别(见表 2-7):一是办学条件方面的问题,如校园面积不足,达不到办学基本要求,面积局限限制了学校办学上的拓展。二是人员编制问题,如人员编制不足,影响职业学校发展;职称评审受限,导致师资队伍整体水平无法提升。三是教学模式和人才培养需要进一步优化,以适应快速变化的劳动力市场和就业要求。四是产教融合有待进一步深化,不断提升职业教育服务能力。

关于改进措施与实施建议,样本学校主要列举了以下情况:一是围绕区域经

济社会发展机遇,积极融入地方发展,借力提高;二是继续扩大深化与名校、名企合作办学;三是完善教师培养培训长效机制,继续强化对现有教师的培养培训,加大企业兼职教师的招聘力度,不断提高师资队伍的整体素质;四是加快建设智慧校园步伐,借技提升;等等。

表2-7 样本学校主要问题和改进措施自述情况

序号	学校	"8.主要问题和改进措施"
1	焦作护理学校	1."互联网+"背景下的教育模式需要深入研究和改进。焦作护理学校还需充分发挥先进的信息化教学设备优势,加大对"互联网+"背景下的教育教学模式、校企合作模式、学校内部管理模式等的研究,形成具有自身特色的"互联网+"卫生职业教育。 2.开发社会急需的新专业迫在眉睫。随着我国人民生活水平的提升、老龄人口的增加、二孩政策的全面放开等,焦作护理学校将主动应对社会需求,积极地申报和开发助产、老年服务与管理、中医康复保健、家政管理等新专业,更好地服务于河南特别是焦作市的地方社会经济发展。 3.学校新校区建设需要科学规范推进。焦作护理学校参照国际高水平专业院校建设标准,规划、建设学校新校区,形成功能互补、协调发展的"一校三址"校园格局,稳步扩大学历教育办学规模,确保高水平人才培养质量,谋求学校高位发展。
2	郑州市电子信息工程学校	1.存在的问题。部分专业课教师严重短缺;教师考核评价机制有待完善;部分专业实训条件不能满足教学需要,面向社会的短期培训市场有待进一步开发。 2.改进的措施。紧紧抓住郑州市获批国家中心城市的机遇,继续扩大深化与名校、名企合作办学;完善教师考核评价机制;加快建设智慧校园步伐;积极开拓社会培训市场;大力提升学生就业品质,确保学校又好又快发展。
3	郑州市经济贸易学校	教师编制问题成为制约郑州市经济贸易学校发展的瓶颈。教师职称评聘问题亟待解决。社团活动场地、师资力量受限。
4	郑州新华中等专业学校	教师技术服务能力尚需继续提高。随着校企合作日益紧密,郑州新华中等专业学校现有教师技术服务能力的短板日趋明显,教师已经在努力克服专业上的局限,但解决这个问题仍需从政策导向、机制创新上寻求突破。
5	郑州城轨交通中等专业学校	郑州城轨交通中等专业学校的城市轨道交通专业人才培养中存在的问题:(1)人才培养需求与培训资源稀缺的矛盾日益突出。由于学校的各项实训基地还在建设阶段,个别专业存在培训设施不足、培训资源超负荷使用等问题。这些培训设施设备的匮乏阻碍了地铁人才的培养和发展。(2)人才培养质量与培训方式陈旧的矛盾日益突出。而传统的培训方式主要以知识发展为导向,忽视了职业技能和动手能力的培养,因此难以满足城轨人才培养的要求。(3)人才培养速度与培训能力不足的矛盾日益突出。亟待提高教师的教育教学水平和基本素质。 解决城市轨道交通专业人才培养难题的主要途径:(1)学校加大自主培养人才的力度。学校要高度重视学生在校的培训,不断地加强培训的力度和强度,在师资培养、经费等资源上都大力倾斜,成立专门负责培训的组织管理和教学等部门。(2)强化校企合作,培养城轨专业技术及技能人才。

续表

序号	学校	"8.主要问题和改进措施"
6	郑州市国防科技学校	1.主要问题:产教融合仍需深度加强、教改科研能力尚需提升、专业技能仍需强化。今后要继续发挥郑州市国防科技学校四大重点专业建设的示范作用,深入推动其他专业建设;积极探索中高职衔接等培养模式;积极拓展服务社会的职能,促进产教深度融合,更好服务社会经济的发展。 2.改进措施:国际化合作工作需加强。随着经济全球化,引进国际认证的职业资格证书,培养适应国际市场需求的技能人才,将成为郑州市国防科技学校今后的发展目标之一。
7	郑州市商贸管理学校	1.师资结构有待进一步完善。郑州市商贸管理学校师资以中青年教师为主,其中由于专业特点及师资引进渠道等方面的限制,师资结构与先进学校相比有一定差距。 2.产教融合需进一步推进。目前郑州市商贸管理学校的校企合作还是以用工型为主,需要通过一定举措加大工作推进,真正实现产教融合。 3.就业指导工作需创新改革。面对当前招生就业工作的新形势,郑州市商贸管理学校为更好服务学生,应提高人才培养与就业岗位的匹配度,实现"学校招生—培养—就业指导"系统化运作。
8	郑州电子信息中等专业学校	郑州电子信息中等专业学校人才培养中存在的问题主要表现为:(1)部分教师和管理人员的职业教育理念还没有真正确立,运用职业教育理念推进改革创新的自觉性需要进一步提高;校本课程的开发还缺乏深入和系统化。(2)教师队伍还存在着数量、质量、结构、能力水平等方面的不足。(3)学校现有的电子实训室、电工实训室、计算机房、多媒体教室、画室、练琴室等实验实训场所及校外实训基地,存在布局分散,管理不便,设备陈旧,急需更新换代等情况。 改进措施如下:郑州电子信息中等专业学校根据教育部《关于深化职业教育教学改革、全面提高人才培养质量的若干意见》(教职成〔2015〕6号),提出"立德树人、全面发展""系统培养、多样成才""产教融合、校企合作""工学结合、知行合一""国际合作、开放创新"五项基本原则和办学思路,确定改进措施。
9	漯河市第一中等专业学校	漯河市第一中等专业学校存在的问题:(1)目前所培养的学生在工作岗位的适应时间较长,独立解决问题能力较差,创新意识较弱。(2)专业教师知识面还不够全面系统,对专业发展还不够深入了解,专业技能水平还需要进一步提升。(3)机电专业生师比比较高,不能很好地开展个性化培养,专业教师还很缺乏。(4)学生就业还不足以应对企业需求,学历较低,技能等级证等证书还没普及。 漯河市第一中等专业学校的具体改进做法:(1)推行三证融合制度,(2)提高专业教师"双师型"队伍比例,(3)课程教学评价体系改革。
10	漯河市食品工业中等专业学校	漯河市食品工业中等专业学校存在的主要问题:(1)校企合作、工学结合人才培养模式需要进一步深化,尤其是企业积极性发挥上需要进一步探索;(2)教师队伍建设需要进一步加强,企业兼职教师队伍的稳定和教学技能需要进一步提高。 漯河市食品工业中等专业学校的改进措施:更新观念,推进教学改革;完善制度,优化师资结构;加大投入,完善教学设施。
11	商丘幼儿师范学校	商丘幼儿师范学校教师队伍结构还有一定的欠缺;创业教育开展不完全到位。

续表

序号	学校	"8.主要问题和改进措施"
12	南阳幼儿师范学校	南阳幼儿师范学校存在的主要问题:(1)教师缺编。(2)专业单一。(3)职业教育的观念落后。(4)教师队伍的结构不合理。 南阳幼儿师范学校的改进措施:(1)抓住"十三五"新的发展机遇期,遵照国家和省有关文件指示精神,进一步增强办学综合实力和管理水平,全面提升人才培养质量和社会服务能力,大力推进学校创新发展、优质发展。(2)落实教师编制和招聘工作。(3)以学校发展为核心利益,以"校园合作"和"校校合作"为双翼,不断地提高和推进科学发展。
13	南阳市宛东中等专业学校	南阳市宛东中等专业学校的主要问题:基础办学条件尚有较多欠账,师资队伍专业化发展亟待完善,教育教学信息化水平有待提高,集团化办学水平尚处于低端层面。 南阳市宛东中等专业学校的改进措施:对接市场需求,深入推进骨干专业优化配置;稳步推进"互联网+"计划,建设职教智慧校园;深化校企合作,不断提升职业教育服务能力。
14	河南省外贸学校	河南省外贸学校的校园面积较小,限制了学校发展;专业建设和教学改革需要进一步深化,教学质量需要进一步提高。
15	南阳工业学校	南阳工业学校存在的问题:(1)人才培养模式、课程体系、教学模式等教育教学改革还需要继续深入推进,教育教学质量还需要继续提高。(2)师资队伍的数量、结构、质量与培养高素质技能型人才的要求还有较大差距,师资队伍素质和水平有待进一步提升。(3)校企合作的深度还不够,企业深度参与专业建设和人才培养的积极性不高,校企合作、工学结合运行长效机制还需完善。南阳工业学校的改进措施:(1)加强制度建设,进一步强化内部管理,形成推动学校内涵发展、可持续发展、活力迸发的体制机制。(2)深化人才培养模式、课程体系、教学模式等教育教学改革,加强实践性教学,提高学生的职业技能、职业素养和综合素质。(3)完善教师培养培训长效机制,继续强化对现有教师的培养培训,加大企业兼职教师的招聘力度,不断提高师资队伍的整体素质。(4)加强与企业的交流与合作,提高企业参与人才培养的积极性,建立完善的校企合作、工学结合运行长效机制。
16	郑州市艺术工程学校	郑州市艺术工程学校人才培养中存在的问题:(1)学校建筑面积不足,教学楼破旧,无综合实训楼,严重制约学校发展;(2)现代职教理念尚未深入人心,少数干部和教师服务观念和教育理念仍很落后,工作因循守旧;(3)专业设置部门责任意识、危机意识、创优意识有待进一步加强,积极性和主动性有待进一步提高;(4)教师队伍的数量、结构和素质不能充分满足高素质技术技能人才的培养需求,尤其是信息化能力亟待提高、青年教师队伍建设亟待加强;(5)教学、学生、后勤等常规管理离规范要求尚有一定距离;(6)省级职业教育特色学校后续建设和市级美育示范学校建设、职普融通试点学校建设,尤其是高水平示范性实训基地内涵建设亟待加强;(7)智慧学校建设任重道远。 郑州市艺术工程学校解决问题的具体措施:(1)加大宣传力度,使职业教育政策深入人心,增强人民群众对职业教育的认可度;(2)创造条件争取编制,招录影视表演、播音主持、电子商务、艺术设计等专业教师;(3)学校要有办学主动性、责任感和质量意识;(4)在机制和体制上做文章,使干部有压力、有动力、有能力,把精力和干劲用在兴业干事上;(5)创新机制引导教师自主学习,提高工作能力和水平。

（三）基本结论

样本学校列举的办学中存在的问题主要包括外显的基础办学能力的问题和内在的内涵提升方面的问题，前者主要是办学基本条件、人员编制问题和师资队伍等办学基本条件方面的问题，后者主要是人才培养和产教融合等方面的问题。

关于改进措施与实施建议，样本学校设计的出路包括向外的拓展和向内的提升两个方面，前者包括融入地方发展、加强校企合作等方面，后者包括加强师资队伍建设、提升教育现代化水平等方面。

但比较遗憾的是，各学校在优化办学体制、机制方面的措施力度并不大，其实施效果较为有限。当然，在现有管理体制之下，学校在办学体制机制改革方面可操作空间并不大，相关的顶层设计方面的优化或许才是未来实现办学体制机制优化的保障。

四、河南省中等职业教育办学体制改革展望

从研究结果看，我省中等职业教育办学体制改革不断向前发展，但仍有大量历史性遗留和关键性难题难以破解，有待未来改革中的制度创新和实践探索。

我省职业教育办学体制改革的基本方向是：以发展民办职业教育为突破口，以混合所有制改革深入推进为抓手，强化办学管理体制改革，实现办学体制的不断优化。

以发展民办职业教育为突破口，以混合所有制改革深入推进为抓手，应该是我省实现办学体制改革的可行方案。我省是教育大省，可供利用的社会资源也非常充分，可以在民办职业教育发展方面有更大力度。从2013—2017年民办中等职业教育发展情况看，尽管国家有推进民办职业教育的政策支持，但我省的民办职业教育并未实现大的跨越。另外，混合所有制的改革在中等职业教育领域进展缓慢，未见有学校在此方面有大的突破。

强化办学管理体制改革，丰富政府主导作用发挥路径，强化公共服务职能，充分利用社会组织、行业学会、企业培训组织等的智慧和力量，按照"管、办、评"分离的要求，将中等职业教育评价、日常管理、诊断评估等原属于行政管理部门的业务工作由社会组织承担，充分保证职业教育办学自主权。

中等职业教育办学体制改革是一个系统工程，在我国现有管理体制下，学校

层面的改革空间较为狭小,即使在省级层面,制度创新的空间也需要上层的制度调整作为保证。正如有学者所言,调整办学管理体制的条件还不成熟,职业教育办学管理体制改革的关键是处理好中央政府和地方政府、教育部门和其他部门的关系,实质是对利益格局的重新调整,关键在于政府是否具有制度变迁的动力。应该说,目前较大幅度地调整办学管理体制的条件还不成熟。

另外,推动民办中等职业教育发展,推进混合所有制改革也有一些值得警惕的问题。在此方面,20年前召开的中等职业教育办学体制改革工作研讨会与会代表的担忧和建议依然值得回顾。在研讨会上,会议代表认为,推进公办学校转制要防止几个误区:一是要防止公办学校为发展高职举办专修学院而转制的倾向;二是要防止地方政府为甩包袱而将公办学校转制的倾向;三是要防止有些学校只为提高收费标准而转制。其内部管理体制、运行机制并未改变的公办学校转制应达到三个目的:一是有利于学校筹集资金,加快学校发展;二是通过改制充分调动教师积极性;三是有利于提高学校教育质量和办学效益。

在当前社会背景下,河南省中等职业教育发展面临着比20年前更大的机遇,也面临更大的挑战。面向未来的河南职业教育办学体制变革还要充分利用"一带一路"、职业教育国际化等时代机遇,在办学主体上有更多拓展。

参考文献:

[1]袁娅.论新世纪的中等职业教育体制改革[J].吉林商业高等专科学校学报,2002(04):21-22.

[2]李青藻,谢聿栋.关于中等教育结构改革中若干问题的探讨[J].教育评论,1985(02):1-6.

[3]包小明.中等职业教育体制改革势在必行[J].内蒙古农业科技,2001(S1):12.

[4]张建敏.国外中等教育结构改革对我国职业教育的启示[J].教育与职业,2010(24):93-95.

[5]万卫.职业教育办学体制改革40年回顾与展望[J].教育与职业,2018(12):19-24.

[6]浙江省教育厅.深化公办职业学校体制改革 做大做强中等职业教育[J].中国职业技术教育,2005(19):11-12.

[7]张书义.试论我国职业教育体制改革及趋向[J].教育与职业,2008(36):150-152.

[8]韩云鹏.中等职业教育办学体制改革工作研讨会综述[J].职教论坛,1999(06):

10-11.

[9]河南省教育厅.2013年河南省教育事业发展统计公报[EB/OL].(2014-04-03)[2019-04-30].http://www.haedu.gov.cn/2014/04/03/1396505613265.html.

[10]河南省教育厅.2014年河南省教育事业发展统计公报[EB/OL].(2015-07-04)[2019-04-30].http://www.haedu.gov.cn/2015/07/14/1436863613341.html.

[11]河南省教育厅.2015年河南省教育事业发展统计公报[EB/OL].(2016-05-16)[2019-04-30].http://www.haedu.gov.cn/2016/05/16/1463367234225.html.

[12]河南省教育厅.2016年河南省教育事业发展统计公报[EB/OL].(2017-03-17)[2019-04-30].http://www.haedu.gov.cn/2017/03/17/1489720664881.html.

[13]河南省教育厅.2017年河南省教育事业发展统计公报[EB/OL].(2018-04-02)[2019-04-30].http://www.haedu.gov.cn/2018/04/02/1523265555694.html.

专题三 河南省中等职业教育推进产教融合育人调查研究
——以洛阳市为例

河南科技大学　田虎伟

为贯彻落实《国务院办公厅关于深化产教融合的若干意见》(国办发〔2017〕95号)和《河南省人民政府办公厅关于深化产教融合的实施意见》(豫政办〔2018〕47号)文件精神,结合2018年河南省职业教育与成人教育工作会议上省教育厅尹洪斌副厅长重点强调的"十个聚焦"中的"聚焦产教融合、校企合作,创新技术技能人才培养模式"[①]讲话精神,本文选取河南省中等职业教育产教融合问题开展调查研究。

由于河南省相关数据采集有一定困难,本文主要以洛阳市为例,探讨洛阳市中等职业教育产教融合中存在的问题,管中窥豹,探讨河南省中等职业教育产教融合问题。之所以选择洛阳市作为案例,是因为洛阳市是河南省副中心城市、省辖市,洛阳市中等职业教育在河南省具有较强的竞争力,具有一定的典型性和代表性。

一、洛阳市中等职业教育发展概况

(一)规模和结构

在2015—2018年间,河南省通过撤销、合并、划转等形式,整合一批"弱、小、散"学校,优化中等职业学校布局后,在2018年12月28日河南省教育厅、人力资源和社会保障厅公布的《河南省优化中等职业学校布局结果名单》中,洛阳市中等职业学校数量由46所(公办学校26所,民办学校19所,企业办学1所),调减为29所,其中,直属省教育厅和河南省供销合作总社管辖的学校2所(洛阳铁路信息中等专业学校、河南省洛阳经济学校)、隶属人社部门管辖的技工学校9所,市教育局管辖的学校18所(公办学校12所、民办学校6所)。虽然优化布局调整

---

① 河南省教育厅.2018年全省职业教育与成人教育工作会议召开[EB/OL].(2018-03-16)[2019-03-20].http://www.haedu.gov.cn/2018/03/16/1521171754781.html.

后洛阳市中等职业学校数量有所减少,但是调整前洛阳市辖区中职学校数量占到河南省 875 所的 5.26%,调整后这一比例上升到 6.95%(河南省调整后为 417 所),由此可见,洛阳市中等职业教育在河南省还具备较强的竞争力。

由于 2018 年度的统计数据目前还没有公开发布,这里主要使用 2017 年的相关数据。由表 3-1 可知,2017 年洛阳市中等职业学校招生 3.8 万人,在校生数 9 万人,全市普通高中与中职学校招生比例为 1.2∶1。

表 3-1　2016、2017 年洛阳市中等职业学校招生、在校生人数情况

年度	在校生数(万人)	招生数(万人)	毕业生数(万人)	普职招生比
2016	8.5	3.2	2.3	1.4∶1
2017	9	3.8	2.5	1.2∶1

(二)设施设备

设施设备不断充实完备,办学硬件现代化水平不断提高。洛阳市落实国家关于《中等职业学校设置标准》(教职成〔2010〕12 号)的要求,下大力气加强基础能力建设,提高中等职业学校的办学水平和质量。2017 年,全市中等职业学校占地面积 22.31 万平方米,生均占地面积 24.78 平方米。

(三)教师队伍

洛阳市始终坚持把中等职业教师队伍建设摆在突出位置,教师专业能力逐步增强。2017 年,全市中等职业学校教职工数 4500 人,生师比 20∶1,其中"双师型"教师占专任教师比例约为 52%[①]。

二、洛阳市中等职业学校推进产教融合育人的情况调查

(一)问卷调查

1.基本情况

(1)调查目的。依据《国务院办公厅关于深化产教融合的若干意见》(国办发〔2017〕95 号)针对中等职业学校的工作要求,对照洛阳市辖区内中等职业学校的实际落实情况,寻找政策条文要求与实际落实之间的差距和典型经验,寻求解决

---

① 洛阳市教育局.洛阳市中等职业教育质量年度报告(2017 年)[EB/OL].(2018-07-06)[2019-03-20].https://www.lyjyj.gov.cn/GovInfoshow.aspx?ID=406.

问题的对策。

（2）调查工具。依据《国务院办公厅关于深化产教融合的若干意见》（国办发〔2017〕95号）中"推进产教融合人才培养改革"的整体框架，针对其中对中等职业学校的工作要求，编制了《河南省中等职业学校"推进产教融合人才培养改革"调查问卷》。主要内容包括学校推进产教协同育人情况、加强产教融合师资队伍建设情况、治理结构改革情况、推进产教协同育人的内外部主要障碍和案例等五个部分。

（3）调查对象。由洛阳市教育局职业教育教研室向辖区内中等职业学校的校长、副校长或熟悉学校产教融合的相关科室知情人发放本调查问卷。最后回收到14所中等职业学校的14份调查问卷，其中有省教育厅直属学校1所，民办学校3所，市属及县属公办学校10所。

2.结果与分析

（1）中等职业学校推进产教协同育人情况

①中等职业学校与企业组建校企合作、工学结合联盟、联合或联结情况。14所被调查学校均与多个企业或企业集团组建了校企合作、工学结合联盟，部分学校还与行业有联合或者与产业园区有联结。（调查学校编码见附件）

②推行现代学徒制和企业新型学徒制情况。有9所学校的部分技术性、实践性较强的专业，推行了现代学徒制和企业新型学徒制；5所学校则没有任何专业推行现代学徒制和企业新型学徒制改革。具体分布情况见表3-2。

由表3-2可知，仅有约64.29%的学校在部分技术性、实践性较强的专业，全面推行了现代学徒制和企业新型学徒制，还有超过1/3的学校没有开展现代学徒制和企业新型学徒制工作。

表3-2 推行现代学徒制和企业新型学徒制的学校与专业

学校	全面推行现代学徒制和企业新型学徒制的专业名称
学校1	烹饪、形象设计、汽车运用与维修、工业机器人
学校2	数字媒体应用技术、烹饪、中西面点
学校3	旅游与酒店管理、客户信息服务、汽车驾驶与维修
学校8	烹饪、计算机、高星级酒店运营与管理
学校9	艺术设计、表演艺术、软件技术、数控技术、机械制造自动化、汽车检测与维修
学校10	电子技术、物联网技术应用与维护、工业机器人、增材制造与快速成型（3D打印）、机械设计与制造、中德机电一体专业
学校11	城市轨道及运营管理、新能源汽车
学校13	旅游、烹饪、汽车
学校14	铁道信号、电气化铁道供电、通信技术

③学校2018年度招生专业与企业招工相衔接比例偏低。由表3-3可知，

2018 年度 13 所学校有 2 个以上专业招生与企业招工相衔接,占到学校当年招生专业的比例在 4%~78%,校均值为 40.18%。

表 3-3　2018 年度学校招生专业与企业招工衔接情况

学校	与企业招工相衔接的招生专业名称	占到学校当年招生专业的比例
学校 1	城市轨道交通运营与管理、国际邮轮乘务管理	23%
学校 2	烹饪、数字媒体应用技术	50%
学校 3	音乐(学前教育方向)、旅游服务与管理、会计电算化、汽车运用与维修、电子技术应用、计算机应用	67%
学校 4	客户信息服务、电子商务、装潢与艺术设计、汽车美容与装潢、机电机器人	78%
学校 5	计算机平面设计、电子商务、焊接技术应用、美发与形象设计、影像与影视技术、学前教育、汽车运用与维修	77%
学校 6	空中乘务、美容美妆	12.5%
学校 8	物联网(智能家居方向)、酒店管理、烹饪	33.33%
学校 9	机械制造自动化(智能制造方向)、数控技术、表演艺术、旅游管理、网络营销	27.7%
学校 10	电子技术应用、电子商务、客户信息服务	15%
学校 11	电梯保养与维护	4%
学校 12	机械加工技术、电子电器、汽车运用与维修、学前教育	35%
学校 13	旅游、烹饪、幼师、汽车维修	80%
学校 14	铁道信号、电气化铁道供电、通信技术、电子商务	60%
校均值		40.18%(含学校 7)

注:2018 年度学校 7 没有任何专业招生与企业招工相衔接。

④学校 2018 年度订单式培养招生人数比例偏低。由表 3-4 可知,2018 年度中等职业学校订单式培养招生总人数为 4471 人,校均约 320 人;订单式培养招生数占到学校当年招生人数的比例介于 0~82.4%,校均值约为 34.5%。

表 3-4　2018 年度学校订单式培养招生人数情况

学校	订单式培养招生人数(人)	占到学校当年招生专业的比例
学校 1	164	23%
学校 2	190	60%
学校 3	193	25%
学校 4	432	82.4%
学校 5	541	70%
学校 6	150	12.5%
学校 7	176	31.2%
学校 8	80	10%
学校 9	1400	43.2%

续表

学校	订单式培养招生人数(人)	占到学校当年招生专业的比例
学校 10	0	0
学校 11	150	25%
学校 12	245	21%
学校 13	300	60%
学校 14	450	20%
校均值	319	34.5%

⑤学校与企业签订校企育人"双重主体"、学生学徒"双重身份",学校、企业和学生三方权利义务关系明晰的合作协议情况。具体情况见表3-5。

表3-5　2018年度学校、企业和学生签订现代学徒制合作协议的专业分布情况

学校	签约专业	企业
学校 1	城市轨道交通运营与管理、国际邮轮乘务管理	新加坡远东国际海运有限公司
学校 2	数字媒体应用技术、烹饪	洛阳华阳大酒店、洛阳友谊宾馆、苏州泛太平洋酒店、郑州铁路局洛阳客运段等
学校 3	建筑专业 电子电器应用与维修、计算机 学前教育 酒店管理、财务、电子商务 汽修、电子、计算机	重庆荣昌建筑安装工程二公司宜阳分公司 浙江和睿半导体科技有限公司、浙江创奇电气有限公司 宜阳县实验幼儿园 温州汤臣一品酒店管理有限公司、温州市溢香厅国际宴会服务有限公司、温州君顶华悦酒店管理有限公司、温州奥林匹克假日大酒店有限公司 泉峰汽车精密技术股份有限公司
学校 5	摄影与化妆 计算机平面设计、电子商务	郑州九派摄影服务有限公司 郑州美课锐捷教育科技有限公司
学校 9	中餐烹饪 数控技术	洛阳安德莉亚食品有限公司 洛阳云峰机械设备有限公司
学校 10	电子技术应用 电子商务 增材制造与快速成型(3D打印) 旅游服务与管理	河南卓锋电子科技有限公司 洛阳新职信息科技有限公司、中州农商网 河南筑诚电子科技有限公司 洛阳新职酒店管理有限公司
学校 11	城市轨道及运营管理、新能源汽车	江苏瀚海教育集团
学校 13	旅游 烹饪 幼师	洛阳钼都利豪国际饭店、洛阳牡丹城宾馆、上海安亭花园别墅酒店、上海新元素西餐厅 上海新元素西餐厅、上海贝拉吉奥餐饮有限公司、上海游香食乐餐饮有限公司、北京艾丝碧西食品有限公司 洛阳一拖幼教集团
学校 14	铁道信号、电气化铁道供电、通信技术	中国铁道建筑工程总公司电化局集团公司第一工程公司

注:学校4、学校6、学校7、学校8、学校12等5所学校没有任何专业与企业签订校企育人"双重主体"、学生学徒"双重身份",学校、企业和学生三方权利义务关系明晰的合作协议。

由此可见,只有约64.29%的学校部分专业与企业签订了校企育人"双重主体"、学生学徒"双重身份"合作协议,还有约35.71%的学校没有此类三方协议书。

⑥学校专业实践性教学课时不少于总课时的50%的情况。由表3-6可知,14所中等职业学校均有多个专业的专业实践性教学课时不少于总课时的50%,占到学校专业总数的比例介于20%~100%,校均值约为61%。

表3-6 学校专业实践性教学课时不少于50%情况表

学校	实践性教学课时不少于50%的专业	占到学校专业的比例
学校1	所有专业实践性课时均占总课时的70%	100%
学校2	烹饪、数字媒体应用技术	50%
学校3	财务、旅游与酒店管理、汽车应用与维修、电子电器应用与维修、客户信息服务、学前教育	70%
学校4	客户信息服务、电子商务、装潢与艺术设计、汽车美容与装潢、机电机器人	66.67%
学校5	计算机平面设计、电子商务、焊接技术应用、美发与形象设计、影像与影视技术、学前教育、汽车运用与维护	63.60%
学校6	汽车运用与维修、空中乘务、美容美妆	20%
学校7	焊接技术应用、汽车组装与维修、影像与影视技术、舞蹈影视技术	57%
学校8	表演艺术、电子商务、数控技术、汽车检测与维修、中餐烹饪、美容美发、电气自动化技术、音乐、航空服务、工业机器人、机械制造自动化、新能源汽车技术、无人机技术、电子竞技与管理、人力资源管理	60%
学校9	计算机、烹饪、高星级酒店运营与管理	80%
学校10	计算机应用、电子技术应用、机械制造、数控技术、电子商务、市场营销、客户信息服务、旅游服务与管理、智能物联网等学校目前持续招生的所有专业	100%
学校11	美容美体、中西餐	20%
学校12	机械加工技术、电子电器、汽车运用与维修、学前教育、电子商务、市场营销等	41%
学校13	旅游、烹饪	40%
学校14	铁道信号、电气化铁道供电、通信技术	90%
校均值		61.30%

(2)学校加强产教融合师资队伍建设情况

①来自企业的技术和管理人才专任教师及承担课程教师人数偏少。由表3-7可知,14所中等职业学校有来自企业的技术和管理人才专任教师167人,校均11.9人;14所中等职业学校有合计166名来自企业人员担任了一门课程或

课程一部分的教学任务,校均值为11.9人。

表3-7 学校有企业经历的专任教师和兼任课程教师情况表

学校	来自企业技术及管理人才担任专任教师数（人）	企业人员兼任了一门课程或课程一部分教学任务的教师数（人）
学校1	5	3
学校2	6	8
学校3	8	9
学校4	0	9
学校5	6	6
学校6	11	11
学校7	6	6
学校8	0	10
学校9	70	44
学校10	15	9
学校11	10	10
学校12	5	18
学校13	10	8
学校14	15	15
校平均值	11.9	11.9

②学校在选拔新教师时对企业工作经历的要求情况。8所学校在选拔新教师时对有企业工作经历或者有企业经历者优先的情况提出明确要求,3所学校没有要求,3所学校选择了"其他"。

③学校对新教师入职后"先实践,后上岗"的制度要求情况。7所学校对新教师入职后有"先实践,后上岗"的制度要求,5所没有要求,2所学校选择了"其他"。

④在教师专业技术职务(职称)评聘办法中对有企业工作经历或者企业经历者优先的情况,还属于少数学校的行为。5所学校在教师专业技术职务(职称)评聘办法中对有企业工作经历或者有企业经历者优先的情况提出要求,8所学校没有要求,1所学校选择了"其他"。

⑤校外兼职教师及兼职报酬的管理制度情况。有10所学校制定有校外兼职教师及兼职报酬的管理文件或者是其他文件中包含有此类内容,2所学校没有相关制度,2所学校选择了"其他"。

⑥学校自主聘请兼职教师的数量情况。14所中等职业学校中,有11所学校(除学校8、学校9、学校13外)自主聘请兼职教师207人,校均约15.38人。

⑦学校与大中型企业合作建设有"双师型"教师培养培训基地情况。由表3-8可知,有8所学校与大中型企业合作建设有数量不等的"双师型"教师培养培训

基地。

表 3-8　与大中型企业合作建设有"双师型"教师培养培训基地情况表

学校	与大中型企业合作建设有"双师型"教师培养培训基地
学校 1	开封奇瑞汽车有限公司、北京企友联进科技有限公司(与宜兴东方智能汽车装备有限公司联合创办)
学校 2	郑州裕达国贸、洛阳真不同餐饮有限公司
学校 4	洛阳拾泉科技有限公司、洛阳古城机械厂、洛阳卡瑞机械公司、杭州九段科技有限公司、苏州思烨广告、杭州铭赫科技有限公司、杭州润迅等
学校 9	中软国际、河南正伟汽车服务有限公司
学校 10	新大陆集团、河南筑诚电子科技有限公司、河南卓锋电子科技有限公司、中州农商网、洛阳新职信息科技有限公司、郑州希尔信息技术有限公司、河南美成通讯技术有限公司、上海澄美信息服务有限公司
学校 12	洛阳君山制药有限公司、伊水湾大酒店、洛阳丰瑞氟业有限公司
学校 13	洛阳钼都利豪国际饭店、洛阳牡丹城宾馆、洛阳中青旅、洛阳好时光旅行社、洛阳天天旅行社
学校 14	中国铁道建筑工程总公司电化局集团公司第一工程公司

注:学校 3、学校 5、学校 6、学校 7、学校 8、学校 11 等 6 所学校没有与大中型企业合作建设有"双师型"教师培养培训基地。

⑧学校支持在职教师定期到企业实践锻炼的制度情况。有 11 所学校有明文支持在职教师定期到企业实践锻炼的制度,2 所没有建立此类制度,1 所学校选择了"其他"。

⑨学校对专业课教师"每两年专业实践的时间累计不少于两个月"的要求情况。7 所学校对专业课教师有明确要求,5 所学校没有,2 所学校选择了"其他"。

(3)学校治理结构改革情况

①学校理事会建立情况。7 所学校成立由行业企业、科研院所、社会组织等参与的学校理事会,7 所没有此组织。

②学校组建跨学科、跨专业的教学和科研组织情况。8 所学校组建有跨学科、跨专业的教学和科研组织,5 所学校没有此类组织,1 所学校选择了"其他"。

(4)学校推进产教协同育人的内外部主要障碍情况(多项选择)

①内部主要障碍情况。有 9 所学校把"实验实训场地严重不足""实验实训经费不足"作为推进产教协同育人的内部主要障碍,其他依次有 2 所学校认为是"教师积极性不高",1 所学校认为是"学校对产教协同育人重视不够",1 所学校认为是"学生积极性不高",还有 4 所学校选择了"其他"。

②内外部主要障碍情况。有 9 所学校把"企业等社会用人单位对参与产教协

同育人的积极性不高"作为学校推进产教协同育人的外部主要障碍,有8所学校把"政府的产教协同育人政策不完善、不配套""政府对产教协同育人资金投入不足"作为外部主要障碍,3所学校选择了"家长对产教协同育人不认同",2所学校选择了"社会人士对产教协同育人不认同",2所学校选择"其他"。

3.存在问题

(1)学校推进产教协同育人方面存在的问题。超过1/3的学校没有任何技术性、实践性较强的专业推行现代学徒制和企业新型学徒制,也没有与企业签订任何校企育人"双重主体"、学生学徒"双重身份",学校、企业和学生三方权利义务关系明晰的合作协议书;2018年度学校招生专业与企业招工相衔接比例偏低。

(2)学校加强产教融合师资队伍建设方面存在的问题。学校来自企业的技术和管理人才专任教师及承担课程教师人数偏少;学校在选拔新教师时对有企业工作经历的要求还不够普遍,学校对新教师入职后"先实践,后上岗"的制度要求也不够普及;在教师专业技术职务(职称)评聘办法中有企业工作经历或者有企业经历者优先要求还属于少数学校制度要求,只有50%的学校对专业课教师有"每两年专业实践的时间累计不少于两个月"的要求。

(3)学校治理结构改革方面存在的问题。只有50%的学校成立由行业企业、科研院所、社会组织等参与的学校理事会,理事会成立还不够普遍,在一定程度上制约了企业参与校企合作、工学结合的积极性。

(二)洛阳市中等职业学校产教融合的案例研究

以下选取1所河南省教育厅直属学校、1所县级职业教育中心进行案例研究。

1.构建具有行业专业特色的中等职业学校产教协同育人机制——来自洛阳铁路信息工程学校的探索

(1)学校简介

洛阳铁路信息工程学校原名洛阳铁路电务工程学校,创建于1973年,是一所在教育部注册的以铁路工科为主的国家级重点中等专业学校。学校原隶属铁道部,2011年划归河南省教育厅管理。2014年年初,学校由洛阳市瀍河区熙春西路6号整体搬迁至洛阳市伊滨新区,现校区占地面积312亩,建筑面积117 500余平方米。学校新建有1200米集铁路及城市轨道交通领域所需的通信、信号、电气化铁道供电等专业为一体的综合实训场地;各专业实验、实训室75个;校外固定实习基地5个;学校建有400米标准塑胶运动场,各类体育设施齐全。一流的教学设施、优美的校园环境,为学生提供了良好的学习与生活条件。

学校拥有一支结构合理、治学严谨、精干高效的师资队伍,现有高级讲师54人,讲师45人,研究生34人。学校经河南省教育厅审批的招生专业有:通信技术、铁道信号、城市轨道交通信号、电气化铁道供电、供用电技术、电气技术应用、电子与信息技术、通信系统工程安装与维护、计算机及应用、电子商务、客户信息服务、计算机网络技术等,其中铁道信号、电气化铁道供电专业分别于2005年、2006年被河南省教育厅评定为省级重点专业点。

学校毕业生就业主要面向铁路、城市轻轨、地铁、电信、交通、电力、电子等行业所属的生产、施工、维护企业。建校至今,学校毕业生累计2万余人,分布在全国28个省、直辖市、自治区。多数毕业生已成为所在企业的业务技术骨干,相当一部分已走上中、高级领导岗位。多年来,学校与中国中铁股份有限公司、中国铁建股份有限公司、中国铁路通信信号集团公司等数十家国有大中型铁路骨干企业建立了长期合作关系,就业渠道通畅,毕业生供不应求,历届毕业生就业率均达98%以上。

(2)学校开展校企合作、产教协同育人的实践探索

洛阳铁路信息工程学校作为教育部现代学徒制的试点中等职业学校,在校企合作、产教协同育人方面一直进行着有益的探索和实践。经过几年的研究、探索、实践基本形成了具有铁路专业特色的中等职业学校产教协同育人的一套机制和方法。学校和企业本着合作共赢、职责共担的原则,充分发挥了学校和企业的各自优势,创新合作机制,找到了学校和企业共同的兴趣点和目标,在教育部现代学徒制意见的指导下充分开展校企合作和产教协同育人试点工作。截至2019年3月,学校已和中国中铁股份有限公司、中国铁建股份有限公司、中国铁路通信信号集团公司下属各电务公司都有校企合作或工学结合联盟项目。

合作双方以企业用人招工需求为标准,制定现代学徒班招生考核标准,采用"分段育人、校企联合培养、多方参与评价"的现代学徒制培养模式,在"合作共赢、职责共担"的基础上,实施校企双主体育人、学校老师和企业师傅双导师教学。校企双方共同组建现代学徒制培养团队,明确团队结构及各自职责,同时建立学徒信息档案,详细记录学徒在校学习、在企业实训的经历、奖惩情况。在校企合作和产教协同育人上,学校与企业达成明确的协议和契约,形成校企联合培养、一体

化育人的长效机制。为保证学徒的权益及实习、实训安全,校企双方、学徒及学徒监护人同时签订四方协议,以契约的形式明确四方的权利和义务,也保证了学徒的实训安全及利益。

铁路专业是职业院校中的一个专业性很强的特色专业,技术含量高,信息量大,由于招生条件的限制,学生文化程度偏低,所以中等职业学校和合作企业对学生的培养应更注重技术操作而不是技术理论培养,学生的后续学习能力才是学生在这个行业能很好发展的必要条件。加上学生年龄普遍较小,因此在学生的培养上还专门增加了学生素质和德育标准,作为现代学徒制的有益补充,培养出德、智、体、技都符合现代企业用人标准的学生。为此学校专门印制了现代学徒制培养手册,详细规定了学徒在培养期间的技能要求和素质要求,分别有校内导师和企业师傅的评价和考核打分,用以评价学徒的培养过程和取得的成绩。经过探索、实践,学校近年来在产教协同育人方面逐步积累了一些有益的经验和做法,将对中等职业学校深度融入企业发展和需求,更好地搞好校企合作、工学结合起到助推作用。

2. 职教集团实质运营与引企入校并举——来自新安县职业教育中心推进产教协同育人的探索

(1)学校简介

新安县职业教育中心(原新安县职业高级中学)位于洛阳市新安县新城黄河大道西段北京路西1公里处。学校占地面积488亩,建筑面积28万平方米,总投资6亿多元。学校创办于1982年,现有教职工600余人,在校生近9000人。学校规模大、标准高,是新安教育的亮点、对外的窗口,办学规模和办学实力在河南省综合排序中位居前列。

学校秉承"德智兼修,手脑并用"的校训,以服务为宗旨、以就业为导向,立足县域经济、围绕市场办学,满足学生就业和升学的不同愿望。开设有计算机维护与应用、电子电器、机械制造、数控技术、市场营销、旅游服务与管理、国际贸易、化学工程与工艺、幼儿学前教育、金融财税、服装设计与制作、园林艺术、动物科学、临床医学与护理、工艺美术、音乐等传统专业;近年来,为适应科技发展和地域经济发展需要,服务中原崛起、经济振兴,新增工业机器人、智能物联网、无人机操控、3D打印、电子商务、客户信息服务等战略新兴专业;并开办有标准化中德班,实行德国"双元制"教学模式。学校大力推行校企合作,产教融合。目前校内入驻企业8家,新安县科技创业孵化园位于学校内部,在校企共育职业人才方面,起到了重要的作用。

2005年学校被评为国家级重点中等职业学校,2013年顺利通过首批国家中等职业教育改革发展示范学校验收。近年来,在各级领导关心支持下,学校得到了长足的发展,在推进产教融合、校企协同育人方面,进行了一些尝试,取得了一些成绩。

(2)领悟政策超前起航,机制保障良性循环;职教集团实质运营,校企融合抱团发展

学校组织相关人员认真研讨学习《国家中长期教育改革和发展规划纲要(2010—2020年)》《现代职业教育体系建设规划(2014—2020年)》《国务院关于加快发展现代职业教育的决定》《教育部关于深入推进职业教育集团化办学的意见》《教育部关于开展现代学徒制试点工作的意见》等政策文件,尤其是领会《国务院办公厅关于深化产教融合的若干意见》文件精神,从国家政策中寻求支持,寻找学校发展的契机,学校先后制定了《新安职高校企合作发展规划》《教师企业实践与专业提升制度》《"双师型"教师队伍建设五年规划》《新安职教集团章程》《新安职高产教融合促进办法》等,在国家政策支持的前提下和学校相关制度规范保障下,广泛开展校企合作,积累了大量企业人脉资源,更重要的是积累了大量的教育教学资源,同时,也基本做好了学校的人力资源储备工作。2016年经新安县委、县政府批准,学校牵头组建了新安职业教育集团,下辖5个子公司,进行实质性运营。在公司运营中,学生实习,专业教师实践,学生技能、教师素质同步提高。

新安职业教育集团也吸收了一些社会企业参与,有的入校办厂,如河南卓锋电子科技有限公司在校内建立车间两个,共投资200余万元,建成流水生产线两条,学生入校即是准员工,一年来,实现利润100余万元。有的企业接受实习实训,高新技术企业还作为"双师型"教师培训成长基地,如河南筑诚电子科技有限公司,为学校培训3D打印教师16人次、480人天,并投资230余万元,与学校共建"3D打印生产性实训中心",成为学校新兴专业建设、现代学徒制和"双元"育人中重要的一"元"。

(3)引企入校,产教融合初见成效

引企入校,产教融合,在学校电子商务和客户信息服务两个专业中做得最好,目前入驻学校的电商、客服企业主要有中州农商网、洛阳新职信息科技有限公司、郑州希尔信息技术有限公司、河南美成通讯技术有限公司、上海澄美信息服务有限公司等5家公司,主要业务包括电子商务线上、线下运营,各种呼叫业务。近一年来,共接收实训实习学生20 000人,学生人均创收(个人工资)4500元以上。在

产教融合过程中,学生增长了技能,增加了收入,积累了职业体验,深得家长和学生好评。此项工作还带来了更多的良性效应,如:学生稳定了、流失率降低了;学生学习兴趣高了、学习效率提高了;学校吸引力强了,招生不再困难了。

(4)实施现代学徒制

在引企入校、产教融合的过程中,在相关企业的职业岗位需求量大、个别工种职业能力要求较高的情况下,学校选聘了大量的企业师傅,他们是学生的第二位老师。他们和学校教师一起选择典型工作任务,选择技能提升载体,开发项目教材,制订实施性教学计划,编制岗位技能考核标准,把职业能力与素养融合到日常的教学中,正在推进产教融合、校企协同育人向前发展,并取得了一定的成果。

河南筑诚电子科技有限公司派遣张全纬、王振江两位工程师按学年进驻学校,一方面维护校企共建的"3D 打印生产性实训中心"的正常运营,另一方面作为学校的特聘专家担任学生的企业导师,同时参与学校相关专业的建设,把他们的企业经验、行业规则、职业习惯传授给学生,深受学生好评。

三、洛阳市教育局推进产教融合育人的调查

2018 年 3 月 8 日,使用自制的《"推进产教融合人才培养改革"调查问卷(市教育局)》,对在洛阳市教育局职成教科多年主要从事职业教育管理工作的工作人员进行了问卷调查,并针对问卷调查的相关问题,对个别工作人员进行了电话访谈。

(一)问卷调查

1.基本情况

(1)调查目的

了解洛阳市对《国务院办公厅关于深化产教融合的若干意见》中的"四、推进产教融合人才培养改革"涉及中等职业教育的政策条文的理解和落实情况,寻找政策要求与实际落实之间的差距,并探讨其在落实过程中的主要障碍,寻求解决问题的对策。

(2)问卷构成

该问卷依据《国务院办公厅关于深化产教融合的若干意见》中的文件中对

"四、推进产教融合人才培养改革"中的整体框架,主要针对地方教育行政主管部门的工作要求编制而成,主要内容由将工匠精神培育融入基础教育情况、推进产教协同育人情况、加强产教融合师资队伍建设情况、创新教育培训服务供给政策情况和贵市中等职业学校推进产教协同育人的内外部主要障碍等部分构成。

2.调查结果与分析

(1)将工匠精神培育融入基础教育情况

①洛阳市教育局出台了"将动手实践内容纳入中小学相关课程和学生综合素质评价。加强学校劳动教育,开展生产实践体验,支持学校聘请劳动模范和高技能人才兼职授课"的专题文件。②洛阳市教育局已经组织开展"大国工匠进校园"活动。③洛阳市教育局在相关文件中已经有"鼓励有条件的普通中学开设职业类选修课程,鼓励职业学校实训基地向普通中学开放"的要求。④洛阳市教育局在相关文件中已经有"鼓励在大型企业、产业园区周边试点建设普职融通的综合高中"的要求。

(2)推进产教协同育人情况

①洛阳市教育局在相关文件中有明确的"坚持职业教育校企合作、工学结合的办学制度,推进职业学校和企业联盟、与行业联合、同园区联结"表述。②目前洛阳市有校企双制、工学一体的技工教育学校9所。

(3)加强产教融合师资队伍建设情况

①洛阳市在中等职业学校新教师选拔时,对"有企业工作经历或者有企业经历者优先"没有明确要求。②洛阳市在中等职业学校教师专业技术职务评审中对"有企业工作经历或者有企业经历者优先"没有明确要求。③洛阳市允许市属职业学校依法依规自主聘请兼职教师并确定教师报酬。

(4)创新教育培训服务供给政策情况

①洛阳市鼓励教育培训机构、行业企业联合开发优质教育资源,大力支持"互联网+教育培训"发展。支持有条件的社会组织整合校企资源,开发立体化、可选择的产业技术课程和职业培训包。②洛阳市允许和鼓励中等职业学校向行业企业和社会培训机构购买创新创业、前沿技术课程和教学服务。

(5)完善产教协同育人政策

洛阳市中等职业学校推进产教协同育人的主要障碍不在学校内部,而是政府的产教协同育人政策不完善、不配套。

（二）访谈

1.访谈对象、时间及方式

（1）对象：洛阳市教育局职成教科工作人员

（2）时间：2019年3月8日下午

（3）方式：电话访谈，录音

2.访谈实录（根据记录和录音整理）

访谈者：××老师，您好！您作为在市教育局职成教科工作多年的老同志，是否了解在2018年河南省中等专业学校结构优化调整过程中，贵市辖区内目前保留有多少中等职业学校？

××老师：目前我市共保留了29所中等职业学校，其中直属省教育厅管辖的有2所，隶属人社部门管辖的技工学校有9所，市教育局管辖的学校有18所（其中公办学校12所、民办学校6所）。

访谈者：××老师，您好！在本次问卷调查中，您认为贵市中等职业学校推进产教协同育人的内部主要障碍有哪些？在"①学校对产教协同育人重视不够；②学校内部管理体制不顺畅；③实验实训场地严重不足；④实验实训经费不足；⑤教师积极性不高；⑥学生积极性不高；⑦其他"中，您选择了"⑦其他"，您是出于怎样的考虑？

××老师：产教融合是民办中等职业学校的生命线，基本上民办中等职业学校每个专业都是依据社会和企业需求开设的，几乎每个专业与企业都有对接，实施了联合培养，但是公立学校就不一样了。制约公立中等职业学校产教融合的主要障碍（不在学校内部），主要在于政府的产教协同育人政策不完善、不配套，即外部运行机制不完善、不配套。例如，产教融合、引企入校，需要学校把门面房和校舍出租给企业，但是教育局有明确的文件要求：不能把门面房和校舍出租给企业。这样就不可能把企业引进到校内。再例如，教职工加班，有文件要求可以发放加班费；但是在我党内有"八项规定"，不能发加班费。校领导不敢违规，自然不敢发放加班费啦，活怎么干啊？因此，公立学校的产教融合、校企合作，主要障碍在于我们"政府的产教协同育人政策不完善、不配套"。

3.访谈者的思考

思考一：关于××老师所说的"产教融合、引企入校，需要学校把门面房和校舍出租给企业，但是教育局有明确的文件要求：不能把门面房和校舍出租给企业"的问题,笔者认为,在国办发〔2017〕95号文件中规定如下:"(二十五)落实财税用地等政策。……企业投资或与政府合作建设职业学校、高等学校的建设用地,按科教用地管理,符合《划拨用地目录》的,可通过划拨方式供地,鼓励企业自愿以出让、租赁方式取得土地。"①在豫政办〔2018〕47号中也有类似表述。

在这两个文件的表述中,均没有明确限制企业自愿以出让、租赁方式取得中等职业学校或其他组织的土地,那么,按照两个文件中的逻辑推理,如果职业学校有闲置土地的话,是否能够自愿出让、租赁给企业用于产教融合、校企合作育人项目?我们认为,答案应该是肯定的。更进一步就职业学校引企入校面临的现实困境来讲,如果说职业学校的土地都可以出让、出租给企业的话,那么门面房是否更可以出让、出租给企业用于校企合作呢?我们同样认为,答案也应该是可以出让、租赁给企业。这很显然是一些地方教育行政部门原有的内部管理制度束缚了职业学校引企入校的行为。因此,在财政、税务、国土资源等部门都在协同支持职业学校引企入校的新时代背景下,教育行政部门更应该主动作为,坚决、及时地废止一些制约职业学校引企入校的制度束缚,给产教融合、校企合作松绑。

思考二:关于××老师所说的职业学校教职工加班费问题。本课题组认为,××老师所说有文件要求可以发放加班费,党中央要求的"八项规定"不能发加班费,这一说法不准确。其理由如下:一、"八项规定"源于2012年12月4日召开的审议中央政治局关于改进工作作风、密切联系群众的"八项规定",本来是主要针对中央政治局领导同志而言的,但后来扩展为所有党员干部和公务人员都要执行"八项规定精神",但其中没有加班费的规定。二、2013年浙江省委为了贯彻落实中央关于改进工作作风、密切联系群众"八项规定",要求各地各部门和领导干部严格遵守"六项禁令"。其中第四条规定:"严禁滥发钱物,讲排场、比阔气,搞铺张浪费。各地各部门不准以各种名义年终突击花钱和滥发津贴、补贴、奖金和实物。"②由此可见,"六项禁令"中禁止的是"滥发津贴、补贴、奖金和实物",而不是不允许发放加班费。加班费该怎样发放的问题,应该属于各单位内部管理问题,更准确地说是与各单位内部工资构成有关。一般而言,公立学校等事业单位工作人员的工资由岗位工资+薪级工资+省(市、县)直基础绩效+保留补贴+绩效工资

---

① 中华人民共和国国务院办公厅.国务院办公厅关于深化产教融合的若干意见:国办发〔2017〕91号[EB/OL].(2017-12-19)[2019-03-20]. http://www.gov.cn/zhengce/content/2017-12/19/content_5248564.htm.

② 浙江省委.六项禁令[EB/OL].[2019-03-20] https://baike.baidu.com/item/六项禁令/2522568?fr=aladdin.

等构成，前4项一般称为国家基本工资，相对保持稳定；但是绩效工资除了各地市县根据各自财力状况可以确定一个基本发放范围外，给各单位保留了较大的自主权，即各单位可以根据各级各类岗位人员工作特点、工作量多少特别是一些临时性追加的工作、贡献大小等，确定相应绩效工资的具体数额，体现效率优先、多劳多得、兼顾公平的原则，以鼓励员工工作的积极性；但要形成具体成文的绩效工作分配办法或制度，经过所在单位教职工代表会议通过等程序，并依法依规发放，如果这样做的话并不违反"六项禁令"精神。

思考三：关于职业院校"双师型"教师队伍建设问题。在国务院2019年1月24日印发的《国务院关于印发国家职业教育改革实施方案的通知》（国发〔2019〕4号）中提出："（十二）多措并举打造'双师型'教师队伍。从2019年起，职业院校、应用型本科高校相关专业教师原则上从具有3年以上企业工作经历并具有高职以上学历的人员中公开招聘，特殊高技能人才（含具有高级工以上职业资格人员）可适当放宽学历要求，2020年起基本不再从应届毕业生中招聘。"[①]这将从源头上解决职业学校专业课教师没有企业工作经历的问题。

思考四：要深化产教融合、校企合作向纵深发展，促进教育链、人才链与产业链、创新链有机衔接，省、市、县各级政府及其相关职能部门特别是发展改革、教育、人力资源和社会保障、财政、工业和信息化、审计、纪检监察等部门，密切配合，有关行业主管部门、国有资产监督管理部门积极参与的工作协调机制，加强协同联动，才有可能推动国办发〔2017〕95号和《河南省人民政府办公厅关于深化产教融合的实施意见》（豫政办〔2018〕47号）中各项措施的真正落实、落地。

四、问题与对策

（一）问题

1.政策供给滞后

2017年12月19日国务院发布了《国务院办公厅关于深化产教融合的若干意见》（国办发〔2017〕95号），2018年8月13日河南省人民政府办公厅发布了《河南省人民政府办公厅关于深化产教融合的实施意见》（豫政办〔2018〕47号），

---

① 中华人民共和国国务院.国务院关于印发国家职业教育改革实施方案的通知：国发〔2019〕4号［EB/OL］．（2019-02-13）［2019-03-20］http://www.gov.cn/zhengce/content/2019-02/13/content_5365341.htm.

不但明确了深化职业教育产教融合的总体要求,还提出了构建教育和产业深度融合发展格局、强化企业重要主体作用、推进产教融合人才培养改革、促进产教供需双向对接、完善政策支持体系、组织实施等工作方向与策略。

2019年1月24日印发的《国务院关于印发国家职业教育改革实施方案的通知》(国发〔2019〕4号),从完善国家职业教育制度体系、构建职业教育国家标准、促进产教融合校企"双元"育人、建设多元办学格局、完善技术技能人才保障政策、加强职业教育办学质量督导评价、做好改革组织实施工作七大方面[①],规划了职业教育改革、促进产教融合的具体路线图、时间表、方法措施等。

由上述调查可知,截至2019年2月,距离国务院和河南省人民政府办公厅颁发深化产教融合实施意见,已经分别过去了14个月和6个月,然而《洛阳市人民政府关于深化产教融合的实施意见》还处于教育部门牵头的草案论证阶段,更不用说《洛阳市职业教育改革实施方案》还没有提上相关职能部门的工作日程,贯彻落实上级政策工作明显滞后。加快产教融合制度供给工作进程,尽早释放上级政策红利,是摆在洛阳市政策决策者们面前的首要问题。

2.政策供给质量不高

由上述调查可知,洛阳市目前在中等职业学校新教师选拔和教师专业技术职务评审中对"有企业工作经历或者有企业经历者优先"均没有明确要求;学校引企入校过程中,甚至面临着政府部门明文要求"不能把学校门面房和校舍出租给企业"的制度障碍;政府对参与产教融合的企业和学校减税让利必然要增加某些职能部门的工作量,削减其既得利益,减少地方政府的财政收入;等等。这些都会不同程度降低地方政府及其职能部门相关人员执行上级政策的积极性、主动性等。这也反映出了一些地方政府及其职能部门相关人员管理理念相对滞后、接受新思想新理念速度慢、本位主义思想较为严重、政策理论水平和工作效率不高等问题,导致政策缺乏前瞻性、专业性和滞后性。因此,深化中等职业教育产教融合、推进职业教育改革工作,涉及政府的发展改革、教育、人力资源和社会保障、科技、国土资源、财政、税务、工商、人民银行、银监局、证监局、保监局等10余个相关职能部门以及总工会等群团组织的一系列规章制度的"废、改、立",也涉及相关企业和中等职业学校一系列内部管理制度的变更,不但政策涉及面广、措施要求

---

① 中华人民共和国国务院.国务院关于印发国家职业教育改革实施方案的通知:国发〔2019〕4号[EB/OL].(2019-02-13)[2019-03-20]. http://www.gov.cn/zhengce/content/2019-02/13/content_5365341.htm.

可操作性，而且可能要触动一些政府职能部门的既得利益，因此需要市政府坚定贯彻上级政策的决心和信心，统筹协调，强力推进，结合本地实际，尽快保质保量地完成深化产教融合政策制定工作，真正释放上级政策红利，是洛阳市政策决策者们面临的又一重要问题。

3. 中等职业学校治理体系有待完善

由上述调查可知，14所中等职业学校中，成立由行业企业、科研院所、社会组织等参与的学校理事会的学校仅有7所（民办学校2所、公办学校5所），占到总数的50%，其中公办学校占到71.43%。坚持职业教育校企合作、工学结合的办学制度，离不开职业学校和企业联盟、与行业联合、同园区联结，而联盟、联合、联结客观上需要成立一个领导机构，并明晰其工作职责与运行机制，这就是中等职业学校理事会及其相应制度。目前洛阳市超过半数的公办中等职业学校治理结构存在这一缺陷，这必然导致合作行业企业等没有机会参与学校专业设置论证、人才培养方案制定、专业招生规模确定等重大问题决策，必然影响行业企业参与产教融合工作、校企合作的积极性，必然导致多数校企合作停留在"顶岗实习就业"层面上，学校"一头热"，企业参与度不高。

4. 中等职业学校内部制度有待完善

多数中等职业学校在新入职教师和专业技术职务评聘时对"企业经历"没有明确要求，导致"双师型"教师"先天不足"和"后天失补"；一些中等职业学校领导层和管理层对绩效工资理解不到位而不能、不敢发放合理的加班费，必然影响教职工参与指导校企合作教学实验、生产实习的积极性；一些公办中等职业学校推进产教融合、校企合作积极性不高，方法措施不到位，必然导致多数学校校企合作、订单式培养的专业及人数偏少，推行现代学徒制改革的专业覆盖面小、学生占比偏低且四方合作协议书签订难等问题。这些现象和问题的存在，反映出的深层次问题是：一些公办中等职业学校管理理念滞后、领导力不足，有利于产教融合、校企合作的制度供给不足等。

（二）对策建议

1. 洛阳市政府应加强统筹协调，尽快弥补政策供给滞后短板，切实提高产教融合和职业教育改革政策供给质量

洛阳市政府要树立产教融合是新时代促进地方经济社会协调发展重要举措的意识，坚决贯彻国家深化产教融合意见和职业教育改革方案精神，加强统筹协调，切实将产教融合融入经济转型升级各环节,贯穿人才开发全过程,促进教育链、人才链与产业链、创新链有机衔接,尽快形成政府、企业、学校、行业、社会协同推进的工作格局。为此,市级政府应尽快督促发展改革、教育、人力资源社会保障、财政、工业和信息化、国有资产、审计、纪检监察等政府职能部门,加强协同联动,并牵头建立起相应工作协调机制,结合本地实际,加快推进本市关于深化产教融合的实施意见文件制定工作进程,并尽快颁布实施,同时省、市级政府应着手制定《职业教育改革实施方案》;亦可两个文件合二为一,直接制定《洛阳市人民政府关于深化产教融合、职业教育改革实施方案》,由市政府一并尽快发布实施,以有效回应中职教育产教融合工作各方利益关切,调动校企合作各参与方的积极性、主动性和创造性。

2.中等职业学校应尽快完善内部治理结构和制度体系,提升治理能力现代化水平

公办中等职业学校应尽快成立由企业、行业协会、产业园区、校方代表、学生代表、校友等社会各方参与的学校理事会,制定理事会章程,明确各方职责,并建立常态化的运行机制,切实发挥学校理事会沟通校内外的职能,激发企业、行业等社会各方参与产教融入、职业教育改革的积极性。

公办中等职业学校应坚持职业教育校企合作、工学结合的办学制度,畅通、改进与企业、行业、园区沟通的渠道、方式方法,在技术性、实践性较强的专业,全面推行现代学徒制和企业新型学徒制,形成学校招生与企业招工相衔接、校企育人"双重主体"、学生学徒"双重身份"、学校及企业和学生三方权利义务关系明晰、实践性教学课时不少于总课时的50%的技能型人才培养制度体系。贯彻落实《国家职业教育改革实施方案》中"从2019年起,职业院校、应用型本科高校相关专业教师原则上从具有3年以上企业工作经历并具有高职以上学历的人员中公开招聘,特殊高技能人才(含具有高级工以上职业资格人员)可适当放宽学历要求"的规定,解决"双师型"教师"先天不足"的问题。有条件的中等职业学校要率先执行"有企业经历"的专任教师优先评聘高一级专业技术职务。公办中等职业学校应充分发挥绩效工资的激励作用,合理确定各级各类人员的工作量标准和绩效工作标准,敢于把付出多、贡献大的教职工劳动工作量纳入绩效工资范畴,激发各级各类人员参与产教融合的积极性等。

3.加强宣传引导,移风易俗,营造社会支持职业教育发展的良好氛围

各级党委、政府应充分利用报纸、电视、网络,大力宣传国家、省、市发展职业教育的方针、政策;宣传职业教育与普通教育是两种不同的教育类型,具有同等重要地位;宣传国家建设既需要从事高深学术研究的科学家、高级工程师,更需要大批"大国工匠";既需要能够引领国家和区域各项事业发展的政治家、社会活动家、企业家、艺术家,更需要在基层一线工作岗位上踏实肯干的新型职业农民、技能型工人、商业工作者、社会工作者等,转变"学而优则仕"的陈腐观念,营造职业无贵贱、行行出状元、人人能出彩的新时代新风尚,形成"崇尚一技之长,不唯学历凭能力"的社会氛围。

附件1 调查学校编码

学校	学校全称
学校1	洛阳市黄河电子中等专业学校(民办)
学校2	洛阳市第一职业中专
学校3	宜阳县职业教育中心(民办)
学校4	洛阳市第四职业高中暨洛阳服务外包学院
学校5	嵩县中等专业学校
学校6	伊川县中等职业学校
学校7	洛宁县中等职业学校
学校8	洛阳第一职业中专
学校9	洛阳科技职业学院中专部(民办)
学校10	新安县职业教育中心
学校11	偃师市职业教育中心
学校12	栾川县中等职业学校
学校13	洛阳旅游学校
学校14	洛阳铁路信息工程学校

参考文献:

[1]中华人民共和国国务院办公厅.国务院办公厅关于深化产教融合的若干意见:国办发[2017]95号[EB/OL].(2017-12-19)[2019-03-20].http://www.gov.cn/zhence/content/2017-12/19/content_5248564.htm.

[2]河南省人民政府办公厅.河南省人民政府办公厅关于深化产教融合的实施意见:预政办[2018]47号[EB/OL].(2018-08-30)[2019-03-20].http://www.henan.gov.cn/2018/08-30/689552.html.

[3]河南省教育厅.河南省教育厅 河南省人力资源和社会保障厅关于公布优化中等职业学校布局结果名单的通知:教职成[2018]1112号[EB/OL].(2019-01-04)[2019-03-20].http://www.haedu.gov.cn/2019/01/04/1546571184234.html.

专题四 河南省中等职业教育经费投入状况研究

河南科技学院　周启

近 10 年来,河南省中等职业教育不断改革体制机制,实现创新发展,取得了较好的成效,办学基础逐步夯实,人才培养质量显著提升,社会服务能力明显增强。但在发展的过程中,也存在着一系列问题和困难,其中经费投入不足仍然是制约河南省中等职业教育发展的瓶颈。为了更好地分析河南省中等职业教育经费投入状况,本文以 2007—2016 年《中国教育经费统计年鉴》[①]的数据为依据进行分析,以期对国家和河南省进一步加大中等职业教育经费投入提供参考。

一、2007—2016 年河南省经济发展的状况

"十一五"以来,河南省经济实力进一步增强,社会物质生产更加丰富,社会经济发展取得了显著成绩。表 4-1 列出了 2007 年以来河南省经济发展的部分指标,从中可以看出,河南省 GDP 由 2007 年的 15 012.46 亿元增长到 2016 年的 40 471.79 亿元,10 年间增长了 1.70 倍。人均 GDP 由 2007 年的 16 012 元增长到 2016 年的 42 575 元,10 年间增长了 1.66 倍。三产结构也逐步趋于合理,第一产业的比重降低明显,第二产业的比重有所下降,第三产业的比重逐年上升。一般公共预算收入逐年增加,由 2007 年的 862.08 亿元增加到 2016 年的 3 153.47 亿元,10 年间增长了 2.66 倍。河南省财政性教育经费占 GDP 的比例不断上升,2012 年超过 4%,之后稍有下降,2016 年占 3.68%。财政收入的增长、财政性教育经费占 GDP 比例的上升,为河南省加大教育经费投入提供了较强的财力保障。

---

① 采用 2007 年以来的数据,是因为 2007 年以前出版的《中国教育经费统计年鉴》数据统计口径不太一致,不方便计算。

表 4-1　2007—2016 年河南省经济发展的部分指标

项目	2007 年	2008 年	2009 年	2010 年	2011 年	2012 年	2013 年	2014 年	2015 年	2016 年
地区总产值(GDP)(亿元)	15 012.46	18 018.53	19 480.46	23 092.36	26 931.03	29 599.31	32 191.30	34 938.24	37 002.16	40 471.79
人均 GDP(元)	16 012	19 593	20 597	24 446	28 661	31 499	34 211	37 072	39 123	42 575
三产比例结构	14.8∶55.2∶30.1	14.4∶56.9∶28.6	14.2∶56.5∶29.3	14.1∶57.3∶28.6	13.0∶57.3∶29.7	12.7∶56.3∶30.9	12.6∶55.4∶32.0	11.9∶51.0∶37.1	11.4∶48.4∶40.2	10.6∶47.6∶41.8
财政性教育经费占 GDP 的比例(%)	2.71	2.76	3.01	2.94	3.45	4.07	3.92	3.77	3.69	3.68
一般公共预算收入(亿元)	862.08	1 008.9	1 126.06	1 381.32	1 721.76	2 040.33	2 415.45	2 739.26	3 016.05	3 153.47

数据来源：国家统计局网站 2008—2017 年中国统计年鉴①。

二、河南省中等职业教育经费的投入状况

教育经费来源主要包括国家财政性教育经费、民办学校中举办者的投入、社会捐赠经费、事业收入、其他收入等。国家财政性教育经费包括公共财政预算教育经费、各级政府征收用于教育的税费、企业办学中的企业拨款、校办产业和社会服务收入用于教育的经费、其他属于国家财政性教育经费。

河南省中等职业教育经费投入状况可以从投入总量和投入来源结构两个方面进行考察。为了更好地对河南省中等职业教育经费状况进行分析，本研究除与全国水平比较之外，还与部分经济发展相似的中部地区省份进行比较分析。

---

① 在国家统计局网站没有找到 2012 年河南省财政性教育经费，所以使用了中国统计出版社出版的《中国教育经费统计年鉴》（2013）中相应的数据。

（一）河南省中等职业教育经费投入总量

表 4-2 2007—2016 年全国与中部六省中等职业教育经费投入总量　　亿元

地域	2007 年	2008 年	2009 年	2010 年	2011 年	2012 年	2013 年	2014 年	2015 年	2016 年
全国	845.031 29	1 040.910 92	1 190.608 90	1 348.943 10	1 628.970 15	1 897.157 37	1 987.178 98	1 896.583 67	2 126.536 69	2 213.051 48
山西	21.940 16	31.849 33	31.486 30	40.941 79	46.372 13	49.302 38	50.654 07	47.347 23	55.337 52	56.302 89
安徽	24.251 86	33.601 27	37.676 55	46.380 71	63.157 41	78.597 43	77.593 06	68.495 87	75.260 98	78.134 19
江西	14.965 60	18.862 46	19.019 63	21.610 24	33.717 85	32.202 90	35.439 26	36.996 19	46.639 27	45.557 63
河南	45.292 71	54.619 75	64.923 17	79.450 01	97.144 32	104.776 21	106.646 49	99.843 42	103.350 30	107.641 20
湖北	26.919 32	31.550 36	36.224 42	40.809 71	41.497 25	45.997 85	47.166 53	49.836 33	58.946 55	68.033 11
湖南	29.971 43	37.512 56	42.188 09	42.155 21	47.481 58	60.612 19	65.992 76	58.141 77	71.912 25	82.621 00

2007 年以来，全国中等职业教育经费投入总量逐年上升，从 2007 年的 845.031 29 亿元上升到 2016 年的 2 213.051 48 亿元，年均增长率为 11.61%，涨幅比较明显。从图 4-1 来看，可以分为两个阶段：第一阶段是 2007—2012 年，增速较为明显，年均增长率为 17.62%。第二阶段是 2013—2016 年，增幅稍作下降后又稳步增长，年增长率为 4.09%。

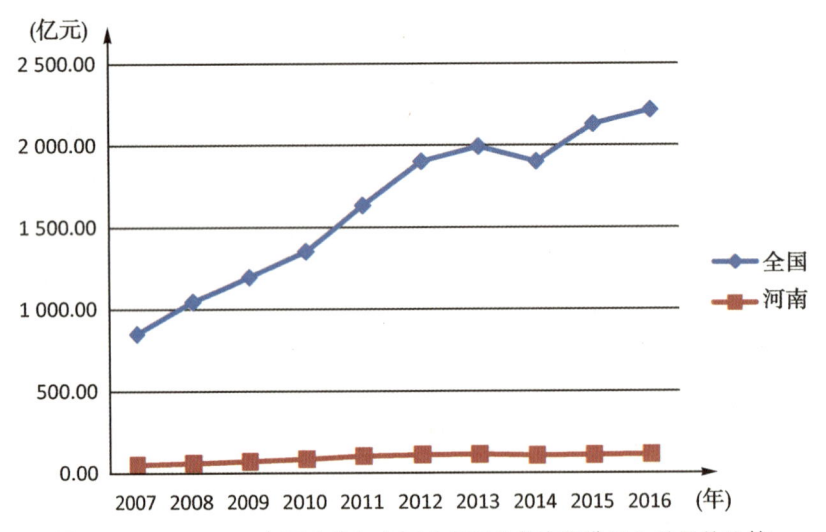

图 4-1 2007—2016 年河南省与全国中等职业教育经费投入总量的比较

从表 4-2、图 4-1 看，2007—2016 年河南省中等职业教育经费投入总量在逐年增加，年均增长率为 10.56%，稍低于全国的水平，涨幅也比较明显。2007—2011 年年均增长率为 21.03%，但近年来的增长比较缓慢，2012—2016 年年均增长率为 2.19%。

与经济发展水平相似的中部地区省份相比，10 年来河南省中等职业教育经费投入的总量均居六省首位。2007—2016 年，中等职业教育经费投入总量的均值从高到低依次为河南、安徽、湖南、湖北、山西、江西（见图 4-2）。

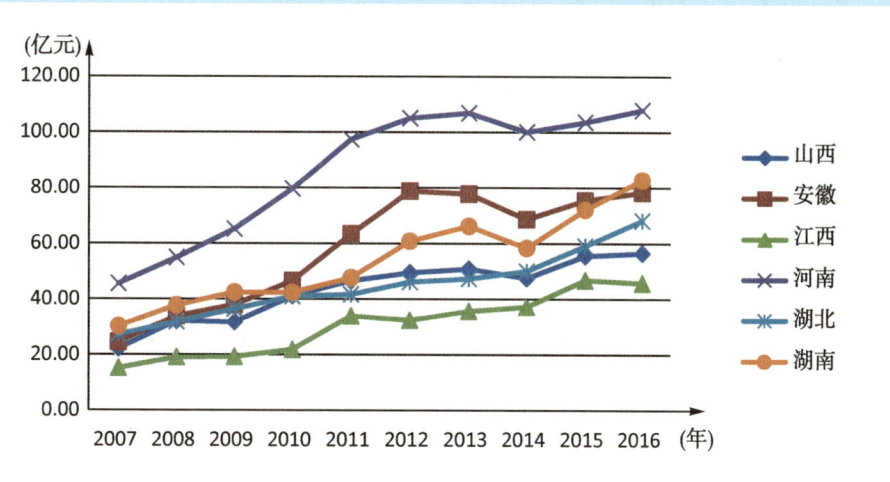

图 4-2　中部六省中等职业教育经费投入总量的比较

(二)河南省中等职业教育经费收入的来源结构

财政性经费收入是指政府的财政资金投入的部分,也是中等职业教育经费来源的重要组成部分。中等职业教育财政性经费投入占总财政性教育经费比例可以表征政府对中等职业教育的重视程度。

1.河南省中等职业教育经费来源结构的变化

从表 4-3、图 4-3 看,河南省中等职业教育财政性经费投入占首位,所占比例较大,2010—2013 年呈快速增长趋势,之后略微下降后又呈增长趋势,2016 年达

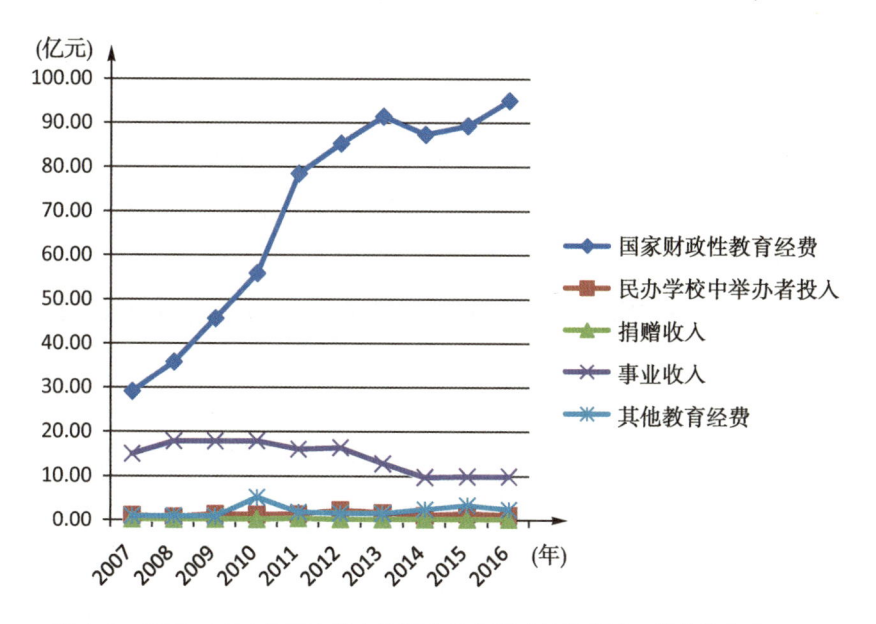

图 4-3　2007—2016 年河南省中等职业教育财政性经费投入结构的变化

到最高值 94.813 14 亿元。其次是事业收入，2012 年之前基本平稳，之后则呈下降趋势。再次为其他教育经费，2007—2009 年基本没多少变化，2010 年迅速达到 10 年的最高值 5.022 28 亿元，之后呈下降趋势。民办学校举办者投入，总量很少，只有 2012 年达到 2 亿元以上。

表 4-3 2007—2016 年河南省中等职业教育经费来源结构 亿元

教育经费来源	2007 年	2008 年	2009 年	2010 年	2011 年	2012 年	2013 年	2014 年	2015 年	2016 年
总计	45.292 71	54.619 75	64.923 17	79.450 01	97.144 32	104.776 21	106.646 49	99.843 42	103.350 29	107.641 19
国家财政性教育经费	28.890 23	35.636 57	45.481 3	55.684 87	78.317 19	85.100 24	91.233 71	87.134 80	89.130 67	94.813 14
民办学校举办者投入	0.863 37	0.562 18	1.134 78	1.032 74	1.142 3	2.099 18	1.460 73	0.859 61	1.257	0.854 76
捐赠收入	0.026 26	0.009 55	0.030 77	0.012 21	0.205 61	0.024 85	0.029 15	0.032 17	0.025 63	0.021 16
事业收入	14.757 31	17.642 10	17.612 2	17.697 91	15.813 11	16.180 75	12.591 05	9.523 55	9.704 77	9.714 09
其他教育经费	0.755 54	0.769 35	0.664 12	5.022 28	1.666 11	1.371 19	1.331 85	2.293 29	3.232 22	2.238 04

2. 中等职业教育财政性经费投入占总财政性教育经费的比例

2007—2016 年中等职业教育财政性经费投入占总财政性教育经费比例的变化情况见表 4-4、图 4-4。

表 4-4 2007—2016 年全国与中部六省中等职业教育财政性教育经费占总财政性教育经费的比例 %

地域	2007 年	2008 年	2009 年	2010 年	2011 年	2012 年	2013 年	2014 年	2015 年	2016 年
全国	6.28	6.73	6.77	6.70	6.74	6.70	6.99	6.33	6.46	6.27
山西	7.10	8.69	7.33	8.69	8.04	8.05	8.16	7.47	7.04	7.96
安徽	5.33	5.77	6.02	6.49	7.05	7.65	7.44	6.52	6.32	6.06
江西	4.49	5.09	4.55	4.54	5.29	3.90	4.19	4.17	4.79	4.24
河南	7.09	7.15	7.74	8.18	8.40	7.05	7.16	6.59	6.48	6.31
湖北	4.90	5.00	4.71	5.07	4.61	4.45	4.87	4.52	4.90	4.93
湖南	4.92	4.69	4.77	5.00	4.45	4.08	4.25	4.39	5.17	5.27

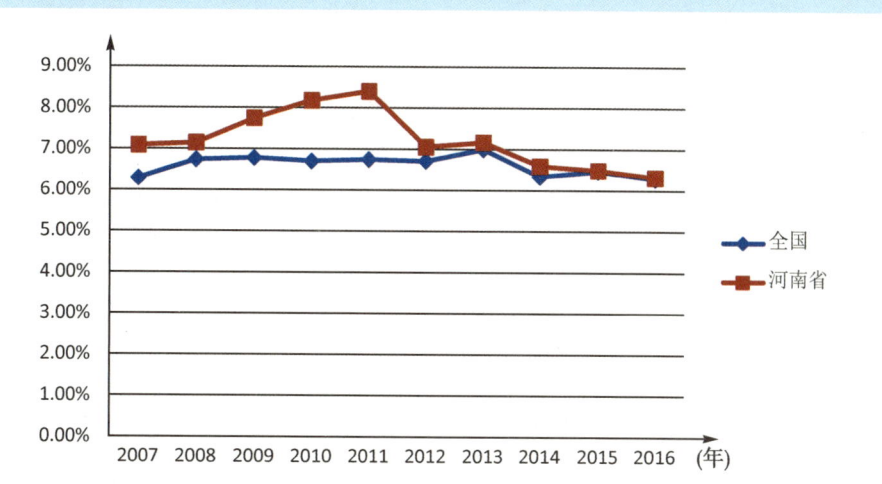

图 4-4 河南省和全国中等职业教育财政性教育经费占总财政性教育经费的比例变化

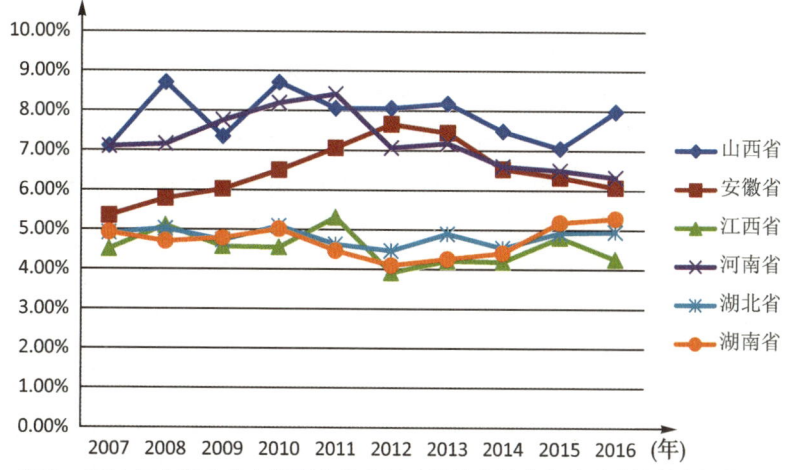

2007—2016 年,全国中等职业教育财政性教育经费占总财政性教育经费的比例均值为 6.60%,2007—2011 年占比比较平稳,2011 年之后逐步下降。

2007—2016 年,河南省中等职业教育财政性教育经费占总财政性教育经费的比例均值为 7.22%,高于全国水平。2011 年达到近 10 年来的最高值 8.40%,以后有所降低,2016 年降到 6.31%。从这些数据上看,河南省较全国的均值高,说明河南省比较重视中等职业教育的发展。

与中部六省其他省份比较,2007—2016 年山西省中等职业教育财政性教育经费占总财政性教育经费的比例均值为 7.85%,高于河南省,其他省份均低于河南省。中部六省中等职业教育财政性教育经费占总财政性教育经费的比例从高到低依次为山西、河南、安徽、湖北、湖南、江西(见图 4-5)。这些数据也说明河南省比较重视中等职业教育的发展。

图 4-5 2007—2016 年中部六省中等职业教育财政性教育经费占总财政性教育经费的比例变化

3.中等职业教育财政性教育经费来源结构①的比较

为了更好地分析河南省中等职业教育财政性教育经费的来源结构,以全国水平作为对比。(见表4-5、表4-6、图4-6、图4-7)

表4-5　2007—2016年全国中等职业教育财政性教育经费的来源结构　　亿元

来源	2007年	2008年	2009年	2010年	2011年	2012年	2013年	2014年	2015年	2016年
公共财政预算内教育经费	438.734 78	582.533 14	705.594 52	828.720 48	1 033.027 34	1 283.682 63	1 393.075 26	1 535.893 30	1 833.589 30	1 917.454 61
各级政府征收用于教育的税费	63.251 60	88.321 75	97.861 19	125.347 14	211.389 92	257.177 30	307.896 37	101.024 07	15.834 22	19.007 40
企业办学中的企业拨款	5.018 15	5.302 42	4.652 12	5.293 72	5.380 86	7.343 42	6.610 93	2.415 44	2.380 73	2.471 43
校办产业和社会服务收入用于教育的经费	1.402 65	1.040 19	1.102 56	1.611 77	1.126 42	1.098 32	1.578 19	2.056 07	1.889 22	2.660 96
其他属于国家财政性教育经费	—	—	—	2.263 31	1.971 94	2.513 66	2.541 78	—	—	—

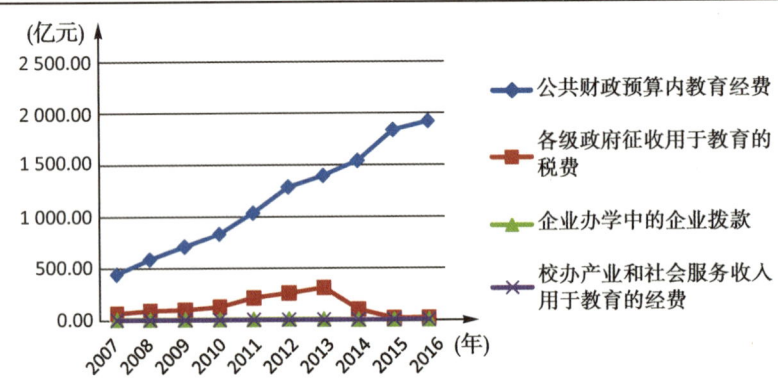

图4-6　2007—2016年全国中等职业教育财政性教育经费的来源结构变化

由表4-5和图4-6可以看出,2007—2016年全国中等职业教育公共财政预算内教育经费占总财政性教育经费的比例最大;10年间公共财政预算内教育经

---

① 2008年出版的《中国教育经费统计年鉴》中"基础国家财政性教育经费"构成为:预算内教育经费;各级政府征收用于教育的税费;企业办学中的企业拨款;校办产业和社会服务收入用于教育的经费。 2009年和2010年出版的《中国教育经费统计年鉴》中"各级政府征收用于教育的税费"中增加了"地方教育基金"一项。 2015年出版的《中国教育经费统计年鉴》中"各级政府征收用于教育的税费"改为"政府性基金预算安排的教育经费",包括:"地方教育附加"和"从土地出让收益中计提的教育资金"。 此外,"教育附加"由原来的"各级政府征收用于教育的税费"变为"预算内教育经费"。 2016年出版的《中国教育经费统计年鉴》"政府性基金预算安排的教育经费"中的"地方教育附加""从土地出让收益中计提的教育资金"改为"彩票公益基金"。

费近乎直线增长,平均增幅 18.11%。各级政府征收用于教育的税费占总财政性教育经费的比例次之,2007—2009 年稳步增长,2010—2013 年增长较快,2013 年后急剧下降至最低值。企业办学中的企业拨款、校办产业和社会服务收入用于教育的经费以及其他属于国家财政性教育经费占比极少。

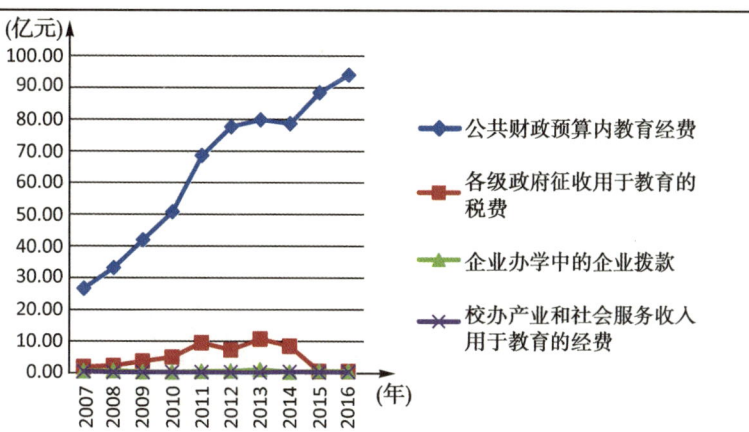

2007—2016 年河南省中等职业教育财政性教育经费的来源结构变化见表 4-6 和图 4-7。可以看出,中等职业教育公共财政预算内教育经费占总财政性教育经费的比例也最大;10 年间公共财政预算内教育经费增长也较快,平均增幅 15.66%,稍低于全国水平。各级政府征收用于教育的税费占总财政性教育经费的比例次之,2007—2013 年稳步增长,2013 年后急剧下降至最低值。企业办学中的企业拨款、校办产业和社会服务收入用于教育的经费以及其他属于国家财政性的教育经费占比也极少。

表 4-6　2007—2016 年河南省中等职业教育财政性教育经费的来源结构　亿元

来源	2007 年	2008 年	2009 年	2010 年	2011 年	2012 年	2013 年	2014 年	2015 年	2016 年
公共财政预算内教育经费	26.481 59	32.978 17	41.766 74	50.621 15	68.474 21	77.527 27	79.698 44	78.520 31	88.278 71	93.861 00
各级政府征收用于教育的税费	1.697 83	2.083 22	3.487 62	4.809 10	9.332 62	7.067 15	10.534 35	8.278 18	0.346 11	0.365 41
企业办学中的企业拨款	0.429 09	0.524 50	0.193 93	0.162 89	0.377 54	0.467 39	0.932 72	0.149 30	0.467 85	0.421 11
校办产业和社会服务收入用于教育的经费	0.281 72	0.050 68	0.033 01	0.053 69	0.043 32	0.016 23	0.015 76	0.187 02	0.038 00	0.165 62
其他属于国家财政性教育经费	—	—	—	0.038 04	0.089 50	0.022 20	0.052 44			

图 4-7　2007—2016 年河南省中等职业教育财政性教育经费的来源结构变化

三、河南省中等职业教育经费支出状况

判断中等职业教育经费的投入是否充足,还需要对教育经费支出尤其是生均教育经费支出情况进行分析。教育经费支出分为事业性经费支出和基建支出两部分。

(一)河南省中等职业教育经费总支出

1.中等职业教育经费总支出情况

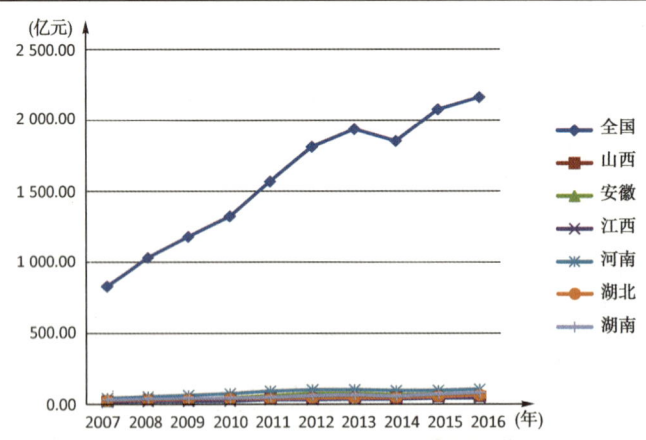

2007—2016年全国与中部六省中等职业教育经费总支出情况见表4-7、图4-8。由此可以看出,全国中等职业教育经费总支出远远大于包括河南省在内的中部六省,年均增长率为11.54%。从增长趋势看,2007—2013年全国教育经费支出快速增长,2014年下降之后又呈增长趋势。2016年全国中等职业教育经费支出比2007年高出约1334亿元。

表4-7　2007—2016年全国与中部六省中等职业教育经费总支出　　　亿元

地域	2007年	2008年	2009年	2010年	2011年	2012年	2013年	2014年	2015年	2016年
全国	828.546 77	1 031.976 55	1 179.593 88	1 323.606 24	1 567.926 59	1 812.723 60	1 936.788 08	1 852.825 50	2 076.752 55	2 162.355 14
山西	21.176 22	31.443 80	31.167 75	39.821 75	44.182 93	47.151 73	48.549 76	47.031 06	53.266 61	54.041 33
安徽	24.148 62	33.035 54	37.883 36	45.952 24	61.002 01	77.943 31	77.843 65	69.444 69	74.438 28	79.170 22
江西	14.312 17	18.929 85	19.449 60	21.278 61	31.352 53	31.465 17	34.353 61	35.262 53	44.343 58	43.970 89
河南	44.266 06	54.929 57	65.211 90	76.530 92	94.523 38	103.950 59	104.573 05	98.147 29	100.337 08	107.347 29
湖北	26.545 92	31.081 32	35.438 97	40.954 72	40.254 73	45.165 39	47.103 25	49.389 32	57.094 39	65.893 02
湖南	30.019 72	37.168 05	42.547 08	41.792 18	48.074 86	60.740 21	65.853 63	56.805 49	71.845 28	81.442 71

图4-8　2007—2016年全国与中部六省中等职业教育经费总支出变化

同全国增长趋势相似,2014年河南省中等职业教育经费总支出下降之后又稳步增长,年均增长率为10.81%,低于全国平均水平。

中部六省中等职业教育经费支出均值由高到低依次为河南、安徽、湖南、湖北、山西、江西。河南省中等职业教育经费支出均值是 84.981 7 亿元,遥遥领先于中部其他各省,是江西省的 2.88 倍。

2.中等职业教育事业性经费支出情况

事业性经费支出分为个人部分支出和公用部分支出。个人部分支出包括工资福利支出和对个人和家庭的补助两部分。工资福利支出指学校或单位开支的在职职工和临时聘用人员的各类劳动报酬以及为上述人员缴纳的各项社会保险费等。对个人和家庭的补助指政府对个人和家庭的补助支出。公用部分支出包括商品和服务支出及其他资本性支出两部分。

2007—2016 年全国与中部六省中等职业教育事业性经费支出情况及其占总支出的比例分别见表 4-8 和表 4-9。由此可以看出,2007—2016 年全国与中部六省中等职业教育事业性经费支出占总支出的比例均在 90%以上,说明用于基建支出的费用不足 10%。

表 4-8　2007—2016 年全国与中部六省中等职业教育事业性经费支出　　亿元

地域	2007 年	2008 年	2009 年	2010 年	2011 年	2012 年	2013 年	2014 年	2015 年	2016 年
全国	798.410 92	1 000.004 09	1 127.908 89	1 269.249 24	1 526.243 74	1 738.957 65	1 857.389 78	1 815.433 36	2 038.807 77	2 112.836 46
山西	20.591 54	30.953 45	30.559 60	36.008 51	42.606 02	45.469 92	45.763 52	46.438 37	52.171 89	53.200 35
安徽	22.906 77	32.357 22	35.749 21	44.050 26	57.839 35	72.631 71	76.060 38	67.826 78	73.561 18	77.476 27
江西	13.837 98	18.258 13	18.627 70	21.084 01	29.915 47	30.799 70	32.588 85	33.708 02	42.765 07	42.826 36
河南	42.196 53	53.877 44	61.935 37	72.529 79	90.979 90	99.485 06	100.489 24	95.930 63	98.316 35	103.496 71
湖北	25.478 01	30.242 84	34.734 73	40.240 29	39.274 26	43.724 78	44.364 85	47.887 85	57.075 49	65.845 66
湖南	29.296 68	36.486 49	38.844 45	40.174 23	45.979 38	59.076 69	63.985 04	55.966 10	70.302 32	80.110 53

表 4-9　2007—2016 年全国与中部六省中等职业教育事业性经费占总支出的比例　　%

地域	2007	2008	2009	2010	2011	2012	2013	2014	2015	2016
全国	96.36	96.90	95.62	95.89	97.34	95.93	95.90	97.98	98.17	97.71
山西	97.24	98.44	98.05	90.42	96.43	96.43	94.26	98.74	97.94	98.44
安徽	94.86	97.95	94.37	95.86	94.82	93.19	97.71	97.67	98.82	97.86
江西	96.69	96.45	95.77	99.09	95.42	97.89	94.86	95.59	96.44	97.40
河南	95.33	98.08	94.98	94.77	96.25	95.70	96.09	97.74	97.99	96.41
湖北	95.98	97.30	98.01	98.26	97.56	96.81	94.19	96.96	99.97	99.93
湖南	97.59	98.17	91.30	96.13	95.64	97.26	97.16	98.52	97.85	98.36

(二)河南省中等职业教育公共财政预算教育事业费和基本建设支出情况

公共财政预算教育事业费和基本建设支出反映学校和单位对应公共财政预

算教育事业费拨款和基本建设拨款的支出。2007—2016 年全国与中部六省中等职业教育公共财政预算教育事业费和基本建设支出见表4-10 和图 4-9。

由此可以看出,全国中等职业教育公共财政预算教育事业费和基本建设支出年均增长率为 16.99%。从增长趋势看,2007—2013 年全国中等职业教育公共财政预算教育事业费和基本建设支出快速增长,2014 年下降之后又呈增长趋势。2016 年全国中等职业教育公共财政预算教育事业费和基本建设支出比 2007 年高出约 1156 亿元。

表 4-10 2007—2016 年全国与中部六省中等职业教育公共财政预算教育事业费和基本建设支出   亿元

地域	2007 年	2008 年	2009 年	2010 年	2011 年	2012 年	2013 年	2014 年	2015 年	2016 年
全国	392.319 18	522.589 36	628.078 92	735.846 16	915.551 32	1 138.953 19	1 251.804 25	1 175.873 58	1 404.408 16	1 548.780 29
山西	12.018 02	18.810 73	18.088 17	24.513 54	28.476 24	35.811 06	38.124 62	34.460 45	39.648 40	43.930 36
安徽	9.857 38	13.289 14	15.294 35	19.246 26	28.538 57	42.784 36	44.266 96	39.174 55	45.236 11	53.139 79
江西	6.308 90	9.561 05	10.608 31	11.617 26	22.303 10	22.080 86	25.506 25	22.066 16	30.730 24	33.148 07
河南	24.544 89	30.348 90	37.712 84	44.921 56	61.952 76	69.907 53	69.834 40	59.397 12	66.256 74	71.898 70
湖北	10.235 60	13.168 83	17.274 21	20.787 92	22.231 36	25.913 40	28.279 00	30.536 81	47.771 21	55.242 27
湖南	10.397 42	16.403 02	17.815 20	20.285 08	23.508 38	38.208 94	43.443 41	37.406 69	46.438 21	59.161 15

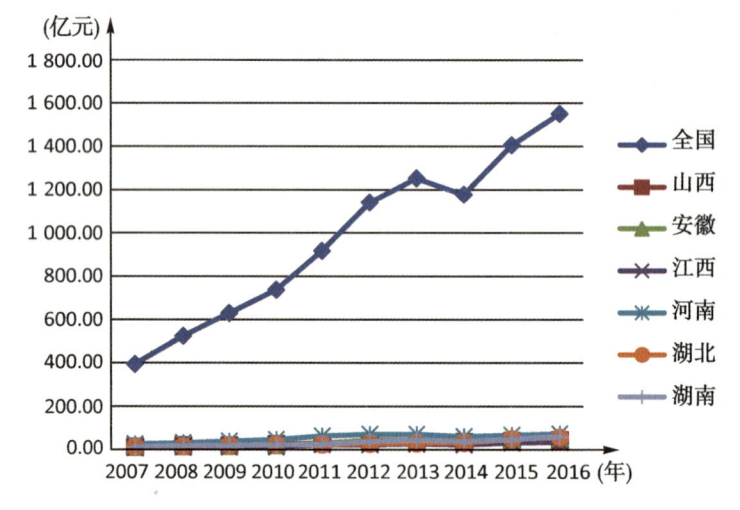

图 4-9 2007—2016 年全国与中部六省中等职业教育公共财政预算教育事业费和基本建设支出变化

同全国增长趋势相似,2014 年河南省中等职业教育公共财政预算教育事业费和基本建设支出下降之后又稳步增长,年均增长率为 13.64%,低于全国平均水平。

中部六省中等职业教育公共财政预算教育事业费和基本建设支出均值由高到低依次为河南、湖南、安徽、山西、湖北、江西。河南省中等职业教育经费支出均值是 53.677 5 亿元,遥遥领先于中部其他各省,是江西省的 2.77 倍。

(三)河南省中等职业教育生均教育经费支出

从表 4-11、图 4-10 看,2007—2016 年,河南省和全国中等职业教育生均教育经费支出总体呈上升趋势,年均增长率为 11.89%,但河南省中等职业教育生均教育经费支出总体来看远低于全国平均水平(见图 4-11)。2016 年,全国的中等职业教育生均经费支出比河南省高出 6341 元。从增长趋势看,2010—2013 年全国生均教育经费支出快速增长,2013 年与 2014 年基本持平,之后呈增长趋势。2016 年全国生均教育经费支出比 2007 年高出 1.072 万元。

表 4-11　2007—2016 年全国与中部六省中等职业教育生均教育经费支出情况　　元

地域	2007 年	2008 年	2009 年	2010 年	2011 年	2012 年	2013 年	2014 年	2015 年	2016 年
全国	6 245.19	7 274.68	7 988.16	8 704.98	10 391.91	12 352.91	13 914.39	13 983.07	15 706.65	16 969.29
山西	5 467.35	7 458.47	7 013.98	7 578.29	9 705.38	10 695.42	11 137.66	11 975.83	14 893.38	16 764.02
安徽	3 977.29	4 754.10	5 358.89	6 915.45	9 695.57	12 767.01	12 952.76	12 723.93	13 069.87	14 924.59
江西	4 510.03	5 481.94	5 436.55	5 427.10	7 887.31	8 158.42	9 976.74	11 132.36	9 678.00	11 126.82
河南	4 032.61	4 620.45	5 529.31	6 142.73	7 441.71	8 283.74	8 761.20	9 407.46	9 662.87	10 628.06
湖北	4 038.21	4 113.54	4 569.40	5 354.58	6 813.31	9 013.17	11 564.91	13 613.52	15 519.16	18 031.50
湖南	5 259.81	6 289.71	7 710.69	7 590.59	9 015.36	11 839.61	13 318.59	10 845.01	11 752.92	13 078.61

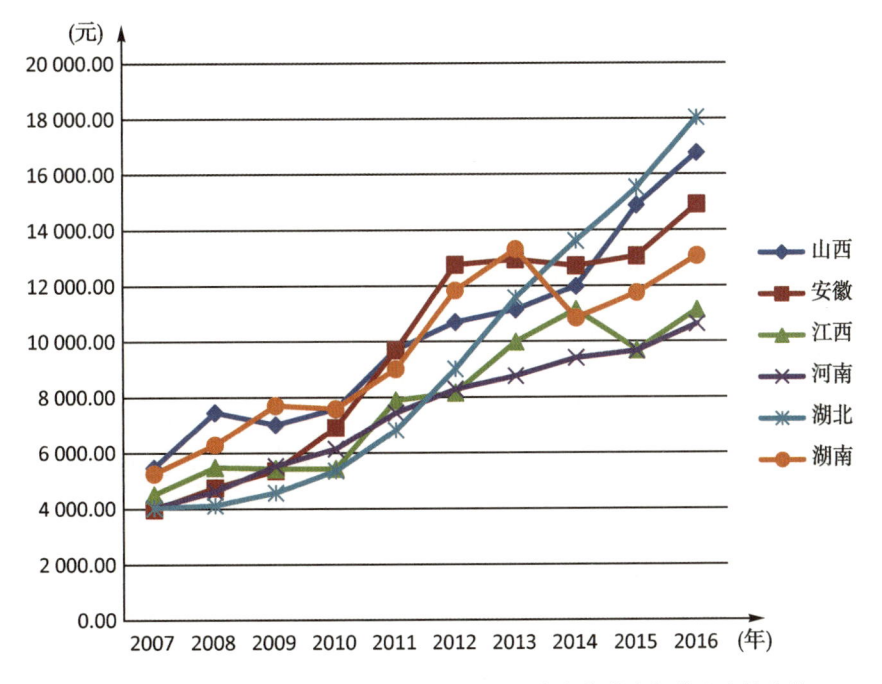

图 4-10　2007—2016 年中部六省中等职业教育生均教育经费支出的变化

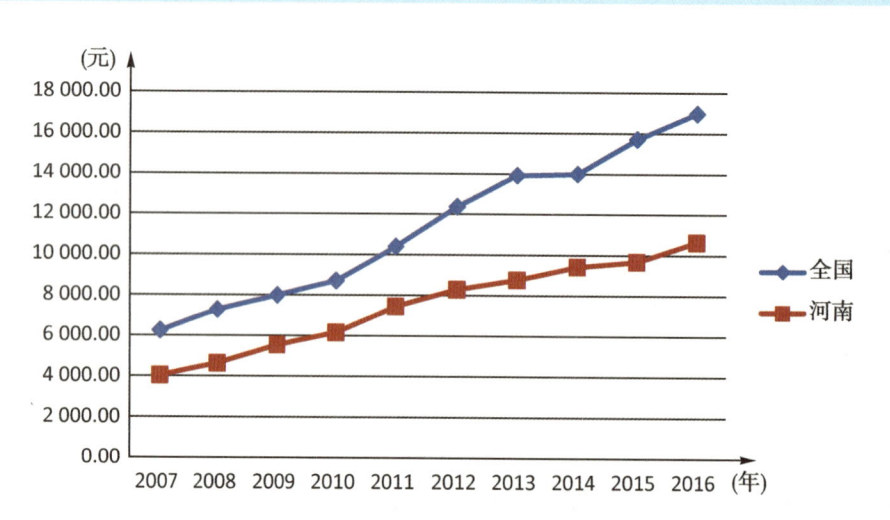

图4-11 2007—2016年全国与河南省中等职业教育生均教育经费支出变化

2007—2016年,河南省中等职业教育生均教育经费支出总体稳步增长,年均增长率为11.52%,略低于全国水平。2007—2011年增长率有所波动,2011年增长率达到高位21.15%,之后降低幅度较大,2016年增长率有所回升。

从表4-11、图4-10看,2007—2016年,中部六省中等职业教育生均教育经费支出总体呈上升趋势,除湖北省和河南省平稳上升外,其他省份均为波动性上升。中部六省中等职业教育生均教育经费支出均值由高到低依次为山西、安徽、湖南、湖北、江西、河南。河南省的中等职业教育生均教育经费支出在中部六省中居于末位。其中,排在首位的山西省的生均教育经费支出的均值高出河南省2 817.96元。2007年湖北省与河南省生均教育经费支出基本相当,但湖北省的增长趋势较为明显,几乎成直线上升,2014年以来位居中部六省首位。这说明河南省在中等职业教育生均教育经费支出方面还需加大力度。

(四)中等职业教育生均预算内教育经费支出情况

生均预算内教育经费能够直接表征政府对中等职业教育投入的情况。2007—2016年,全国和中部六省中等职业教育生均预算内教育经费支出总体呈上升趋势。与中等职业教育生均教育经费支出趋势相似,除湖北省和河南省平稳上升外,中部其他省份均为波动性上升。中部六省中等职业教育生均预算内经费支出均值由高到低依次为山西、湖北、湖南、安徽、江西、河南。位于首位的山西省的均值为7 624.14元,河南省的均值只有5 070.30元。在经济能力相似的省份中,河南省的中等职业教育生均预算内教育经费支出居末位。2007年河南省中等职业教育生均预算内教育经费支出均高于安徽省和湖北省,但湖北省平稳上升,2014年以来增长速度较快,2015—2016年位居首位,高于全国平均值。河南省也在增长,但增长的速度较慢。见表4-12、图4-12。

表4-12 2007—2016年全国与中部六省中等职业教育生均预算内教育经费支出情况 元

地域	2007年	2008年	2009年	2010年	2011年	2012年	2013年	2014年	2015年	2016年
全国	3 247.41	3 939.59	4 547.75	5 151.57	6 404.29	8 061.65	9 310.68	9 425.66	11 263.09	12 559.37
山西	3 328.54	4 735.17	4 365.18	4 956.14	6 607.56	8 428.39	9 067.44	9 135.39	11 673.51	13 944.10
安徽	1 788.01	2 137.09	2 442.75	3 187.26	4 908.04	7 359.47	7 737.15	7 833.70	8 533.52	10 448.45
江西	2 359.59	3 003.22	3 164.73	3 236.99	6 012.58	6 052.75	7 761.13	7 755.04	7 384.28	8 826.91
河南	2 494.72	2 816.64	3 519.94	3 924.28	5 210.18	5 952.24	6 224.09	6 169.91	6 901.60	7 489.37
湖北	1 641.27	1 840.18	2 331.12	2 823.65	3 944.59	5 375.97	7 139.38	9 015.77	13 229.19	15 411.81
湖南	2 273.64	3 223.65	3 717.25	4 106.84	4 809.67	7 851.33	9 180.43	7 642.54	8 609.31	9 956.04

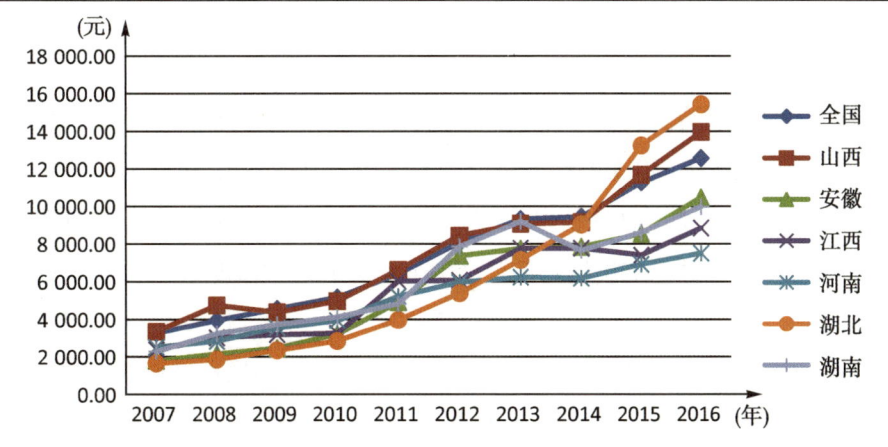

图4-12 2007—2016年中部六省中等职业教育生均预算内教育经费支出变化

四、2007—2016年河南省中等职业教育经费收支状况小结

(一)投入方面

从中等职业教育经费投入总量上来看,2007—2016年,河南省较为重视中等职业教育的发展,经费投入总量不断增加,涨幅也比较明显。与经济发展水平相似的中部地区其他省份相比,河南省10年来均居首位,并遥遥领先于其他各省。

从中等职业教育财政性经费占总财政性教育经费的比例来看,10年间,河南省的占比均值高于全国平均水平。从中等职业教育财政性经费投入总量来看,河南省财政性经费投入总量遥遥领先于中部地区其他各省,居于六省首位,说明河南省比较重视中等职业教育的财政性经费投入。

从中等职业教育经费来源结构来看，河南省中等职业教育财政性教育经费投入占据重要位置，说明河南省中等职业教育的经费来源主要是财政性教育经费的投入；中部其他省份也是同样的结果。河南省中等职业教育财政性经费占总财政性教育经费的比例，高于全国平均水平；在中部六省中，只有山西省中等职业教育财政性经费占总财政性教育经费的比例均值高于河南省，其他省份均低于河南省。10年间，河南省中等职业教育财政性经费的总量呈增长趋势，并遥遥领先于中部其他各省，位居六省首位；中等职业教育财政性经费占中等职业教育总经费的比例逐年增大，年均占比77.82%，2016年达到88.08%。中等职业教育财政性教育经费中公共财政预算教育经费占比最大。

（二）支出方面

从中等职业教育经费支出方面看，河南省中等职业教育经费支出年均增长率略低于全国平均水平，但支出均值遥遥领先于中部其他各省，说明河南省用于中等职业教育的经费支出总量较多。10年间，河南省中等职业教育公共财政预算教育事业费和基本建设支出增长低于全国平均水平，但均值遥遥领先于中部其他各省。

从河南省中等职业教育生均教育经费支出来看，生均教育经费支出和生均预算内教育经费支出虽然稳步增长，但远低于全国平均水平，在中部六省中也处于末位。

五、河南省中等职业教育经费投入不足的原因分析

（一）河南省的经济能力有限

"十一五"以来，河南省经济高速发展，GDP总量位居全国前列，2017年，河南人均GDP47 130元，较上年增长7.4%[①]。三产结构也趋于合理。经济实力的增强也带来财政收入的急剧增加，财政性教育经费占GDP的比例也稳步提高，近几年接近于4%。但河南省是人口大省，2017年末全省总人口10 852.85万人[②]。人口

---

① 最新数据：河南省总人口1.085亿城镇化率首次突破50%[EB/OL].（2018-03-01）[2019-03-20].http://www.sohu.com/a/224665652_99964903.

② 同①。

众多,必然导致人均 GDP 相对较低,经济能力有限,导致财政收入也有一定的局限性。

(二)河南省政府对中等职业教育的财政支持还需加强

从以上分析可知,财政性教育经费投入是目前中等职业教育经费的主要供给模式。从经济发展相似的中部六省来看,2016 年山西、安徽、江西、河南、湖北、湖南人均 GDP 分别为 35 532 元、39 561 元、40 400 元、42 575 元、55 665 元、46 382 元[①],山西、安徽、江西均比河南低。一般公共预算收入各省分别为 1 557.00 亿元、2 672.79 亿元、2 151.47 亿元、3 153.47 亿元、3 102.06 亿元、2 697.88 亿元[②],河南省最高。但中等职业教育生均教育经费和生均预算内教育经费支出数河南省最低。这说明河南省政府对中等职业教育的财政投入还有可挖掘的空间,政府促进中等职业教育发展的责任还需进一步加强。

(三)河南省中等职业教育生均教育经费较少

10 年间,河南省中等职业教育处于内涵发展期,学校数由 2007 年的 1000 多所降为 2017 年的 789 所,在校生由 2007 年的近 180 万降为 2017 年的 130 多万,中等职业教育已占据河南高中阶段教育的半壁江山。由于河南省经济实力有限,在校生较多,基础较为薄弱,虽然教育经费总量不断增加,但生均教育经费和生均预算内教育经费支出与全国水平对比依然很低。目前除省直中等职业学校有生均经费标准(基本标准为每生每年1300 元)外,其他中等职业学校均没有出台中等职业学校生均经费标准。

六、对河南省中等职业教育经费投入的建议

(一)不断增强各级政府经费投入的财政责任

进入 21 世纪,我国尤其重视职业教育的发展,2002—2005 年,连续召开了三次全国职业教育工作大会,相继颁发了《国务院关于大力推进职业教育改革与发展的决定》《七部委关于进一步加强职业教育工作的若干意见》《国务院关于大力

---

① 中华人民共和国国家统计局.2017 年中国统计年鉴[EB/OL].[2019-04-22].http://www.stats.gov.cn/tjsj/ndsj/2017/indexch.htm.

② 同①.

发展职业教育的决定》等重要文件。2005年,首次提出现代职业教育体系、增加投入、建立学生资助体系等。随着各方共识凝聚,国务院明确中央财政"十一五"期间带头投入100亿。此后,中央财政聚焦职业教育基础能力、示范引领、学生资助等,带动地方财政投入,进行了一系列重大项目建设①。在职业教育基础能力方面,中央和地方主要支持实训基地建设和专项建设,并实施中等职业学校教师素质提高计划,开展国家级和省级培训。在示范引领方面,在全国范围内中央财政专项重点支持建设一批中等职业教育改革发展示范学校。在学生资助方面,先从农村家庭经济困难学生和涉农专业做起,此后逐渐覆盖到城市家庭经济困难学生,逐步扩大了中等职业教育的免费范围,并且逐步形成了以奖学金、助学金、助学贷款等为主的完善的资助体系。

近年来,又相继制定了《加快发展面向农村的职业教育的意见》《中等职业学校免学费补助资金管理办法》《关于职业教育等营业税若干政策问题的通知》《关于深入推进职业教育集团化办学的意见》《关于建立完善中等职业学校生均拨款制度的指导意见》等文件,不断强化和规范各级政府投入中等职业教育的财政责任。随着河南省经济社会的发展,财政收入会不断增加。要使河南省人口大省转变为人力资源大省,适应三产变化的需要,培养大量的中高等技能型人才,必须加大对职业教育的投入。

(二)不断优化中等职业教育经费来源结构

中等职业教育经费来源主要包括国家财政性教育经费、民办学校中举办者的投入、社会捐赠经费、事业收入、其他收入等。2007—2016年河南省中等职业教育财政性教育经费占中等职业教育经费的比例逐年增加,年均占比77.82%。而民办学校中举办者的投入、社会捐赠经费、事业收入、其他收入占比却很少。在财政性教育经费的来源中,公共财政预算教育经费又占较大比例。所以,有必要充分挖掘财政资源,不断优化中等职业教育经费来源结构,要通过盘活存量、用好增量,统筹各项资金来源,加大投入,多渠道多形式扩大中等职业教育财政资源。一是进一步加强校企合作,逐步征得企业的经费和技术支持,采取互惠互利的方式加强产教融通。二是尽可能地扩大事业收入。河南省目前执行的仍是1998年制定的中等职业学校学费标准(职业中专每生每年800~1200元,职业高中每生每

---

① 田志磊,赵晓堃,张东辉.改革开放四十年职业教育财政回顾与展望[J].教育经济评论,2018(06):73-91.

年 300~700 元,普通中专每生每年 1700~2100 元),学费标准偏低。自 2007 年实行中等职业学校免学费以来,事业收入就有所减少,尤其是 2012 年以来,事业收入呈下降趋势。三是要强化民办中等职业学校举办者和办学企业经费投入的意识,加强学校内涵建设,以人才培养高质量赢得社会的信任,不断增强办学的吸引力。四是落实各级政府征收用于教育的税费。目前,河南省一些地方教育费附加的 30%用于职业教育的规定还没有完全落实。所以要加强政府的责任意识,尽快落实各级政府征收用于教育的税费。

(三)尽快实施中等职业教育生均经费制度

制定中等职业学校生均经费标准,是保障中等职业教育经费稳定来源、推动中等职业教育持续健康发展的主要举措。目前,河南省只有 31 所省属公办中等职业学校和新乡、驻马店、濮阳市属公办中等职业学校实行了生均经费制度。省属公办中等职业学校生均经费拨款标准为:理工类专业 6390 元,文科类专业 5751 元,体育、卫生、艺术类专业 7029 元,与公办本科和高等职业学院每年生均财政拨款不低于 1.2 万元的标准差距较大。绝大多数省辖市尚未制定本地公办中等职业学校生均经费标准,致使中等职业学校投入不足,发展较为困难。因此,各级财政、教育部门要切实落实中等职业教育投入的主体责任,足额安排、及时拨付应承担的中等职业教育生均公用经费。

参考文献:

[1]最新数据:河南省总人口 1.085 亿城镇化率首次突破 50%[EB/OL].(2018-03-01)[2019-03-20].http://www.sohu.com/a/224665652_99964903.

[2]中华人民共和国国家统计局.2017 年中国统计年鉴[EB/OL].[2019-04-22] http://www.stats.gov.cn/tjsj/ndsj/2017/indexch.htm.

[3]田志磊,赵晓堃,张东辉.改革开放四十年职业教育财政回顾与展望[J].教育经济评论,2018(06):73-91.

专题五

河南省中等职业教育教师队伍建设研究

河南科技大学　尤莉

2019年1月24日印发了《国务院关于印发国家职业教育改革实施方案的通知》(国发〔2019〕4号)(以下简称《方案》),提出了深化职业教育改革的路线图、时间表、任务书,明确了今后5年的工作重点,这为实现2035中长期目标以及2050远景目标奠定了重要基础。本报告从《方案》中的七大专题二十条政策要点出发,剖析中等职业教育教师发展的战略目标,包括供需匹配、质量标准、发展潜力和外部环境。而后,利用指数体系将国家目标转化为一系列可操作的指标体系,准确评价我省中等职业教育教师发展现状,明确重点专业和重点地区的教师资源配置情况。特别是通过对河南省中等职业教师发展指数的测度,准确呈现17个重点专业、10个地市中职教师发展水平,为河南省中职教师未来5年的考核体系提供及时、客观的决策依据。

一、中等职业教育教师发展的政策目标

《方案》指出:"经过5—10年左右时间,职业教育基本完成由政府举办为主向政府统筹管理、社会多元办学的格局转变,由追求规模扩张向提高质量转变,由参照普通教育办学模式向企业社会参与、专业特色鲜明的类型教育转变。"①办学环境的巨大转变对于均衡教师数量、提升师资质量、拓宽教师职业路径、优化发展环境,都具有重大意义。

---

① 中华人民共和国国务院.国务院关于印发国家职业教育改革实施方案的通知:国发〔2019〕4号[EB/OL].(2019-02-13)[2019-04-30].http://www.gov.cn/zhengce/content/2019-02/13/content_5365341.htm.

(一)均衡中等职业教育教师供需缺口

联合国教科文组织为确立职业教育的学科属性,从 10 年前颁布《国家教育标准分类法》到联合国教科文组织职业教育计划亚非研究与培训中心在我国深圳落户,都始终强调职业教育是和基础教育、高等教育并列的一种教育类型。然而,长期以来我国中等职业教育一直参照普通教育办学,具有明显的"学科教育"属性。虽然职业教育作为一种"教育类型",但"职业教育"属性严重不足,职业教育特色不鲜明,一直没有得到社会各界的广泛认可。《方案》在开头就鲜明提出"职业教育与普通教育是两种不同类型的教育,具有同等重要的地位",要使职业教育"由参照普通教育办学模式向企业社会参与、专业特色鲜明的类型教育转变"。这将推动全社会把中等职业教育真正办成一种与普通教育具有同等重要地位的教育类型,切实改变我国中等职业教育形象,提升中等职业教育教师地位。

为明确中职教师发展地位,《方案》进一步提出"提高中等职业教育发展水平",作为对中职发展新的方向性规定和更高要求,既强调要坚持高中阶段教育职普比大体相当,又指出要在此基础上提高中职水平,保证规模效应,不能盲目缩减。从这点看,提高中职教师数量规模,也是保持高中阶段教育大体相当的有效举措和坚实基础,只有教师供给和需求匹配了,才能提高中职教育的吸引力,且有助于加快落实中职教育发展的政策目标。截至 2017 年,我省中等职业教育教职工 7.95 万人,其中,专任教师 6.38 万人。专任教师学历合格率 90.22%,且研究生及以上学历占总数的 8.48%。[①]应该说,我省中职教师数量在未来一段时间内存在供求缺口,应是未来教师政策设计的重点之一。

(二)强化中等职业教育教师发展质量要求

职业教育作为一个复杂的人才培养系统,教师的质量监管是确保人才培养质量的关键。《方案》开篇第一条就是"健全国家职业教育制度框架",强调"严把教师教学标准"和"毕业学生培养质量"两个关口,将标准化建设作为统领中职教育发展的突破口。事实上,新世纪以来,特别是党的十八大以来,我国在"教师"环节的标准体系建设方面已经取得了突破性进展。中等职业教育专业目录、专业教

---

① 佚名.2017 年全国教育事业发展统计公报(节选)[J].教育科学论坛,2018(Z2):6-9.

学标准、基础课教学大纲、顶岗实习标准、教学仪器设备装备规范等在内的职业教育国家教学标准,与中职学校设置标准、中职教师和校长专业标准等共同组成了较为完善的国家职业教育办学标准体系。《方案》本次又提出了"教学、教材、信息化、安全设施等标准的建立",这实际上强化了我国中等职业教育"教师"环节的质量监控标准体系。要建立健全分层分类的职教教师专业标准体系。要建立"双师型"教师资格准入、任用管理制度。这些"标准",不仅是国家资历框架的核心内容,也是推进我省"1+X"证书制度、职业教育"学分银行"建设的根本依据,更是实施我省中职教师素质提高计划的有力保障。

(三)拓宽中等职业教育教师职业生涯

职业发展后劲不足,上升渠道狭窄,是制约中职教师职业生涯发展的重要因素。为突破人才培养瓶颈,教育部牵头全国多所知名工科大学,如同济大学、北京理工大学等组建高规格的职业教育师资培养和培训基地,建立具有职业教育特色的精品优质课程平台,目前年均培养职业教育师范生已超过 2 万人。此次《方案》中提出,将聚焦"1+X"证书制度开展教师全员培训。对接"1+X"证书制度试点和行动导向的模块化教学改革,培育一批职业技能等级证书培训教师。全面落实教师 5 年一周期的全员轮训[①],探索建立新教师为期 1 年的教育实习和为期 3 年的企业实践制度。实施职业院校教师境外培训计划,分年度、分批次选派职业院校骨干教师、校长赴德国研修,学习借鉴"双元制"职业教育先进经验。上述举措都是为了拓宽教师发展渠道,保证教师在未来教学变革中,不断提升自身核心竞争力,增强专业化程度。

(四)促进中等职业教育产教融合

中职教师的发展,离不开企业实践,离不开实训基地,离不开"产教融合"外部环境。2013 年,教育部在《教育部关于 2013 年深化教育领域综合改革的意见》(教改〔2013〕号)中首次使用"产教融合"一词,提到"完善职业教育产教融合制度。研究制定职业教育校企合作促进办法,出台职业教育集团化办学的指导意见,提升行业指导职业教育的能力,建立健全行业企业参与办学的体制机制"。同年,党的十八届三中全会颁布的《中共中央关于全面深化改革若干重大问题的决

---

① 孙庆玲,王艺霏."双师型"教师队伍如何打造[N].中国青年报,2019-02-25(003).

定》中提出"加快现代职业教育体系建设,深化产教融合、校企合作,培养高素质劳动者和技能型人才"。2017年以来,国家开展"双师型"教师培训,实施新一周期职业院校教师素质提高计划,仅2017年至2018年中央财政投入13.5亿元,设置300多个专业培训项目,累计组织14.4万专业骨干教师参加国家级培训和企业实践。这一系列举措,其主要目的就是要促进产教融合、校企"双元"育人机制的完善和落实,强调"推动校企全面加强深度合作",建设校企人员双向交流协作的良好环境。这一点也必然是我省在设计中职教师发展政策时应重点考虑的。

二、中等职业教育教师发展的测评系统

(一)测评指标选取

一个良好的指标系统必须具有四个特征:(1)针对性,即所设计的指标必须紧扣项目的目标,能准确获得项目的关键信息;(2)可得性,即所设计的指标必须满足基线数据的可得性;(3)可跟踪性,即指标不是一次性的,而应在项目实施过程中持续可得,这是获得项目进展纵向信息的前提;(4)时效性,即指标所提供的信息必须及时,事实上,测评的重要特征是通过短周期的信息反馈,保证项目管理者及时发现问题,测评的成功与否与提供信息的时间密切相关。因此,在构建中等职业教育教师发展的指标系统时必须保证指标具有针对性、可得性、可跟踪性和时效性,从而推进中等职业教育向更高层次发展。

根据2012年《国家中长期教育改革和发展规划纲要(2010—2020年)》与2018年《国家职业教育改革实施方案》,中等职业教育教师发展的指标系统主要包括四类指标体系:第一类为供需指标体系,主要体现在教师供给和需求,包括普通教师增长数量、"双师型"教师增长数量、教师整体缺口情况。这是中等职业教育教师发展的首要前提,只有数量上达到供需平衡,才能满足"提高中等职业教育发展水平和规模"的要求。第二类为质量指标体系,主要体现在教师质量方面,主要反映教师年龄结构、学历结构、等级结构和流动情况。第三类是潜力指标,主要体现在人才储备和人才培训方面。第四类是环境指标,包括工作环境、政策环境、文化环境和环境信心方面。

结合联合国教科文组织和相关地区对职业教育的相关测评,如全球职业教育人才发展指数、上海市职业教育人才发展指数、宁波市技能人才发展指数的相关

设计,结合河南省经济发展现状,设计了河南省中等职业教育教师发展指数体系。该体系突破了以往指标体系实践性差、操作性难的问题,不仅要求数据可分析,还要求将数据简化,保障指标体系少而精。通过对关键指标指数的描述,让政策制定者和实施者能通过指数来快速辨别各类数据,理清数据背后的现实难点,并以此来调整中等职业教育教师发展政策。如表 5-1,该指标体系包含了一级指标 4 项,二级指标 10 项。

表 5-1 河南省中职教师发展指数指标体系

一级指标	二级指标	指标解释
供求指数	供给指数	普通教师增长数 "双师型"教师增长数
	需求指数	教师缺口情况
质量指数	结构指数	年龄结构 (包括教师总体年龄结构和"双师型"年龄结构) 职称等级结构 学历结构
	流动指数	(教师增加数+教师离职数)/教师总数
潜力指数	储备指数	35 岁以下中青年教师占比
	培训指数	技能培训教学水平 技能培训效果(是否对工作有帮助)
环境指数	工作环境指数	对培训机制、晋升机制、薪酬制度、 激励机制、工作场所满意度
	政策环境指数	政策满意度 政策知晓度
	文化环境指数	对职业教育的认可度 对"双师型"教师的尊重和认可度
	环境信心指数	对目前工作的信心 对未来职业教育发展的信心

(二)测评方法

1.指标权重确定

AHP 层次分析法利用判断矩阵,可以帮助本研究对中职师资人才发展的理解。参照萨迪 1~9 标度法则,通过两两比较重要性赋予指标相应的权重,科学赋值权重,这是指标设计的关键。

本研究邀请了专家填写"中职教师指数测评指标重要性调查表",通过专家打分结果的处理,对各项指标两两比较,分别取众数并讨论形成比较一致的指标相对重要性打分结果。根据该打分结果,形成各级指标的判断矩阵。一次计算一级指标相对于目标层(技能人才发展指数)的权重,二级指标相对于一级指标的权重,并进行一致性检验和层次单排序,运用 yaaph7.5 软件进行计算,各指标判断矩阵及检验结果见表 5-2 至表 5-7。

表 5-2　一级指标重要性评价

	供求指数	质量指数	潜力指数	环境指数	W_i
供求指数	1	1/2	1	2	0.233 6
质量指数	2	1	1	3	0.364 5
潜力指数	1	1	1	2	0.277 7
环境指数	1/2	1/3	1/2	1	0.124 2

一致性检验:CR=0.017 1<0.10,通过一致性检验。

表 5-3　二级指标重要性评价(供求指数)

	技能人才发展供给指数	技能人才发展紧缺指数	W_i
供求指数	1	1	0.5
紧缺指数	1	1	0.5

一致性检验:CR=0.00<0.10,通过一致性检验。

表 5-4　二级指标重要性评价(质量指数)

	结构指数	流动指数	W_i
结构指数	1	3	0.75
流动指数	1/3	1	0.25

一致性检验:CR=0.00<0.10,通过一致性检验。

表 5-5　二级指标重要性评价(潜力指数)

	储备指数	培养指数	W_i
储备指数	1	1/3	0.25
培养指数	3	1	0.75

一致性检验:CR=0.00<0.10,通过一致性检验。

表 5-6　二级指标重要性评价(环境指数)

	工作环境指数	政策环境指数	文化环境指数	环境信心指数	W_i
工作环境指数	1	3	3	3	0.481 1
政策环境指数	1/3	1	2	3	0.258 6
文化环境指数	1/3	1/2	1	1	0.134 5
环境信心指数	1/3	1/3	1	1	0.125 9

一致性检验:CR=0.044 4<0.10,通过一致性检验。

此外,根据专家意见,结构指数所涉及的三项指标中,职称等级因素对技能人才发展的影响较大,而学历的影响较小,因此不适宜加权平均,因此对结构指数的三项指标亦通过层次分析法计算权重,如表 5-7 所示。

表 5-7　二级指标重要性评价（结构指数）

	技能人才 年龄指数	技能人才 学历指数	技能人才 技能等级指数	W_i
年龄指数	1	3	1/3	0.260 5
学历指数	1/3	1	1/5	0.106 2
等级指数	3	5	1	0.633 3

一致性检验：CR=0.037 2<0.10，通过一致性检验。

由此，最终得出各级指标对于总目标指数的权重，如表 5-8 所示。

表 5-8　河南省中职教育教师发展指数权重

目标层	一级指标 目标	一级指标 权重	二级指标 目标	二级指标 权重
发展指数	供求指数	0.233 6	供给指数	0.116 8
			紧缺指数	0.116 8
	质量指数	0.364 5	结构指数 (0.273 4) 年龄指数	0.071 2
			学历指数	0.029 0
			等级指数	0.173 1
			流动指数	0.091 1
	潜力指数	0.277 7	储备指数	0.069 4
			培训指数	0.208 3
	环境指数	0.124 2	工作环境指数	0.059 7
			政策环境指数	0.032 1
			文化环境指数	0.016 7
			环境信心指数	0.015 6

2.原始数据处理

由于指标体系中各个指标原始数据的来源、单位、类型等存在很大的不同，拥有不同量纲，各指标不具有可比性，因而在不专门设置权重的情况下，如果不进行标准化处理，与标准差较小的指标相比，相对较大标准差的指标会在计算中隐含着相对较大的权重。因此必须对指标体系中各指标的原始数据进行无量纲化处理，使其能够满足数据的可比性、统一规范性和高保真性。

无量纲化处理的方法有很多，本研究采用比重法对原始数据进行处理，即将实际值转化为它在总的指标值中所占的比重。为使数据更为直观，将标准化后的数据乘以 100，其公式为

$$X_i' = \frac{X_i}{\sum_{i=1}^{n} X_i} \times 100$$

3.中职教师发展指数的计算方法

中职教师发展指数反映的是教师发展程度的相对值。具体来讲，发展指数是

每个专业和每个地区在所在评价指标上的相对总体平均水平,其计算方法是将指标体系中各指标的数值乘以各自的权重后再求和,具体计算过程如下。

三级指标数值的计算:三级指标数值是中职教师发展指数系统评价指标的基础,其数值直接采用原始数据无量纲化后处理各指标的数值,即

$$X_i = X_i'$$

二级指标数值及分指数的计算:根据中职教师发展指数指标体系设置,某专业(某地区)的第 M 项二级指标的数值 B_i' 可以根据其相对应的三级指标数值加权相加的办法得到,其计算公式为

$$B_i' = \frac{\sum_{i=c(m)}^{d(m)} X_i'}{d(m) - c(m) + 1} (i = 1,2,3,\cdots,n; m = 1,2,3,\cdots,n)$$

分指数 B_i 由相应的三级指标的数值乘以其各自的权重再相加求得,其计算公式为

$$B_i = \sum_{i=c(m)}^{d(m)} X_i' W_i (i = 1,2,3,\cdots,n; m = 1,2,3,\cdots,n)$$

式中,$c(m)$ 表示中职教师发展指数评价指标体系中,第 m 项二级指标所对应的第一个三级指标在指标体系中的序号;$d(m)$ 表示中职教师发展指数评价指标体系中,第 m 项二级指标所对应的最后一个三级指标在指标体系中的序号;n 表示中职教师发展指数评价指标体系中二级指标的数目;W_i 表示三级指标相对应的权重。中职教师发展指数及其计算方法:将指标体系中二级指标的数值乘以其权重后再求和,计算公式为

$$A = \sum_{i=1}^{n} B_i W_i$$

式中,A 表示某专业(地区)的中职教师发展指数;B_i 表示某一二级指标的具体分数值。

(三)测评对象

本次调查研究旨在科学、系统、全面、直观地了解河南省中等职业学校中,各重点专业、各区域的教师发展情况。对此,本次调查研究通过问卷调研、委托专业机构调研等方式,汇总了河南省 414 所中职院校、2793 名教师及 10 家企业的相关数据。其中,414 所中职院校以 2018 年 12 月河南省人力资源和社会保障厅颁布的中职院校名单为准(教职成〔2018〕1112 号),2793 名教师是从 2018 年度河南省"双师型"名单而来,主要涵盖了制造业、现代服务业等 17 个专业,10 家企业涉及国有企业、外资企业、民营企业等多种企业类型。为方便理解,本研究结合《河

南省重点产业2016年度行动计划》《河南省2018年国民经济和社会发展计划》《河南省产业发展三年行动计划(2018—2020年)》文件,将上述17个专业划分为3类产业:新兴产业、传统优势产业、现代服务业(见表5-9)。将专业与产业结合,能更好比较师资配置现状与产业发展目标之间的差距。

表5-9 河南省中等职业教育"双师型"教师专业分布

新兴产业	新材料	新能源与节能技术	精密仪器仪表
	电子信息光电	生物医药	人工智能
传统优势产业	机械制造与模具	汽车及零部件	纺织服装
	石化	钢铁冶金	日用家电
现代服务业	现代物流	科技服务	人力资源服务
	会展与旅游	餐饮服务	

项目数据采集主要分为两个阶段:第一阶段是2019年1月至2月,主要任务是进行数据库整理,获得414所中职院校的相关办学数据,主要有供需指标、质量指标、潜力指标和环境指标。第二阶段是2019年2月至3月,主要任务是对第一阶段的数据进行重新调查。这些数据主要包括办学条件、政府努力程度和校际差距,如学校用地面积、教学仪器和设备、入学机会、队伍建设、学业质量等。同时,为保证数据真实性,还对洛阳地区2所中职院校进行了实地调查,主要包括师资培训、校长教师交流、教师年龄结构、教师月平均工资等。最后,结合河南省职业教育成人网站上相关文件,汇总对比各类数据。除了部分数据会因不易采集等特殊情况出现断层,所有数据均可从河南省统计年鉴、河南省教育统计年鉴、职业教育成人网站和实地调研获得。

三、各专业中职教师发展指数的测评结果与统计分析

(一)各专业中职教师发展综合指数的测评结果与统计分析

本研究对河南省17个专业的师资数据进行了测算,具体得分情况如图5-1所示。从图5-1中可以看出,在这17个专业中,没有得分在5.00以下的专业,表明各专业师资发展都比较好。其中,教师发展指数在6.00~6.50区间的领域有9个,分别是钢铁冶金(6.47)、汽车及零部件(6.45)、纺织服装(6.26)、商业与贸易(6.17)、石化(6.15)、生物医药(6.12)、餐饮服务(6.03)、会展与旅游(6.02)及日用家电(6.01);教师发展指数在5.50~6.00区间的领域有5个,分别是人力资源服务(5.92)、精密仪器仪表(5.81)、电子信息与光电(5.74)、现代物流(5.73)、机

械制造与模具(5.53);教师发展指数在 5.00~5.50 区间的领域有 3 个,分别是新能源与节能技术(5.31)、新材料(5.20)及科技服务(5.06)。

专业	教师发展指数
钢铁冶金	6.47
汽车及零部件	6.45
纺织服装	6.26
商业与贸易	6.17
石化	6.15
生物医药	6.12
餐饮服务	6.03
会展与旅游	6.02
日用家电	6.01
人力资源服务	5.92
精密仪器仪表	5.81
电子信息与光电	5.74
现代物流	5.73
机械制造与模具	5.53
新能源与节能技术	5.31
新材料	5.20
科技服务	5.06

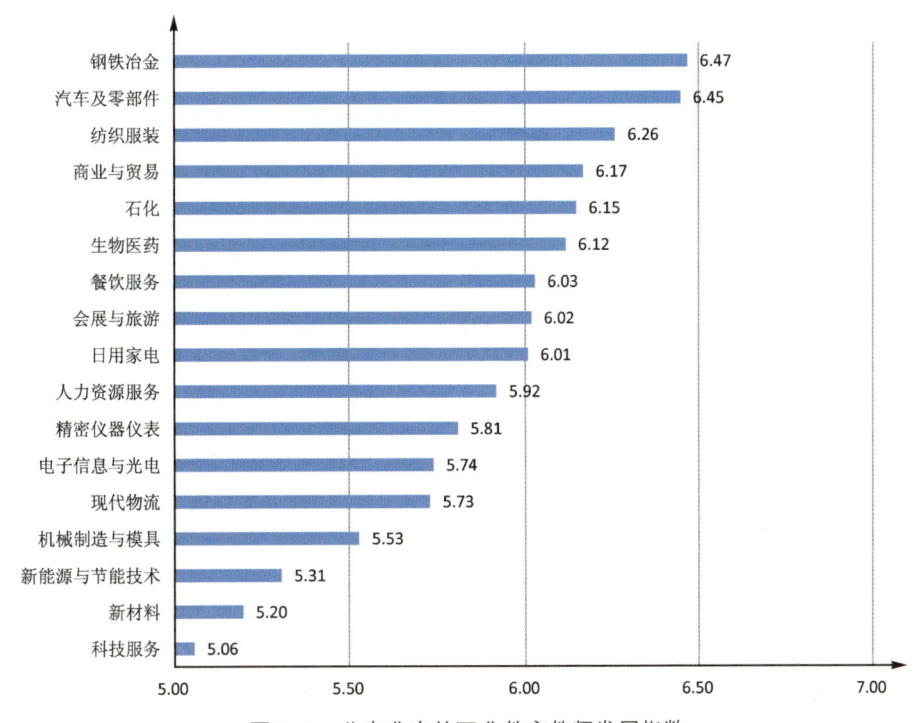

图 5-1　分专业中等职业教育教师发展指数

总的来看,中职教师发展指数在传统产业中得分较高,这些行业发展时间长,形成了比较完善的人才培养制度,在产教融合发展上也较为完善;新兴产业中,生物医药专业的教师发展相对而言比较充裕,但新材料、新能源与节能技术两个专业的教师发展还需要进一步提升。而在现代服务业中,商业与贸易、餐饮等传统服务专业教师发展比较好,科技服务业等新兴服务业的教师队伍还需要不断优化。

(二)各专业教师发展分类指数的测评结果与统计分析

由图 5-2 可看出,三类产业在教师发展的质量指数、潜力指数、环境指数上的差别都不大,主要差异体现在供求指数。其中,传统优势产业的供求指数得分明显高于新兴产业和现代服务业,传统优势产业的师资配置的状况比较好,新兴产业师资发展供给指数在 5.0 以下,可见新兴产业的师资发展供求状况比较严峻。在质量指数上,传统优势产业的得分比较低,在 5.5 以下,新兴产业的得分较高。在潜力指数上,新兴产业的师资发展潜力得分最低,发展潜力较为不足。在环境指数上,现代服务业的师资发展环境指数相对偏低,说明现代服务业方面的政策环境急需改善。

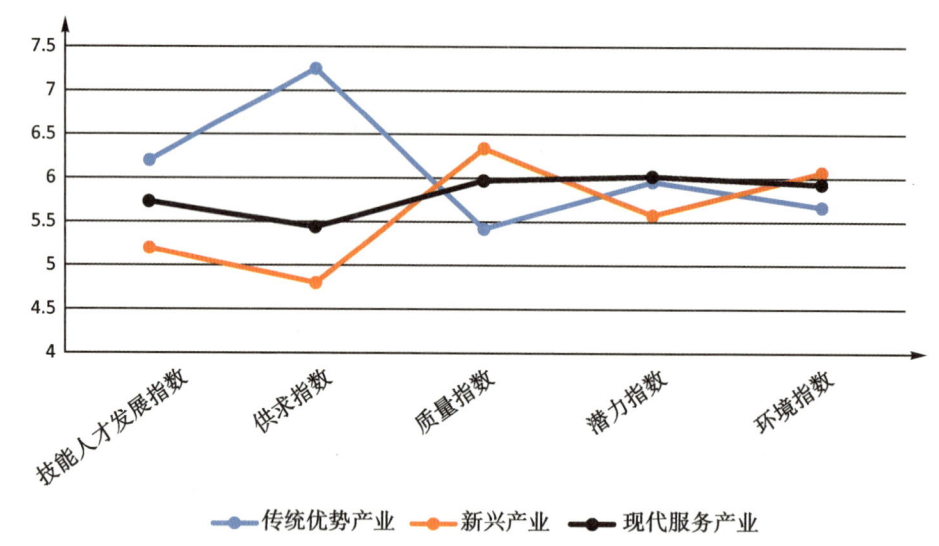

图 5-2 三类产业中中等职业教育教师发展中的各指数均值比较

1. 供求指数

由图 5-3 可以看出,各专业师资供求指数分值差异较大。其中,中职教师在传统优势产业中供需非常平衡,供求指数得分都相对较高,都在 6.5 以上;中职教

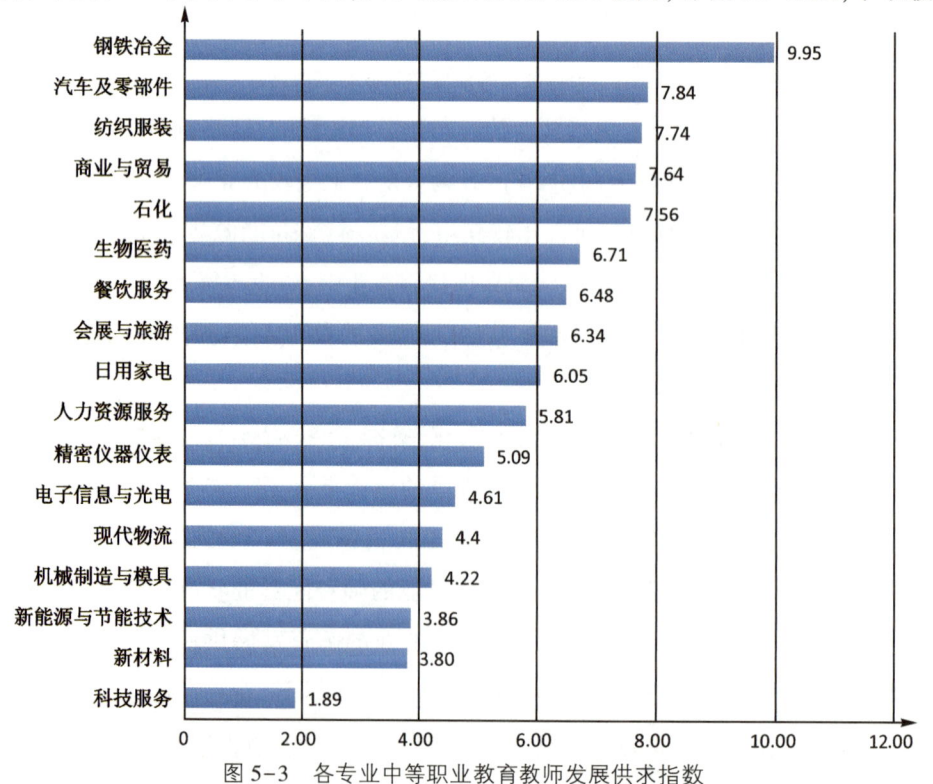

专业	供求指数
钢铁冶金	9.95
汽车及零部件	7.84
纺织服装	7.74
商业与贸易	7.64
石化	7.56
生物医药	6.71
餐饮服务	6.48
会展与旅游	6.34
日用家电	6.05
人力资源服务	5.81
精密仪器仪表	5.09
电子信息与光电	4.61
现代物流	4.4
机械制造与模具	4.22
新能源与节能技术	3.86
新材料	3.80
科技服务	1.89

图 5-3 各专业中等职业教育教师发展供求指数

师在新兴产业供求匹配程度不容乐观,相对于其他行业供求状况比较严峻。比如在现代服务业,中职教师的供求指数得分差异较大。其中,商业与贸易行业供求状况良好,餐饮服务、会展与旅游行业供给状况较好,人力资源服务业供求状况处于一般水平,科技服务和现代物流供求状况比较严峻。

从供给和需求两个方面来看,传统优势产业无论是供给指数还是需求指数,得分相对而言都比较高,并且大多需求指数得分高于供给指数(图5-4)。这说明大部分传统优势产业对中职师资的需求度不明显,这主要是因为大部分传统优势产业都面临产能过剩和结构调整等问题,在短期内对人才的需求量不是很大。

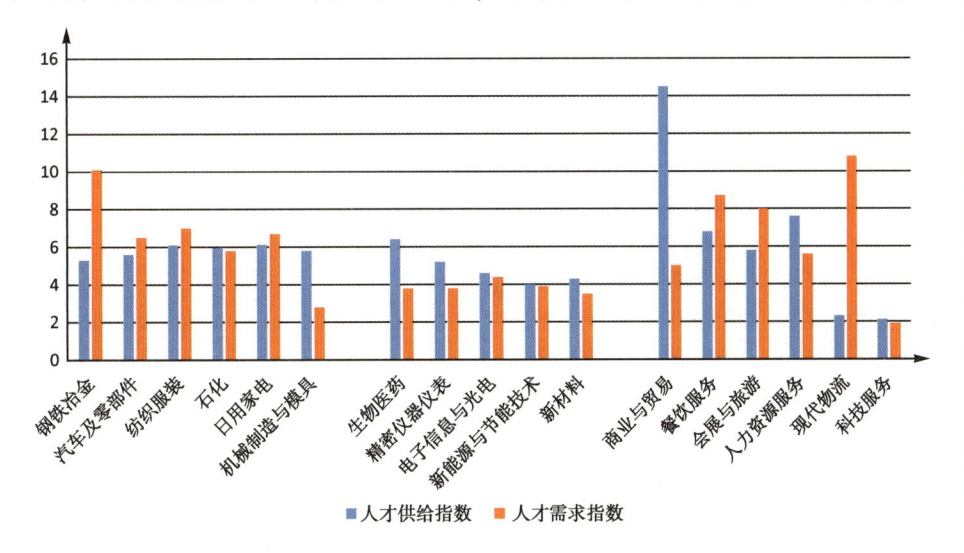

图 5-4　三类产业中中等职业教育教师供给指数与需求指数

新兴产业的供给指数和需求指数得分都比较低,并且供给指数得分几乎都大于需求指数。新兴产业对中职师资的需求相对而言比较大,尤其是在产业转型升级的背景下,加快了新材料、新能源等新兴产业的发展,这都离不开相关领域的师资的推动,企业对新兴产业技能人才的需求量大。

现代服务业中,除科技服务业以外,其他行业的供给指数和需求指数都比较高,现代服务业整体的师资情况较为良好。不容忽视的问题是中职师资在现代服务业的供给和需求情况差异较大,其中商业与贸易行业供给指数得分明显高于其他行业,现代物流行业对师资需求指数得分明显高于其他行业,科技服务业无论是在供给指数还是需求指数上得分都比较低,供求状况比较严峻。

2.质量指数

在师资质量指数上(见图5-5),钢铁冶金、石化、电子信息与光电、汽车及零部件的教师发展质量指数在4.00~5.00的区间内,师资发展指标较差;商业与贸易、新材料、会展与旅游、餐饮服务、纺织服装行业的师资发展质量指数在5.00~6.00之间,发展质量一般;人力资源服务、机械制造与模具、生物医药、新能源与节能技术、科技服务、日用家电、精密仪器仪表、现代物流等行业技能人才发展质量指数在6.00~7.00之间,师资发展质量比较好。

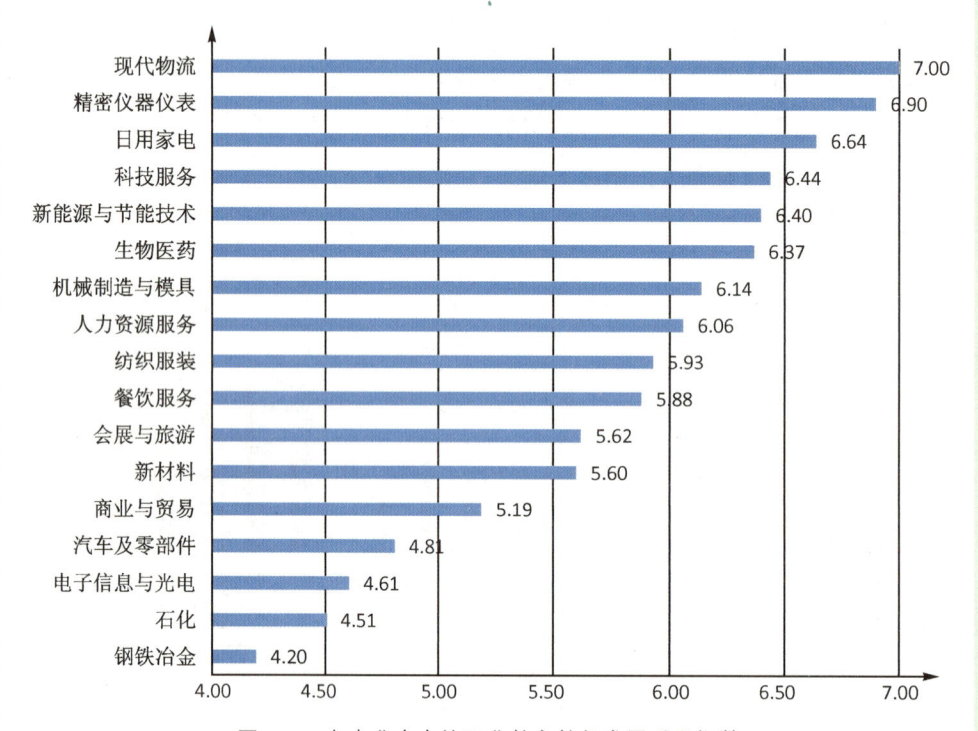

专业	指数
现代物流	7.00
精密仪器仪表	6.90
日用家电	6.64
科技服务	6.44
新能源与节能技术	6.40
生物医药	6.37
机械制造与模具	6.14
人力资源服务	6.06
纺织服装	5.93
餐饮服务	5.88
会展与旅游	5.62
新材料	5.60
商业与贸易	5.19
汽车及零部件	4.81
电子信息与光电	4.61
石化	4.51
钢铁冶金	4.20

图 5-5　各专业中中等职业教育教师发展质量指数

在结构指数上(图5-6),通过原始数据的分析能够更加准确地反映各专业师资人才发展情况。从中可以更加明显地看到,三类产业师资人才年龄结构偏年轻化,年龄结构得分均在0.75~0.80,现代服务业的平均年龄指数最高,为0.79。虽然师资人才总体年龄结构偏年轻化,但是在高技能人才中,年龄结构偏向老龄化,均在0.60~0.70。在职称等级结构上,新兴产业得分最高,在0.60以上。总体而言,三类产业的职称结构指数都比较低,高技能人才缺乏。在学历结构上,学历结构指数也比较低,基本在0.60~0.70之间,其中新兴产业的学历结构得分最高,在0.70以上,传统优势产业的得分较低。

在师资流动方面(见图5-7),三类产业的师资流动指数差别较大。其中新兴产业教师稳定指数最高,教师稳定性好,有利于教师技能提升。传统优势产业教师稳定指数在6.00~7.00的区间内,稳定性比较好。现代服务业教师稳定指数在3.00~4.00的区间内,教师流动比较频繁,不利于师资稳定。

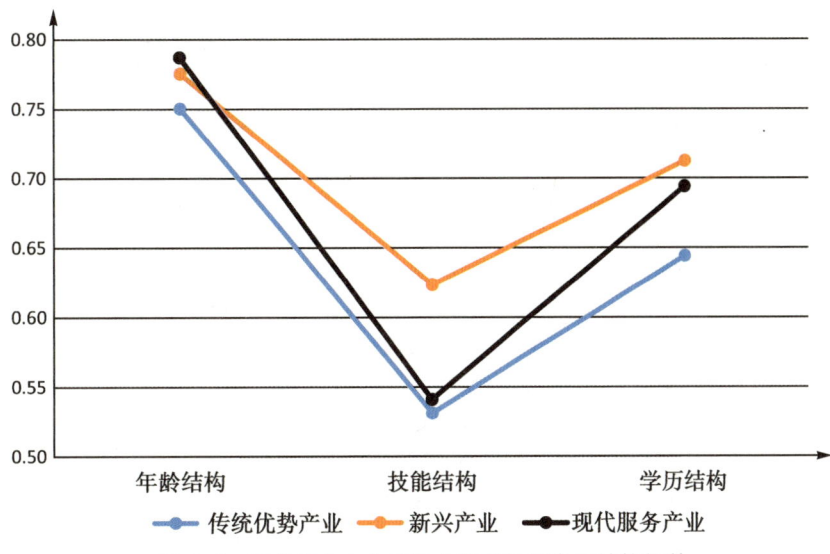

图 5-6　三类产业中中等职业教育教师发展结构指数

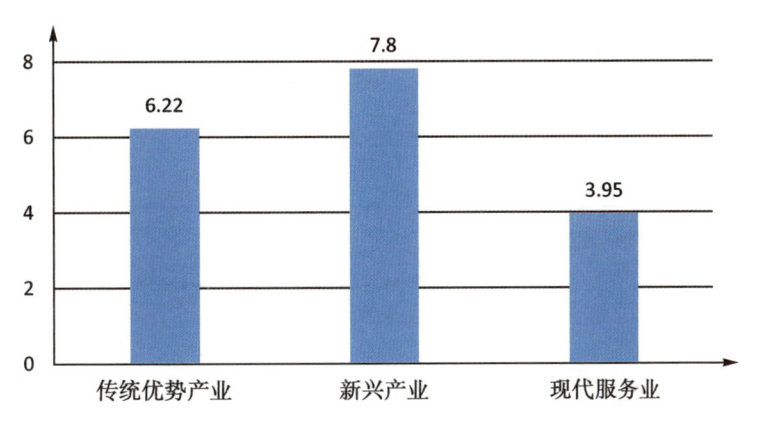

图 5-7　三类产业中中等职业教育教师发展稳定指数比较

3.潜力指数

在师资发展潜力指数上(见图 5-8),商业与贸易、汽车及零部件、纺织服装、人力资源服务、日用家电的师资发展潜力指数得分较高,在 6.00~7.00 的区间;新能源与节能技术的师资发展潜力指数得分较低,在 5.00 以下。

从图 5-9 中可以更加明显地看到,新兴产业在师资储备上得分明显低于传统优势产业和现代服务产业。同时,新兴产业的师资培训也还存在诸多不足,相关产业专业化的培训力量也比较匮乏。因而新兴产业师资发展培训指数偏低,而传统优势产业经过多年的发展,在技能培训上相应的制度比较完善,培训指数相对较高。

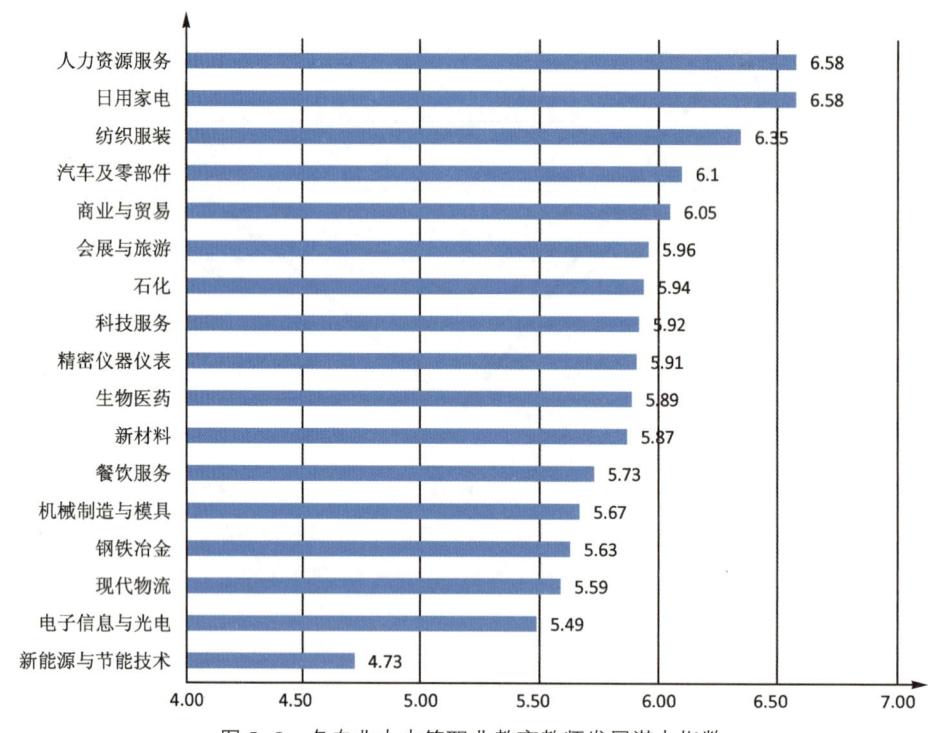

图 5-8　各专业中中等职业教育教师发展潜力指数

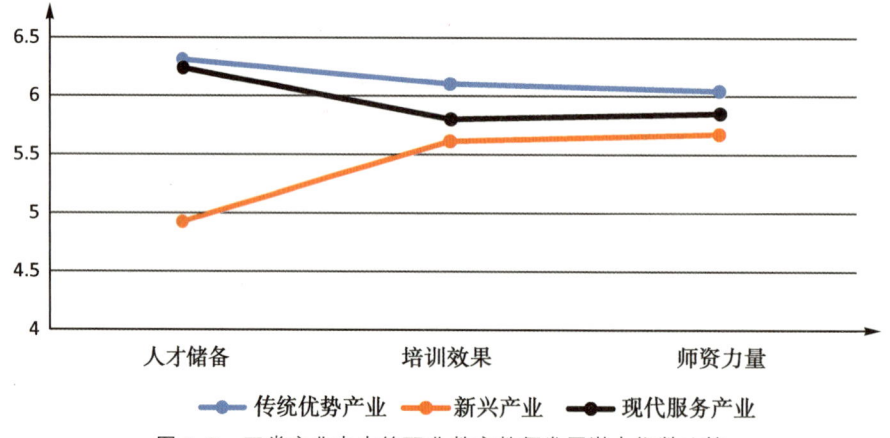

图 5-9　三类产业中中等职业教育教师发展潜力指数比较

4. 环境指数

在师资发展环境指数方面(图 5-10),所有专业得分均在 5.00 以上,其中电子信息与光电、日用家电、精密仪器仪表、餐饮服务、人力资源服务、钢铁冶金、新材料、生物医药和汽车及零部件等 9 个专业师资发展环境指数均在 6.00~7.00 之间,发展环境比较好;纺织服装、会展与旅游、机械制造与模具、现代物流 4 个专业得分均在 5.50~6.00 之间,发展环境一般;商业与贸易、石化、新能源与节能技术 3 个专业得分均在 5.00~5.50 之间,发展环境相对较差。

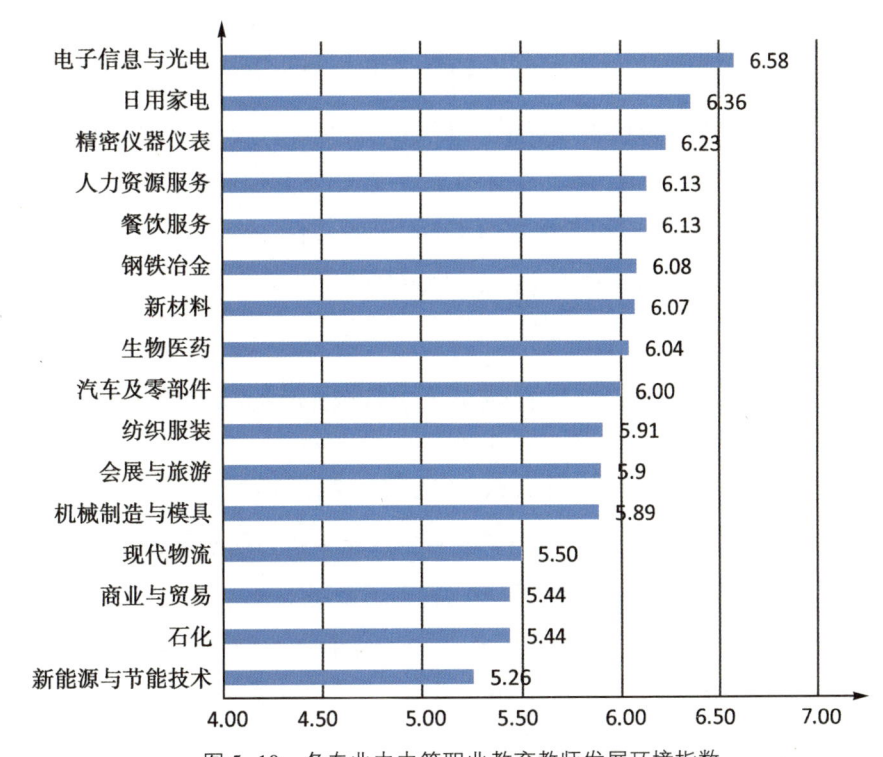

图 5-10 各专业中中等职业教育教师发展环境指数

专业	指数
电子信息与光电	6.58
日用家电	6.36
精密仪器仪表	6.23
人力资源服务	6.13
餐饮服务	6.13
钢铁冶金	6.08
新材料	6.07
生物医药	6.04
汽车及零部件	6.00
纺织服装	5.91
会展与旅游	5.9
机械制造与模具	5.89
现代物流	5.50
商业与贸易	5.44
石化	5.44
新能源与节能技术	5.26

如图 5-11 所示,从环境指数各个维度上可以看到明显差异。第一,在工作环境上,传统优势产业得分较高。传统优势产业发展多年,已经形成比较成熟的产业体系,不少职业院校和企业在长期发展过程中也积累了不少组织管理经验,在薪酬指数、福利制度、晋升制度等方面相对比较完善。相比之下,新兴产业发展时间短,虽然在工作场所环境方面做得较好,但在组织制度、规则上还需进一步完善。现代服务业中,不少服务业还停留在传统服务业的组织理念和运营模式上,

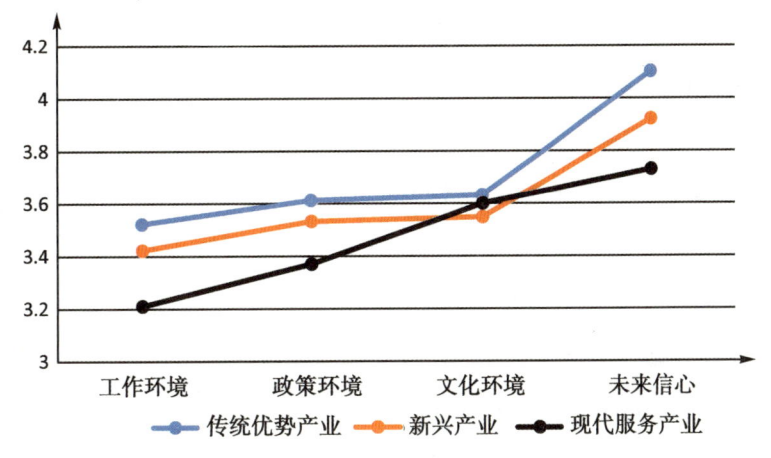

图 5-11 三类产业中中等职业教育教师发展环境指数比较

师资流动速度较快。第二,在政策环境上,传统优势产业和新兴服务业的技能人才政策环境明显高于现代服务业。河南省虽然出台了大量政策促进职业教育师资的培养、引进,为师资队伍发展提供政策支撑,但是师资政策主要针对制造业,对于服务业关注较少。第三,在文化环境上,三类产业的师资发展文化环境得分都不高,均在3.6左右。第四,发展环境未来信心指数在环境指数中得分最高,大部分中职教师对于未来发展都抱有乐观积极态度。

四、各地区中职教师发展指数的测评结果与统计分析

(一)各地区中职教师发展综合指数的测评结果与统计分析

本研究对河南省18个城市的中职教师发展指数进行了计算,如图5-12所示。在这18个城市中,我们挑选了前10名,师资发展指数均高于6,说明河南中等职业教育师资配置总体比较好。其中,在7.50~8.00之间的地区有4个,分别是郑州(7.93)、信阳(7.85)、南阳(7.80)、洛阳(7.70),这4个地区在河南省中职教师发展中处于领先地位;在7.00~7.50之间的地区有5个分别是商丘(7.35)、驻马店(7.30)、新乡(7.20)、安阳(7.14),这4个地区是河南省中职教师发展中坚地区;在6.50~7.00之间的地区有2个,分别是周口(6.91)、长垣(6.86),是河南省中职教师发展的潜力地区。

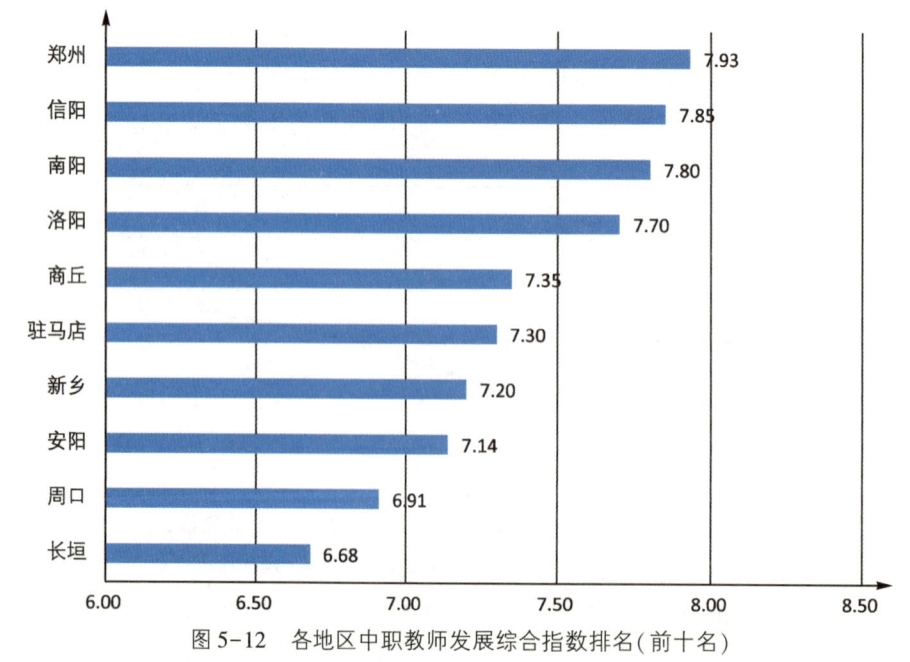

地区	指数
郑州	7.93
信阳	7.85
南阳	7.80
洛阳	7.70
商丘	7.35
驻马店	7.30
新乡	7.20
安阳	7.14
周口	6.91
长垣	6.68

图5-12 各地区中职教师发展综合指数排名(前十名)

(二)各地区中职教师发展分类指数的测评结果与统计分析

1.供求指数

如图 5-13 所示,在中职教师发展的供需指数上,郑州、南阳、洛阳、周口的得分在 8.00 以上,供求情况良好;信阳、开封、商丘、新乡得分在 7.00 以上,供求情况比较好;濮阳、焦作两地区得分在 6.00~7.00 之间,供求状况一般。

郑州、南阳、洛阳、周口供求情况良好的原因,一是当地政府结合地区实际,不断优化专业设置和布局,重点发展新材料、新技术、智能家电和装备制造等相关专业,提前建设一批具有良好发展前景的专业。二是当地中职院校多与企业共同开展"招工即招生、入校即入企、校企'双师'共同培养"学徒制试点,极大保障了这些地区师资的规模和总量。

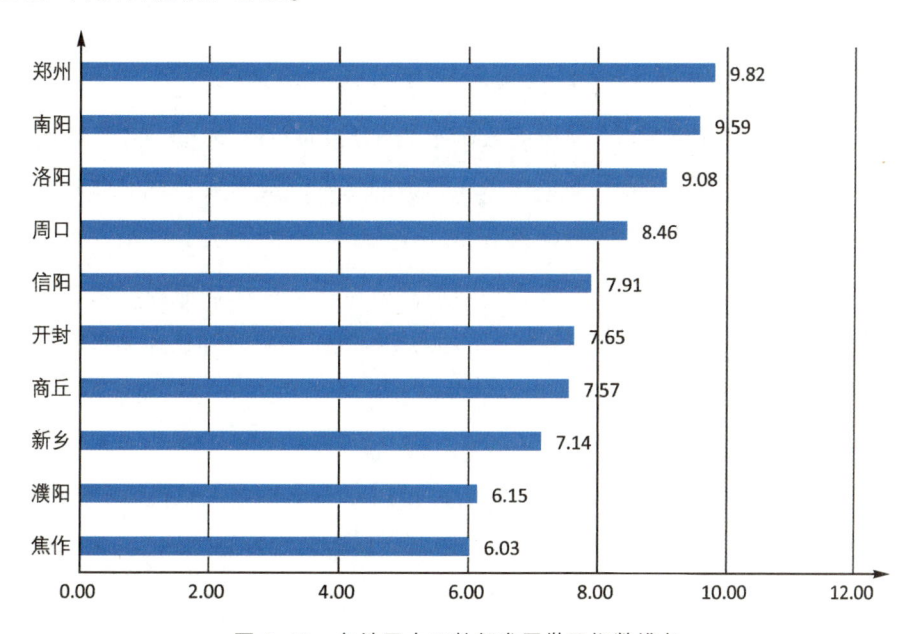

地区	得分
郑州	9.82
南阳	9.59
洛阳	9.08
周口	8.46
信阳	7.91
开封	7.65
商丘	7.57
新乡	7.14
濮阳	6.15
焦作	6.03

图 5-13 各地区中职教师发展供需指数排名

2.质量指数

从中职教师发展的质量指数来看(图 5-14),郑州的师资发展质量明显领先于其他地区,新乡、洛阳、安阳、南阳、信阳、鹤壁、驻马店、濮阳、漯河等地的师资发展质量指数均在 7.00 以上,发展质量较好。

通过数据分析,发现上述城市师资年龄不尽合理,高技能的优秀师资比重偏低。排名前十的城市中,师资配置总体年龄结构指数在 0.9 左右,35 岁以下的中青年教师占比高于 50%,教师队伍呈现"年轻化"趋势。但是高技能、高职称教师

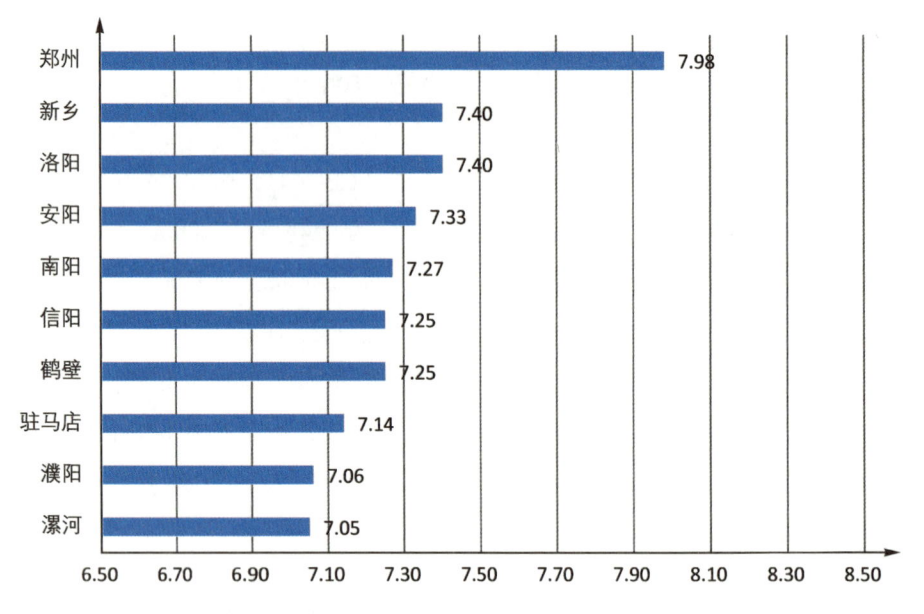

图 5-14　各地区中职教师发展质量指数排名（前十名）

的年龄结构指数在 0.6 左右，高技能教师平均年龄超过 51 岁，呈现"老龄化"趋势。人才断档问题比较突出，新生代中职教师的培养问题需要重视。此外，在职称等级结构方面，上述城市的教师多以初、中级为主，高职称人才较为匮乏，整体学历水平并不高。虽然，职业教育教师的培养应重视实际操作而轻理论，但是随着产业升级，新兴产业尤其是高新技术产业快速发展，需要教师快速掌握新知识，学历的提升有助于他们个人职业生涯的发展。

3.潜力指数

教师要持续发展，职业潜力是不容忽视的因素。从各地区中职教师发展潜力指数来看（图 5-15），郑州、濮阳、洛阳的中职教师发展潜力指数大，在 8.50 以上；漯河、平顶山、南阳、许昌、新乡、焦作、信阳的师资发展潜力得分在 6.00~8.50 之间，师资发展潜力较大。在师资储备上，大部分城市 35 岁以下教师比例都在 50% 以上。年轻的教师是推动河南省职业教育发展的中坚力量，孕育了巨大潜力。然而，我们在对这批中青年教师的访谈中，发现他们对入职后学校举办的各种培训，无论从形式还是效果都不太满意，直接制约了他们进一步发展。针对"培训"效果，满意度只有 3~4 分。

与之相反，郑州地区教师普遍对培训效果较为满意。访谈发现，这与 2016 年以后郑州市建立的高层次人才公共实训基地密不可分。公共实训基地主要承担政府重点扶持产业、支柱产业和优势传统行业高技能人才以及紧缺技能人才公共培训服务任务。它不仅提供高水平的技能评价服务，还重点开展单个学校和企业无法承

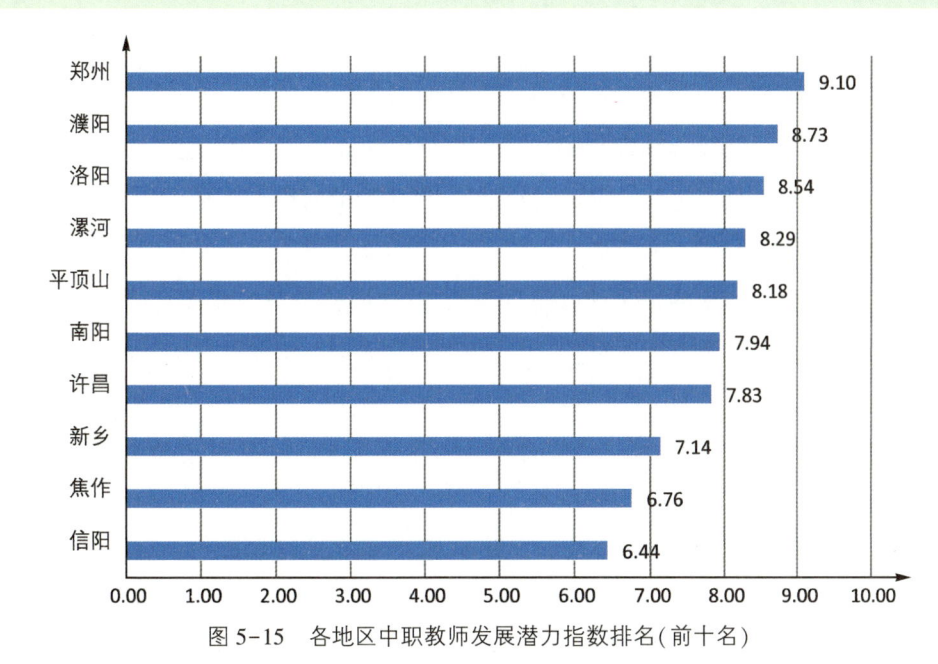

各地区中职教师发展潜力指数排名（前十名）：

地区	指数
郑州	9.10
濮阳	8.73
洛阳	8.54
漯河	8.29
平顶山	8.18
南阳	7.94
许昌	7.83
新乡	7.14
焦作	6.76
信阳	6.44

图 5-15　各地区中职教师发展潜力指数排名（前十名）

担的职业技能培训服务。从这些功能看，校外高层次公共实训基地的建立，对未来我省对接"1+X"证书制度试点，以及职业院校模块化教学改革，都大有益处。

4. 环境指数

在中职教师发展环境指数上（图 5-16），郑州、洛阳、濮阳、开封四地的发展环境指数均在 7.50 以上，发展环境良好；安阳、焦作、新乡、周口、许昌、济源六地发展环境指数在 7.00~7.50 之间，发展环境较好。

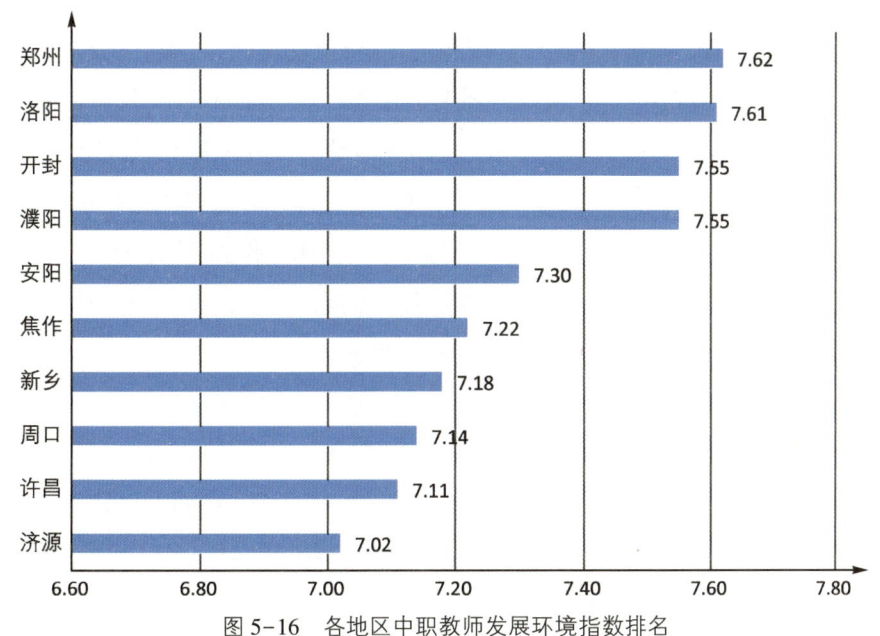

各地区中职教师发展环境指数排名：

地区	指数
郑州	7.62
洛阳	7.61
开封	7.55
濮阳	7.55
安阳	7.30
焦作	7.22
新乡	7.18
周口	7.14
许昌	7.11
济源	7.02

图 5-16　各地区中职教师发展环境指数排名

具体而言，上述地区的中职院校工作环境得分较高，薪酬福利、职称晋升等机制上比较完善，为中职教师发展提供了良好的工作环境和氛围。调研中发现，洛阳等地的中职院校、职业教育集团加大了校企创新成果的应用，他们对校企合作的技术革新等成果，通过奖金期权、股权分配等多种形式给予奖励，以此激发校内教师和企业的创新活力，从物质层面营造"大国工匠"的氛围。但我们也注意到，在文化环境方面，河南的很多地区得分较低，这表明社会对中职教育的认同感和尊重感还不高，需要政府加大宣传，出实招来提升人们对中职教育的认同感。

五、政策建议

（一）优化人才供给结构，引导未来产业发展需求

目前，国家实施创新驱动发展，深入推进"中国制造2025""互联网+"等重大战略，以新技术、新业态、新模式、新产业为代表的新经济蓬勃发展，这对中等职业教育教师发展提出了更高要求。这要求中职教师培养不仅要服务于现有产业行业，还应该引领未来产业的发展，主动布局具有前瞻性的新兴专业。针对调研中发现的新兴产业教师总量不足的问题，建议政府要优化布局结构，构建以职业技术师范院校为主体、综合性大学参与、产教融合的职教师资培养新体系。

1. 聚焦战略重点，优化新兴专业布局结构

根据《中国制造2025》行动纲要的指导，结合河南省中原经济区的发展现状和调研结果，我们认为政府应重点支持和培育新材料、新能源、信息技术、智能家电、装备制造等5类相关专业，发展一批与河南省产业结构相适应，具有良好发展前景的专业。这需要对现有传统专业进行战略分析，及时调整专业改革方向，培养5类新兴专业，及时对新兴专业人才发展的总量进行调控。要按照"立足当前，适度超前"的原则，做好新兴专业教师培养数量的预测工作，加快建立中职教师供需预警系统。根据新兴产业和传统产业对人才发展需求变化，能及时调整中等职业教育教师的供给总量、专业分布，避免供求失衡。

2. 以职业技术师范院校为主体，扩大新兴专业人才储备量

我省职业技术师范院校的课程结构一直受限于相对刚性的专业目录，专业划分过细，学生素质难以满足新经济市场的要求。职业师范院校的专业建设必须面向新行业、新业态构建新的专业知识体系，根据知识内容和能力要求设计新的课程和教学内容，突破专业界限，培养复合型人才。通过学科交叉融合、建立综合课

程教育结构等形式,孕育产生新生专业,满足未来新兴产业对人才的需求。

3. 鼓励综合性大学,尤其是一流理工科院校开展中职教师培训

调研发现,用人单位愿意与一流理工科院校全方位合作的比例更高,尤其在为学生提供实习机会方面。一流理工科院校培养的毕业生在"校内工程实习、训练基地"和"课程实验"方面,能力显著。近年来,国家鼓励一流理工科院校借助自身优势,展开中职教师培训。如同济大学等高校牵头,实施10个卓越中职教师培养综合改革项目,建设23门职业教育特色的教师教育精品课程资源。[①] 我省也应借鉴先进经验,充分发挥省内一流理工科院校的优势,打造青年骨干教师、专业带头人、教学名师等职教方面的高层次人才队伍。

4. 融合各类资源,建设引领产学研改革的教师创新团队

聚焦新兴产业的战略重点,建设一批国家级职业院校教师教学创新团队,推动实施基于职业工作过程的模块化课程、项目式教学。到2022年,分专业建设一批国家级职业教育教师教学创新团队。这种融合不单单是校企合作,而是体现了多学科融合、产学融合、校企融合、在线—新媒体—移动学习与校园内培养的融合、产学研融合等多方面创新的相互融合和促进,使只限于学校内部、学院内部甚至系和专业内部的教育改革与创新,成为开放式、全方位、所有利益相关方参与和协同互动、可持续、全面的融合创新。

(二)健全专业标准体系,打造具有公信力的第三方质量评价体系

目前,"双师型"教师标准是一个非常重要但又十分复杂的问题,直接制约着我省中职教育教师质量发展。为此,可引入国际前沿的工程教育质量综合评价体系,建立"双师型"教师资格准入、任用管理制度。

1. 与国际前沿接轨,实行教师资格准入制度

以国际前沿标准为目标,研究适应我省中职教育发展"双师型"标准,包括知识标准、能力标准和资格标准,推动我省413个中等职业院校进一步深化改革,持续提升质量。目前,国际上公认的最具权威性和普遍性的职业教育认证体系是美国工程技术认证委员会(ABET)认证,其中有3个专门针对职业教育教师的认证标准体系,分别是《工程师流动论坛协议》《亚太工程师计划》《工程技术员流动论坛协议》。这些从业标准明确、清晰,具有国际互认功能。截至2017年年底,

---

① 张盖伦.让每个人都有人生出彩的机会——解读《国家职业教育改革实施方案》[N].科技日报,2019-02-21(008).

ABET 已在 32 个国家的 793 所大学和职业院校认证了 4005 个专业项目。

2. 评价主体多元化，完善第三方评估认证

"双师型"的认证，需要由来自校内外对教师培养质量有着不同诉求的多主体进行评价。省级教育行政部门要主动构建有较高公信力的社会综合评估体系，由行业与用人单位评估，第三方评估认证。从而客观评价和比较中职教育质量与水平。同时，还应建立认证结果发布与使用制度，在学科评估、教学质量报告等评估体系中纳入认证结果；将每年的认证结果通过权威媒体面向社会公布，允许通过认证的专业在招生简章、毕业证书上加标注，将认证结果纳入学科评估、教学质量报告等评估体系。

3. 改变评价方式，重视实践经验

为提升中职教师实训能力，可吸取上海、江苏两地的经验，按照"市场导向、统筹管理、合理布局、资源共享、功能互补"的原则设立高质量公共实训基地。增强校企合作深度和广度，完善企业考核体系。力争在 2020 年前，建立高质量校企共建教师培养培训基地和教师企业实践基地，保障职业院校教师每年至少 1 个月在企业或实训基地实训。

（三）展开全员教师培训，深入挖掘教师职业发展潜力

对接"1+X"证书制度试点和行动导向的模块化教学改革，我省要着力培育一批职业技能等级证书培训教师。全面落实教师 5 年一周期的全员轮训，探索建立新教师为期 1 年的教育实习和为期 3 年的企业实践制度。然而，在调研中我们发现，虽然政府花了很大力气搞培训，但教师们往往积极性不高，对培训形式和结果也不甚满意。因此，在开展上述培训时需要注意以下方面：

1. 要尊重被培训者的道德完整性

这意味着培训交流应在一种民主商讨的规则之上来进行。如培训者与教师一同探讨应遵循什么程序，有何权利与责任，什么事情由谁来控制，谁的需要可以得到满足等。这种真诚的讨论，本身就是一种道德行为，是一种遵从指导方针的协商。通过真诚沟通，让每个人对自己的贡献持一种欣赏态度，让教师与教师之间能够相互理解，并能主动、及时地回应各种分歧和矛盾。再者，我们要改革单纯以检查监督或奖惩为手段的培训观念，不能将教师置于被指责、控制的地位，不应用文件、指示、指标等对教师的工作进行简单的干预和限制，不应把它们作为检查、评价、调节、纠偏的主体，而应以合作的意识、内行的指导或辅导对教师进行帮

助和导向。这样,"培训者"与"被培训者"之间才会目标一致、情感相通。

2.确立关怀美德为中职教师培养的品德核心

高水平中职教师之所以成为优秀的专业人员,不仅是因为他们具备了专业知识的外罩,更因其具备了专业品德这一内核。专业品德包括三方面:(1)致力于一种楷模式实践;(2)致力于朝向社会价值目标的实践;(3)致力于不仅是自身实践而且是实践本身。关于楷模式实践,这需要教师紧跟教学前沿,用新方法来解决教学问题,并和他人分享成果和知识。这一方式将增强教师为了自身职业成长而主动寻求发展的责任,减少因服从他人需要或制度的可能性,职业发展的焦点从训练转化为自我更新,积极与他人分享和终身学习;关于社会价值的实践,需要教师把自己置身于服务学生和家长的位置,并与学校的价值和目标达成一致;关于实践本身,需要教师扩大视野,将个体教学扩大到集体教学中。从上述内容可以看出,中职教师专业能力的培养,不能仅停留在狭隘的专业知识或具体教学方法上,而是要给他们更广阔的平台和机会,让教师主动参与和探索各种教与学的可能性。在共同实践中,我们更需要具有关怀美德的教师,能主动将优秀成果分享到集体中。

(四)突破环境限制,建设校企人员双向交流协作共同体

完善多主体协同育人机制,加强人才培养的顶层设计,突破社会参与人才培养的体制机制障碍,深入推进优势资源合作、产学融合、校企合作等多方融合与合作。

1.完善"固定岗+流动岗"资源配置新机制

通过优化人才引进补助和奖励制度,从优秀企业中引进急需的高技能人才,提高河南省新兴产业的专兼职教师质量。世界上许多国家也给出了解决用人机制障碍的思路,强调在师资引进时要注重工程实践能力,建设"双师型"教师队伍。例如美国工程专业的教师必须具有注册工程师资质,德国的工程教育教师正教授要有10年以上的企业工作经历。因此,我们一要通过开展校内科研创新战略联盟、组建科研团队、创设跨学科组织等方法打破校外校内的间隔,解决组织机构方面的障碍。二要通过人才柔性引进机制,优化校企间人才引进补助和奖励制度,在国内外引进先进制造业、人工智能等新兴产业发展急需的企业人才,以及具有丰富经验和专业技能的技师名师。打破编制和岗位限制,提升校企合作整体水平。

2.产学研合作教育要强调合作对象的代表性

合作对象应该是与我省新产业发展相关的代表性企业,在业内处于优秀或引

领地位。合作内容的前沿性,应能够真实地反映新材料和新产业当前的发展状况和未来的发展趋势。如2019年1月颁布《河南省5G产业发展行动方案》《河南省新一代人工智能产业发展行动方案》,力争经过3—5年努力,我省人工智能产业发展取得重要进展。人工智能核心产业发展生态系统基本形成,新一代智能制造、智能物流、智慧公共服务等重点领域进入全国先进行列,人工智能核心产业及相关产业规模超过500亿元。这些政策,都需要支持中职院校聘请相关人工智能行业的导师到学校任教,遴选、建设兼职教师资源库,加强对新产业、新业态深入研究,并积极加强与产业研究院所的合作。

3.营造"大国工匠"的社会氛围

针对中职教师发展文化环境问题,一是要进一步完善技能大奖和技术能手评选表彰制度,完善高技能教师享受国务院、省、市区县政府特殊津贴的相关政策。二是提升高技能教师的地位和待遇,发展党员、评选劳模、推荐人大代表和政协委员工作适当向中职院校倾斜,推荐中职教师中优秀代表参与政府产业政策制定的各种会议,充分发挥中职院校的作用。打开政策通道,让越来越多的中职教师有机会成为高级工程师、高级技师、高级教授,构建知识型社会下"技能宝贵、劳动光荣、创造伟大"的良好氛围。

参考文献:

[1]中华人民共和国国务院.国务院关于印发国家职业教育改革实施方案的通知:国发[2019]4号[EB/OL].(2019-02-13)[2019-04-30].http://www.gov.cn/zhengce/content/2019-02/13/contont_5365341.htm.

[2] International Standard Classification of Education, 2011. UNESDOS. http://unesdoc.unesdoc.org/images/0021/002191/219109e.pdf.2011.

[3]田志磊,李源.职业教育国家治理中的大扩招、产教融合与1+X证书制度——贯彻落实《国家职业教育改革实施方案》高峰论坛会议综述[J].高等职业教育探索,2019(03):78-80.

[4]佚名.2017年全国教育事业发展统计公报(节选)[J].教育科学论坛,2018(Z2):6-9.

[5]闫志军,朱如楠.新时代我国职业教育需求特征与改革取向研究[J].河南教育(职成教),2019(05):16-19.

[6]孙庆玲,王艺霏."双师型"教师队伍如何打造[N].中国青年报,2019-02-25(003).

[7]屠群峰.国家职业教育改革实施方案公布[N].中国交通报,2019-02-21(001).

[8]SAATY T L.Decision-making with the AHP:Why is the principal eigenvector necessary[J].European Journal of Operational Research,2003:85-91.

[9]张盖伦.让每个人都有人生出彩的机会——解读《国家职业教育改革实施方案》[N].科技日报,2019-02-21(008).

[10]顾佩华.新工科与新范式:概念、框架和实施路径[J].高等工程教育研究,2017(06):1-13.

[11]吴爱华,侯永峰,杨秋波,等.加快发展和建设新工科 主动适应和引领新经济[J].高等工程教育研究,2017(01):1-9.

[12]晋浩天.职教20条释放了什么信号[N].光明日报,2019-02-20(005).

[13]陈瑜.宁波技能人才发展报告(2016)[M].北京:科学出版社,2018.

专题六
河南省中等职业教育信息化问题研究

河南理工大学　范如永

自 2014 年国家重点推进中等职业教育信息化试点工作以来,河南省中等职业教育信息化建设取得了很大成绩。但目前河南省中等职业学校信息化建设仍存在集成系统设备老化、教学资源匮乏单一、海量数据难以处理分析、信息孤岛、人员信息化素养有待提升等问题。为系统考察河南省中等职业教育信息化的发展状况,助推河南省中等职业教育信息化进程,需要对河南省中等职业教育信息化的发展进行全面研究和调研。本研究从研究、政策、现实三个角度来分析河南省中等职业教育信息化的发展,以期对河南省中等职业教育信息化的发展研究提供全新的视野。

一、研究的视角:中等职业教育信息化问题

从研究的视角来看待我国目前中等职业教育信息化的发展状况和发展问题,能够从一个侧面了解河南省中等职业教育的发展状况。

关键词是一篇文章核心内容的反映,从关键词的统计分析中我们就可以看出该篇文章的主要内容,也能够反映出该论文选题的主要领域,关键词出现的频次越多则反映以该关键词为主要内容的论文被关注的程度越高和被关注的频次越多,而且它与其他关键词的共现次数也能反映出该关键词与其他关键词的相互关系。

共词分析是一种对文献进行内容分析的研究方法,主要研究两个关键词之间的亲疏关系,从而来判断多篇文献之间的相关程度。"共词分析方法是在 20 世纪 70 年代中后期由法国文献计量学家提出的,其思想来源于文献计量学的引文耦合与共被引概念。其中,共被引指当两篇文献同时被后来的其他文献引用时,这

两篇文献则被称作共被引,表明它们在研究主题的概念、理论或方法上是相关的。一般认为,词汇对在同一篇文献中出现的次数越多,代表这两个主题的关系越紧密。由此,统计一组文献的主题词两两之间在同一篇文献出现的频率,便可形成一个由这些词对关联所组成的共词网络,网络内节点之间的远近便可以反映主题内容的亲疏关系"。①

以中国知网(CNKI)数据库期刊为对象,高级检索以"主题"为检索条件,分别输入"中职-包含信息""中等职业-包含信息"作为检索词,共搜索到相关期刊论文 3000 多篇,经过重复论文删除;会议信息、广告信息等非学术论文删除,共获得学术论文 2580 篇,选取 2580 篇学术论文的关键词,统计共获得 3682 个关键词信息,对这些关键词出现的频次进行统计分析,选取关键词前 20% 作为高频关键词,共获得高频关键词 739 个,对这些高频关键词进行关键词聚类分析和共现分析。

通过对中等职业教育信息化论文关键词的统计,形成中等职业教育信息化研究的关键词列表,并通过软件处理,得到中等职业教育信息化关键词词频和共现图谱,从该图谱可以看出,中等职业教育信息化的研究涉及信息化的各个方面,其中信息技术、信息化等出现的频次最多,与它们共现的关键词最为密集。

表 6-1 是频次在 45 次以上的关键词词频统计,排除掉中职、中等职业学校等有关学校的关键词,词频出现在 45 次以上的关键词主要是"信息技术""信息化""教学""信息素养""教学模式""信息化教学""整合"等。

表 6-1　国内中等职业教育信息化关键词频次

序号	关键词	频次
1	信息技术	612
2	中职	294
3	中职学校	252
4	中等职业学校	157
5	信息化	109
6	中职学生	85
7	教学	85
8	中职教育	80
9	信息素养	80
10	中职生	74
11	现代信息技术	73

---

① 苏敬勤,李晓昂,许昕傲.基于内容分析法的国家和地方科技创新政策构成对比分析[J].科学学与科学技术管理,2012(06):15-21.

续表

序号	关键词	频次
12	中职数学	69
13	图书馆	66
14	教学模式	66
15	中职院校	65
16	信息化教学	65
17	应用	62
18	整合	55
19	中等职业教育	54
20	课堂教学	54
21	对策	51
22	职业教育	47
23	中职教师	45
24	教学改革	45

从这些关键词中就可以看出，中等职业教育信息化发展的现状和面临的主要问题。一是信息技术目前仍然是困扰中等职业学校发展的重要问题，也是研究最多的问题之一。对于信息技术问题的关注来源于我国教育信息化政策的发展。1998年，为了深化职业教育教学改革，提高教学质量和办学效益，促进职业教育适应我国社会主义现代化建设的需要，国家研究制定了《面向二十一世纪深化职业教育教学改革的原则意见》。在该文件中，对于职业教育信息化的发展提出了明确要求，"要提高现代教育技术水平，加快计算机辅助教学和多媒体教学手段的推广步伐，促进教学手段的逐步现代化"[1]。中等职业教育信息化的发展也随着职业教育教学改革的深入而持续发展。1999年，为了贯彻落实教育部《面向二十一世纪教育振兴行动计划》关于加速学校信息化建设的要求，进一步加快中等职业学校信息化建设的步伐，国家又出台了《关于进一步加强中等职业学校信息化建设的通知》，提出"加强中等职业学校信息化建设，是知识经济信息化社会的发展对中等职业学校提出的新要求，是强化中等职业学校建设的重要内容，是面向新世纪培养高素质劳动者的迫切需要"[2]。并针对中等职业教育信息化发展提出了相关措施：一是建立"中国职业教育校园网集成系统"（简称中职校园网系统，

---

[1] 中华人民共和国国家教育委员会.关于印发面向二十一世纪深化职业教育教学改革的原则意见的通知：教职[1998]1号[EB/OL].（1998-02-16）[2019-04-30].http://www.moe.gov.cn/srcsite/A07/moe_953/199802/16_8944.html.

[2] 中华人民共和国教育部职业教育与成人教育司.关于进一步加强中等职业学校信息化建设的通知：教职成司[1999]6号[EB/OL].（1999-04-22）[2019-04-30].http://www.moe.gov.cn/srcite/A07/s7055/199904/t19990422_165162.html.

CVES),统一信息化标准建设;二是开展中等职业学校信息化建设的技术指导、技术服务及人员培训等相关工作;三是推动建立一批在信息化建设方面起骨干示范作用的中等职业学校。从此,中等职业教育信息化发展步入了快车道。

中等职业教育信息化的发展,首要的问题就是信息技术的问题,主要包括信息技术建设和应用问题,其次是资源库建设问题,再次就是信息技术和教学的融合问题。从信息技术关键词共现的其他关键词来看,目前排在前几位的是整合、教学、应用等关键词。从信息化发展的最终目的来讲,就是促使信息技术与课程的深度融合,使信息技术成为课程教学的重要手段和支撑。我们所讲的信息技术和课程的整合,就是指信息技术和课程成为一体,信息技术成为课程的重要组成部分,"使之成为教师的教学工具,学生的认知工具,重要的教材形态,主要的教学媒体"[①]。从相互关系上来讲,信息技术和课程整合是信息化的最终目的,而信息技术应用和教学是信息技术与课程整合的重要方面或者重要过程。但从目前与信息技术共现的关键词来看,整合问题、教学问题、应用问题仍然处在共现关键词的前三位,这也说明了目前有关信息技术与课程整合问题的研究仍然是当前信息技术应用的重要课题,也是制约课程整合问题的重要问题之一,仍然处在不断探索之中。同时,仍然有很多学校处在信息技术应用和教学领域,信息技术的应用程度仍在不断深入发展,从具体的案例研究来说,案例研究主要集中在数学、英语、语文等领域,其他领域的研究相对较少,这也反映出目前有关信息技术在课程中应用研究仍在不断深入发展中。

从信息技术共现的关键词来看,除了应用、整合等之外,就是信息素养、中职学生、中职教师等。信息素养是推动信息技术深入发展的重要基础,也是当前学生和教师必备的技术和技能。信息素养一词最早来源于美国信息产业协会,当时的信息素养主要是指解决问题过程中利用信息的技术和能力。信息素养就是人们所具有的思维能力,我们所说的信息素养就是指中职学生和中职教师在提高自身能力的同时所具有的对信息的加工、利用、创新的态度和能力。信息素养是信息社会所必备的重要素质,也是一个人在信息社会生存发展的基本能力,更是一个人在信息社会创新发展的重要基础。从目前中职学生和教师的信息素养状况来看,不容乐观。"中职生在信息素养方面还有许多不足,部分中职生上网目的不明确,信息获取意识不强,还没有形成自觉收集、使用信息的

---

① 南国农.教育信息化建设的几个理论和实际问题(上)[J].电化教育研究,2002(11):3-6.

习惯。甚至有的同学沉迷于网络之中,导致社会责任意识与道德情感的弱化,也严重影响了学业的进步。"[1]从教师的信息素养来看,"中等职业学校教师信息素养普遍比较薄弱,存在着中职教师的信息技术水平较低,信息基础建设滞后、教师信息观念落后等现象"[2]。因此,如何提升学生和教师的信息素养就成为中等职业教育信息化的重要内容,如果没有学生和教师的信息素养提升,中等职业教育信息化就难以实现。

可见随着中等职业教育信息化的不断推进,信息技术应用的不断拓展,有关信息技术应用的深层次问题逐步显现,在信息技术基础设施不断提升的情况下,如何推动信息技术与课程整合、如何提升学生和教师的信息素养问题就成为制约信息技术应用的核心问题,也是当前中等职业教育信息化发展过程中面临的实际问题。

表 6-2　国内与信息技术共现的关键词及频次

序号	关键词	频次
1	中职数学	52
2	整合	47
3	教学	46
4	应用	38
5	教学模式	36
6	信息技术教学	34
7	课堂教学	30
8	中职语文	29
9	中职教育	26
10	中职英语	25
11	课程整合	25
12	信息技术课程	21
13	中职教学	20
14	微课	20
15	数学教学	20
16	运用	18
17	教学策略	18
18	中职学生	16
19	对策	16
20	中职数学教学	15

---

[1] 徐建平.论信息社会中职生信息素养及其培养[D].福建师范大学,2003:17.
[2] 熊娟.教育信息化对中职教师信息素养的挑战[A].咸阳:西北农林科技大学创新实验学院,2010.

续表

序号	关键词	频次
21	语文教学	15
22	信息化教学	15
23	信息技术课	14
24	教学改革	14
25	策略	14
26	中职英语教学	13
27	信息技术教育	13
28	中职生	12
29	信息素养	12
30	教学设计	12
31	翻转课堂	12
32	多媒体信息技术	12
33	英语教学	11
34	教学方法	11
35	中职语文教学	10
36	中职教师	10

二、政策的视角：中等职业教育信息化问题

（一）中等职业教育信息化政策的关键领域及关键问题

1998年，国家教委印发了《面向二十一世纪深化职业教育教学改革的原则意见》，在该文件中国家以政策文本的形式提出职业教育信息化的问题，这个时候的政策表述主要是提高现代教育技术水平，推进计算机辅助教学和多媒体教学，并没有提出教育信息化的问题。[1] 1999年，教育部在《关于进一步加强中等职业学校信息化建设的通知》中，第一次提出中等职业教育信息化的表述，并对中等职业教育信息化的发展提出了一系列建议和意见。[2] 这是中等职业教育领域中国家政策文本的正式表述，标志着中等职业教育信息化政策的正式形成。

"教育政策"一词，最早出现在1898年富兰克林所著《社会发展的逻辑过程：

---

[1] 中华人民共和国国家教育委员会.关于印发面向二十一世纪深化职业教育教学改革的原则意见的通知：教职[1998]1号[EB/OL].(1998-02-16)[2019-04-30].http://www.moe.gov.cn/srcsite/A07/moe_953/199802/16_8944.html.

[2] 中华人民共和国教育部职业教育与成人教育司.关于进一步加强中等职业学校信息化建设的通知：教职成司[1999]6号[EB/OL].(1999-04-22)[2019-04-30].http://www.moe.gov.cn/srcite/A07/s7055/199904/t19990422_165162.html.

社会学视野的教育政策理论基础》一书中,①但直到20世纪后半叶,随着政策科学研究在世界范围内兴起,更多的研究者开始关注教育领域中的政策科学研究,教育政策才逐渐成为教育科学研究的新方向。"教育政策分析作为政策科学研究的一个重要分支,在许多国家和地区特别是以美国为代表的许多发达国家成为教育科学研究的一个十分重要的领域。"②"我国的政策科学研究起步较晚,始于20世纪80年代初期。"③作为政策科学研究的分支,教育政策研究在我国起步更晚。但教育政策研究发展迅速,并推动了教育政策学的建立,被认为是"未来教育研究的核心学科"。④

中等职业教育信息化政策来源于教育信息化政策的概念,"国家教育信息化政策是指一个国家在一定历史时期,为管理和发展教育信息化活动,为实现一定的目标而制定的方针、措施和行为准则。它反映出一个国家对教育信息化的重视程度,决定着教育信息化宏观管理的导向和规范,其动态性强,时效性短,涉及的内容又十分广泛"⑤。从这个概念出发,中等职业教育信息化政策就是在一定历史时期,为管理和发展中等职业教育的教育信息化活动,为实现一定的目标而制定的方针、措施和行为准则。

从目前有关教育信息化政策和中等职业教育信息化政策的研究来看,通过知网"教育信息化政策"的检索,目前只有71篇文献,职业教育信息化政策方面的文献只有2篇。目前对中等职业教育信息化政策研究得比较薄弱,大部分研究仍然集中在信息化政策、教育信息化政策等。(见表6-3)

表6-3 国内教育信息化政策关键词频次

序号	关键词	频次
1	教育信息化	38
2	教育信息化政策	18
3	政策	15
4	信息化	7
5	中国	3
6	信息化政策	3

---

① 涂端午,陈学飞.西方教育政策研究探析[J].清华大学教育研究,2006(5):49-54.
② 刘复兴.教育政策的价值分析[M].北京:教育科学出版社,2003:8-9.
③ 同②。
④ 袁振国.教育政策学[M].南京:江苏教育出版社,2001:6.
⑤ 宋莉.发达国家教育信息化政策的发展及其启示[J].内蒙古师范大学学报(教育科学版),2007(02):40-42.

续表

序号	关键词	频次
7	基础教育	3
8	基础教育信息化	3
9	政策分析	3
10	政策法规	3
11	教育政策	3
12	日本	3
13	ICT	2
14	信息化工作	2
15	国家教育技术计划	2
16	实践	2
17	对策	2
18	开放教育资源	2
19	战略	2
20	执行	2
21	政策环境	2
22	政策网络	2
23	教育信息化建设	2
24	数字教育资源	2
25	欧盟	2
26	职业教育	2
27	联合国教科文组织	2
28	韩国	2
29	领导力	2

一是关于地区或者国家相关政策的介绍。吴砥等从发达国家制定的教育信息化政策出发,从组织机构、发展路线、推进策略及评估机制等方面深入分析了发达国家教育信息化政策推进路径及其典型特征,并对其推进路径和策略进行介绍,在此基础上对中国的教育信息化政策提出了相关建议。[1] 王昭君,梁志华针对上海市"十五""十一五"教育发展规划以及2001—2009年市教委基础教育处每年度1号文件为对象,分析上海市在此阶段基础教育信息化政策的变化特点及其实践情况,并对上海市教育信息化发展提出了相关建议。[2]

二是对中外教育信息化政策的实施特点进行文本和政策分析。张国强等在

---

[1] 吴砥,余丽芹,李枞枞,等.发达国家教育信息化政策的推进路径及启示[J].电化教育研究,2017(09): 5-13.
[2] 王昭君,梁志华.上海市基础教育信息化政策及其实施情况浅析[J].中小学信息技术教育,2010(04): 63-65.

《改革开放四十年我国教育信息化政策特征与展望》中认为我国教育信息化政策实践具有鲜明的中国特色:以上位政策为导向,政策颁布和实施主体日趋多元化;以教育公平和教育质量为核心价值,结构多元;以行政推进作为主要手段,以工程项目为重要形式,采取"试点为先"的推进策略等,并对今后加大理论研究支持力度、完善统筹协调机制、构建教育信息化政策体系、加强激励性政策设计、建立多方助力的发展机制和加强政策的连续性和衔接性设计等方面提出了相关政策建议。张虹以我国基础教育信息化政策为研究对象,以政策环境、政策价值、政策主体、政策客体、政策内容为分析框架,从政策文本阐释的视角系统分析20年来我国基础教育信息化政策及其演进。研究认为,我国基础教育信息化的政策环境以全球信息化为根本特征,政策价值体现为促进公平与提高质量,政策主体由单一转向多元,政策客体兼具客体性与主体性,政策内容从"应用整合"走向"融合创新"。[①] 张玮等归纳了日本近七十年来教育信息化政策的变迁历程,通过对负责机构和主要国家级项目进行梳理,分析了日本教育信息化相关的国家级项目的特点和今后的发展趋势。在此基础上,文章归纳出日本教育信息化政策的特点及其给中国带来的启示。[②]

(二)中等职业教育信息化政策实施的关键领域及关键问题

在河南省教育厅网站上,以"中等职业"为关键词搜索,共获得中等职业的相关政策和通知等文件335条,时间跨度为2003—2019年,查找整理与信息化有关的相关文件政策,经过逐篇进行文本分析整理,共获得有效政策文件44篇,以此作为河南省中等职业教育教育信息化政策的主体。

仔细研读搜集到的每一篇政策文件,从每篇政策文件中提取出有实际意义的与信息化有关的词汇,凡是涉及信息化有关的词汇都作为关键词。在每一个文件中出现的关键词,无论出现次数多少,都统计为1次,44篇文件共获得与信息化有关的关键词278个,每篇政策文件的关键词平均为6.3个。对278个关键词进行统计分析,在所有政策文件的关键词中按照出现频率筛选出出现频次为3以上的关键词共24个(见表6-4),并将它们作为高频关键词和进一步的研究对象。

---

① 张虹.我国基础教育教育信息化政策二十年(1993—2013年)——以政策文本阐释为视角[J].电化教育研究,2013(08):28-33.
② 张玮,李哲,奥林泰一郎,贾若.日本教育信息化政策分析及其对中国的启示[J].现代教育技术,2017(03):5-12.

分别统计每两个高频关键词同时出现的次数(在同一篇政策文件中出现多次只按 1 次计算),编制成共词矩阵。借助相关统计软件,得到河南省中等职业教育信息化政策共词矩阵及社会网络图。

表6-4　河南省中等职业教育信息化政策关键词及频次

序号	关键词	频次
1	信息技术	8
2	信息化建设	7
3	多媒体教室	6
4	教学资源	5
5	教育技术	5
6	教育信息化	5
7	数字校园	5
8	信息化教学	5
9	计算机辅助教学	4
10	数据中心	4
11	网络建设	4
12	校园网	4
13	信息技术应用	4
14	信息资源	4
15	基础设施	3
16	计算机	3
17	教学课件	3
18	教育信息化建设	3
19	数字化校园	3
20	数字资源	3
21	信息化管理	3
22	信息化水平	3
23	信息化校园	3
24	信息化应用	3

从高频关键词出现的频次来看,信息技术高居关键词的首位,一共出现 8 次,这说明从 2003 年以来,有关信息技术的政策文件多次出现,凡是涉及到信息化的政策文件必然要谈到信息技术的应用问题,因此,信息技术成为政策文件中频次最高的词汇。

从其他高频关键词来看,涉及最多的关键词主要集中在信息化建设、多媒体教室、教学资源、教育技术、教育信息化、数字校园、信息化教学等,主要涉及信息化建设的问题最多,这也说明河南省政策推动更多的是基础设施建设,基础设施建设成为河南省中等职业教育信息化政策的核心要素。从关键词出现的整体来看,河南省信息化政策主要分为基础设施、技术应用、政策工具、资源、管理等几个要素,从这些要素所构成的社会网络图来看,其中信息化校园、数字校园、智慧校园等基础设施建设成为政策的核心要素,资源建设也可以看做是基础设施建设的重要组成部分。从技术应用来讲,主要集中在教学应用和管理应用,其中教学应用是政策关注的要点。从政策工具来讲,主要应用投入、规划、领导等工具,其他工具的应用较少,政策推动主要依靠行政力量来进行。从管理来讲,主要集中在校园内部管理,外部的评价和评估因素较少。(见表6-5)

表6-5 河南省中等职业教育信息化政策关键词分类

信息化政策				
基础设施	技术应用	政策工具	资源	管理
1.信息化校园(计算机建设、信息化建设)	1.教学应用(计算机辅助教学、信息技术应用、信息化教学、多媒体教学、网络教学、课程整合、远程教育)	1.信息化建设投入	1.教学资源(教学课件、数字资源、信息资源、数据中心、仿真实习实训资源)	信息化管理(电子化管理、网络管理)
2.数字化校园(数字化校园建设、数字通信系统)	2.管理应用(人事管理、财务管理、行政管理、资产管理、后勤管理、教务管理)	2.信息化建设规划		
3.智慧校园(仿真实训系统、网络学习空间、信息化终端)		3.信息化建设领导	2.图书馆资源	
			3.管理数据库	

点度中心度是社会网络分析中表征节点中心度的常用指标。它反映了节点在网络中的地位和作用。在共词网络中,点度中心度越大,表示某个关键词与网络中其他关键词共同出现的次数越多。点度中心度在本文中反映的是某个关键词与其他词是否共同出现在某篇文献中,它有可能是信息化政策关注的热点问题,从表6-6来看,数据中心、多媒体教室、数字校园高居前三位,这说明,这三个关键词是河南省中等职业教育信息化政策的热点。

表6-6 河南省中等职业教育信息化政策关键词中心度

关键词序号	1 Degree	2 NrmDegree	3 Share
27	99.000	39.919	0.040
4	77.000	31.048	0.031
33	71.000	28.629	0.029
44	69.000	27.823	0.028

续表

关键词序号	1 Degree	2 NrmDegree	3 Share
34	66.000	26.613	0.027
62	63.000	25.403	0.026
38	63.000	25.403	0.026
15	63.000	25.403	0.026
9	63.000	25.403	0.026
10	63.000	25.403	0.026
26	63.000	25.403	0.026
40	63.000	25.403	0.026
57	63.000	25.403	0.026
59	63.000	25.403	0.026
58	63.000	25.403	0.026
56	63.000	25.403	0.026
24	63.000	25.403	0.026
2	63.000	25.403	0.026
1	61.000	24.597	0.025
6	61.000	24.597	0.025
14	61.000	24.597	0.025
35	61.000	24.597	0.025
7	61.000	24.597	0.025
32	61.000	24.597	0.025
23	61.000	24.597	0.025
50	61.000	24.597	0.025
25	61.000	24.597	0.025
28	61.000	24.597	0.025

三、现实视角：河南省中等职业教育信息化发展状况与应对策略

2017年1月至6月，我们对167所河南省中等职业教育品牌示范学校和特色学校进行了调研，下面从河南省中等职业学校在基础设施、应用服务建设与应用、数字化资源建设与应用、师生队伍发展情况和保障机制等方面进行科学分析。

(一)河南省中等职业教育信息化发展状况

1.中等职业教育信息化基础设施建设情况

(1)校园网络情况

互联网接入方式：从地区分布(分为豫东、豫南、豫西、豫北和豫中5个地区，

下同)维度来看,各地区接入联通网的学校比例较高,其中豫北地区最高,达58%。接入移动网和电信网的学校比例次之。相对而言,各地区接入区域教育城域网、中国教育和科研计算机网(CERNET)的学校都比较少。并且,豫东、豫西、豫北还没有学校接入中国教育和科研计算机网(CERNET)。无线网络建设方式:从地区分布来看,在无线网络建设方式中,各地区学校自主建设的比例最多,其中豫北地区自主建设无线网络的学校比例最高,达63%。运营商建设的比例次之,联合建设的学校占比最少,其中豫北学校占比为11%。

无线网络覆盖情况:从地区分布维度来看,河南省各地区未统一部署无线网络的学校,除豫中地区以外都在20%~30%之间。无线网络覆盖公共区域的情况都不理想。有线网络覆盖情况:从地区分布维度来看,河南省各地区实现有线网络全覆盖的学校比例较低,仅豫南地区有超过半数的学校实现有线网络全覆盖。实现有线网络覆盖办学楼的学校比例较高,其中豫西地区的学校比例最高,达55%;有线网络覆盖教学楼的学校比例次之。各地区实现有线网络覆盖宿舍楼的学校比例较低,其中豫南地区没有学校在宿舍楼内部署有线网络。

(2)数据中心机房情况

从地区分布维度来看,各地区学校服务器数量基本为5台左右。服务器数量5台以下的学校占比最高的为豫东地区,高达92%。豫中地区和豫西地区的学校拥有的服务器数量超过10台,占比分别为25.81%和10%。服务器数量超过15台的学校在豫中地区,占比为6.45%。这说明河南省中等职业学校服务器数量的地区分布不均衡。

(3)信息化终端设备情况

终端设备建设状况。教师人均教学用信息化终端设备数:从地区分布维度来看,各地区学校教师人均教学用信息化终端设备数基本在2台左右,占比几乎都超过80%,仅豫中地区学校占比为70.97%。豫中和豫南地区少量学校教师人均教学用信息化终端设备数超过6台,占比分别为3.23%和2.94%。教师教学用信息化终端设备台式机占比:从地区分布维度来看,豫中、豫南、豫北3个地区的台式机所占信息化终端比例基本集中在0~25%和75%~100%。豫西地区台式机的占比在25%~75%的比例比较高;豫东地区各个区间段占比较为均衡。

终端设备应用状况。教师采用电子备课占比:从地区分布维度看,各个地区大部分(60%~90%)教师采用电子备课的学校占比最多。其中,豫北地区实现教师100%电子备课的学校比率最高,占25%;豫南地区大部分(60%~90%)教师采用电子备课的学校比率最高,占43%。豫中地区几乎没有(0~9%)教师采用电子备课的学校比率最高。

(4)多媒体教室、计算机教室情况

多媒体教室建设状况。总体来说,各地区学校中,平均约70%的学校多媒体教室总数集中在0~100间,约20%的学校为100~200间,仅豫南地区超过300间多媒体教室的学校占比约为6.25%。无论是从地区分布维度还是从在校生规模维度来看,总体来说,拥有多媒体教室的中等职业学校平均使用率普遍比较高,大都在75%以上。从地区分布来看,豫中地区学校使用率最高;从在校生规模来看,6001人以上的学校多媒体教室使用频率最高。调研显示,"幕布+计算机+投影"是主要的多媒体教室形态,豫南地区学校和规模在4001人以上的学校多使用该形态的多媒体教室,分别占64%和81%;其次是大屏幕液晶一体机;交互式电子白板作为较为先进的多媒体设备,有约24%的学校开始使用;相对而言,没有使用多媒体教室的学校占比较少,其中豫中和豫东地区的学校占比最多,但也仅为13%。总体来说,各地区学校多媒体教室形态多样,但是仍需加大以电子白板为代表的先进多媒体技术的普及力度。

录播教室建设状况。从地区分布维度来看,在录播教室建设情况方面,豫西地区建设情况最好,有录播教室的学校占比达61%;豫东地区建设情况最差,有录播教室的学校仅占26%。录播使用功能:从地区分布维度来看,在录播教室使用功能方面,豫北、豫中地区使用最多的是优质资源储备,分别占比达50%、45%;豫西地区使用最多的是教学质量评估,占比达50%;豫东地区在录播教室使用功能方面则最少。

计算机教室建设状况。无论是从地区分布维度还是在校生规模维度来看,各学校计算机教室间数基本上集中在0~10间内,其次是在10~30间内。计算机教室数在30~40间的学校仅豫东地区和豫北地区有少量。学生人数越少的学校,0~10间的计算机教室配置区间越多,学生人数越多的学校,10~30间计算机教室配置区间越多,6000人以上的学校配置20~30间计算机教室的比例最高。

(5)虚拟仿真实训系统情况

学校部署虚拟仿真实训系统套数从地区维度来看,各地区学校部署的虚拟仿真实训系统多在50套以内。豫中、豫南、豫北地区有少数学校部署的虚拟仿真实训系统在100套以上。学校虚拟仿真技术主要应用范畴从地区维度上看,在学校现有虚拟仿真技术应用范畴方面,更多应用在教师教学演示,其次是学生自学自练,其中豫北地区75%的学校应用在教师教学演示中,为各地区之最。各地区均有少量学校没有应用虚拟仿真技术,其中豫东学校占23%,最多。应用虚拟仿真实训系统的专业占全部专业的比例,从地区维度来看,各地区学校应用虚拟仿真实训系统的专业占全部专业的比例多在40%以下。在高于40%的学校中,豫中地区学校比例最高,豫东地区学校比例最低。

综上,河南省中等职业教育品牌示范学校和特色学校信息化基础设施建设主要存在两点问题:一是各学校的基础设施建设还有待完善。无论是网络设施、中心机房,还是教学应用设施(如信息化终端、多媒体教学设施、虚拟仿真实训系统)或是校园生活方面(如一卡通、安防、广播等),各学校的建设发展水平参差不齐,总体建设水平还不高。二是现有基础设施资源的不充分利用。资源重复建设,利用率较低,从而降低了硬件设施对学校软件平台的有力支持。

2.中等职业教育信息化数字化资源与应用情况

(1)校本数字资源库情况

数字资源库建设状况。河南超过一半以上的中等职业教育品牌示范学校和特色学校建有校本资源库,其中,豫南地区学校建有校本数字资源库比例最高,比例为86%,其次为豫中地区,比例为78%。建有校本数字资源库的学校中,不论从区域还是在校生规模分析,50%以上学校数字资源来源为"校本资源",占比最多,"国家公共教育资源"最少;按地域划分,数字资源来源最多的校本资源中,选择"校本资源"的学校百分比豫南地区占比最高,豫西地区最低,分别为83%和55%。从在校生规模角度看,6001人以上在校生规模的学校中有90%选择"校本资源",占比最高,9%选择"国家公共教育资源",占比最低。从区域来看,豫中、豫东、豫南、豫北选择"独立建设"模式的学校比例相当,均为55%左右,豫西地区占比最少,为22%。

数字资源库应用状况。从区域分布来看,数字资源涵盖并应用于实际教学的学科占比较为分散,11%的豫北地区学校选择"全部学科(100%)",50%占比最高的豫中地区学校选择"大部分学科(60%~90%)",豫东地区有3%的学校选择"几乎没有(0%)"。学校自主版权、可共享资源占比:从区域角度看,学校自主版权、可共享资源占比60%以上的地区中,豫南地区学校占比最高,为60%;有11%的豫西学校选择"几乎没有(0%)"。学校教师最常使用的数字教学资源中PPT课件占比最高,其次为专用学科教学软件和授课视频,使用慕课作为数字教学资源占比最低。

(2) 信息化教学系统情况

学校最常使用的信息化教学系统按照地区分布情况，豫中和豫西地区实现了信息化教学系统的全覆盖，学校教学资源管理平台的使用占比较高，其中豫南地区占比最高，达 70%，豫西地区占比最低，为 44%；此外，网络教学平台、虚拟仿真实训系统、教学资源制作系统和网络考试系统的使用占比依次降低。

学校哪些教学系统具有移动版本。按照地区分布情况，各学校网络教学平台系统移动版本普及率较高，其中豫西地区最高，占 38%，豫南、豫北次之；教学资源管理平台、虚拟仿真实训系统、实训教学管理系统移动版本的普及率较为平均，但网络教研系统悬殊较大，豫南地区该系统尚无移动版本。

(3) 网络空间情况

学校网络空间建设状况。一半以上地区学校开通了学校网络空间，豫东、豫南地区占比最高，均为 56%；豫西地区占比较低，为 38%。从学校规模来看，3001~4000 人在校生规模的学校中开通了学校网络空间的百分比为 84%，占比最高；1000 人以下在校生规模的学校占比最少，为 28%。开通学校网络空间的学校中，"学校网络空间功能"中，选择"教务管理""资源共享""学籍管理""教师管理"的学校百分比较高，其中选择"资源共享"的学校百分比最高，选择"学习生涯记"常用功能的学校百分比最低。

教师网络空间开通建设状况。豫中地区 40%学校中教师开通学习空间比例在 75%~100%之间；豫东地区 41.18%的学校中教师开通网络学习空间比例在 25%~50%之间；豫西地区 42.86%的学校中教师开通网络学习空间比例呈两极分化，集中在 25%以下与 75%以上。总体来看，豫西地区学校教师开通网络学习空间比例较高，豫东和豫北地区比例较低。

学生网络空间建设状况。学校"学生开通网络学习空间比例"集中在"0~25%"之间，其次为"75%~100%"，总体呈两极分化趋势。其中，豫西地区、豫中地区学校学生开通网络学习空间情况较好，在 75%~100%的区间内占比达 40%以上。

(4) 信息化教学情况

实验教学信息化状况。从地区维度来看，绝大多数学校近一年开展实验实训课程门数区间为"0~50"，其中豫东、豫西、豫南地区学校百分比分别为95.83%、90%、76.47%。豫中地区学校"利用网络在线技术支持学生开展校外实习的课程"大部分在"0~20%"的高达 80%。选择"20%~40%"课程占比的学校中，豫西地区百分比最高,为40%。

　　课堂教学信息化状况。从地区维度上看,各学校最近一年开设的课程总数大部分不超过100门,豫东地区91.67%的学校均在此区间,豫南、豫西、豫北3地区均在65%以上,豫中地区为50%左右。豫中地区还有3.45%的学校每年开设的课程达到300~400门。从地区维度上看,各学校最近一年开设的网络课程数基本不超过20门,此区间内,豫西地区所占比例最高,达到94.44%,其他地区也均在83%以上。少量学校最近一年开出20~80门网络课程,除了豫西地区以外,豫中、豫南地区均没有学校开设80~120门区间的课程。从地区维度上看,各个地区使用网络考试系统考试的课程数在0~10门之间的学校占比最多。其中,豫东地区使用网络考试系统考试的课程数在0~10门间的学校比率为90.91%,豫北地区在此区间的占比达84.38%,豫中地区占比达77.78%。从地区维度上看,各学校采用线上线下混合教学的课程数基本不超过50门,豫西地区所有学校均在此区间,豫中地区次之,达到96.15%,豫东、豫南、豫北3地均在90%以上。除豫西地区之外,其他4地区少量学校采用线上线下混合教学的课程数在50~100门之间。另外,豫东地区还有4.55%的学校采用线上线下混合教学的课程数达到75~100门。

　　教学信息化整体状况。教师最常使用信息化手段辅助教学的环节:从地区维度来看,每一地区都有教师不使用信息化手段辅助教学,其中豫西地区的比例最高,达22%,其次是豫中地区15%,豫南地区最低。各个地区教师使用信息化手段辅助教学多集中在备课和课堂教学两个环节,其次是教研、实验和考试环节,作业批改环节最少。总体而言,豫南地区的教师使用信息化手段辅助教学的情况较好。促进信息技术在教育教学中常态应用的举措:从地区维度来看,每个地区都有学校没有采取相应的措施,其中,豫中地区的比例最高,达23%;豫西地区的比例最低,为8%。豫中、豫东、豫西地区采取"将信息化教学能力纳入教师考评体系"这一措施的学校比例最高;豫南、豫北地区的学校多是采取"制定学校教师信息技术应用能力培训计划体系"这一措施。

　　通过以上调研情况分析可知,河南省中等职业教育品牌示范学校和特色学校在数字化资源与应用方面的建设现状如下:有超过一半的学校建有校本资源库,建设模式主要为学校自主建设,选择直接购买或成套资源模式的学校比例较小;在数字资源库应用方面,能应用于实际教学的学科资源较少,教师使用教学资源软件以传统的 PPT 课件为主,使用频率较低,大多为一周10次以内;在对教学系统的调查中,仅有豫中地区和豫西地区实现了系统全覆盖;在网络空间建设上,大部分地区已开通网络空间;在信息化教学方面,实验教学信息化和课堂教学信息化情况较为薄弱,通过在线技术支持学生开展校外实习的课程较少,同时,教师使用信息化手段辅助教学比较单一,多集中在备课和课堂教学两个环节。综上,河南省中等职业教育品牌示范学校和特色学校建设数字化资源与应用存在以下问题:一是资源建设模式较为单一;二是在资源质量上,大多数数字化教学资源为PPT,且多为本校教师自己制作,适合职业教育需要的微课视频、仿真系统数量却很少;三是在资源使用上,除部分教师上课时会使用PPT教学以外,对慕课等新的数字教学资源应用较少;四是信息技术与教育教学融合不够深入。

3.中等职业教育信息化应用服务情况

(1)一卡通建设情况

学校是否已开通一卡通。从在校学生维度上看,在校生规模在6001人以上的学校,81%已开通一卡通;在校生规模在3001~4000人的学校中,63%~75%已开通;在校生规模在1001~2000人之间的,66%的学校没有开通。从地区维度上看,豫东、豫西、豫中各地区学校在开通一卡通问题选择上,没有显著差异,基本维持在50%左右;豫南、豫北地区分别有45%和36%的学校开通了一卡通。

一卡通已经实现的功能。从地区维度上看,对于一卡通已实现的功能,各地区间有所差异,豫中地区有一半左右的学校一卡通已实现学生证(52%)、图书证(50%)、教职工证(47%)、餐卡(45%)、门禁卡(45%)的功能;豫西地区的学校已实现教职工证、医疗卡、上机卡功能皆达到50%;而豫北地区学校则相对偏弱,一卡通实现医疗卡、考勤卡、上机卡等功能仅占8%、11%、11%。

(2)统一管理平台建设情况

学校统一开通的信息发布平台。从地区维度上看,在学校统一开通的信息发布平台中,各学校门户网站和官方微信公众号使用较成熟,豫北地区有83%的学校已开通门户网站,63%开通官方微信公众号,其他地区开通以上两个平台的比例均达56%以上;官方微博的运营相对偏弱,豫南地区虽最高,但也只有27%,其他皆在20%上下;各地均仍有少量学校尚未开通统一的信息发布平台,豫东地区甚至占到20%之多。

实现统一身份认证的系统。从地区维度上看,在学校常用管理信息系统中,学生管理信息系统的统一身份认证率最高,其中豫东和豫西地区并列66%,其他地区均在50%上下;教学教务信息系统和办公自动化(OA)系统紧随其后;反观各地区财务信息系统、实训教学管理系统及合作企业管理系统统一身份认证率则明显偏低,尤其是豫西地区均没有实现统一身份认证;各地区办公自动化(OA)系统、教学资源管理系统的统一身份认证水平较为平均。

实现数据共享的系统。从地区维度上看,实现数据共享的系统各地区皆是学生管理信息系统占比最大,其次是教学资源管理系统,另外,大多数学校在合作企业管理系统和实习实践管理系统则几乎没有实现数据共享。结合前面的分析,这也和学校的合作企业管理系统建设比较薄弱相一致。

(3)校园管理系统建设情况

学校常用管理信息系统。从地区维度上看,学校在对常用管理信息系统的建设方面,豫东地区大多数学校更注重学生管理信息系统(63%)、教学资源管理系统(53%)、教学教务信息系统(56%)、财务信息系统(50%);豫南、豫中、豫北地区学校首要关注的是教学教务信息系统建设,占比分别达72%、54%、50%。整体上看,学校管理系统建设比较薄弱的是科研信息系统、校企共享信息系统及合作企业管理系统,比例不超过20%,有的甚至没有。

现有管理信息系统基础数据应用范畴。从地区维度上看,在学校现有管理信息系统基础数据应用范畴方面,更多的学校应用在部门或学校工作总结中,其次是部门绩效考核与学校规划制定方面,其中豫南地区59%的学校都应用在部门或学校工作总结中,为各地区之最。

通过上述分析可以看出,河南省中等职业教育品牌示范学校和特色学校在信息化应用服务方面的建设取得了良好成绩。校园一卡通覆盖面较大,功能较为齐全;统一管理平台和校园管理系统涵盖学校管理、教学、生活等方方面面,能为广大师生提供更加便捷的服务。但是,各校信息化应用服务还存在诸多短板,如区域之间、不同规模学校之间的差距较大,发展不平衡;各个信息服务系统(平台)的功能还有待进一步完善。

4.中等职业教育信息化师生能力发展状况

(1)教师信息技术应用能力状况

教师信息技术应用能力。按照地区分布情况来看,豫北地区教师的信息技术应用能力最强,60%以上的教师能够熟练运用计算机办公、教学的学校占比高达61%。豫南和豫中地区教师的信息技术应用能力较强,60%以上教师能够熟练运用计算机办公、教学的学校占比分别为59%和52%。相比而言,豫东、豫西地区的学校教师信息技术应用能力较弱。

教师信息技术培训情况。从地区维度来看,各地区学校普遍表示会为教职员工不定期提供信息技术知识与技能培训,豫南地区的学校比例最高,达70%。豫北地区有33%的学校表示会定期开展信息技术相关培训,在所有地区中比例最高。整体来看,河南省未来还亟需加强中等职业学校教师信息技术培训力度。另外,豫北地区有2%的学校表示正在考虑提供相关培训。按照地区分布情况来看,各地区学校普遍表示"进行了全员培训",其中豫北地区的学校比例最高,达69%。"对部分学科教师进行培训""只对信息技术相关学科教师进行了培训"和"还没进行相关培训"的学校比例总体呈递减趋势。没有学校表示"还没有进行过培训"。对学校信息化支持人员(运维人员)培训,大多数学校信息化支持人员(运维人员)培训次数主要在0~10次的范围内。从地区维度来看,各地区的学校培训次数多集中在0~10次范围内;仅豫东、豫南地区有少量学校的培训次数在20次以上。从地区维度来看,豫中、豫东、豫南地区参加专项培训的教师比例主要集中在0~25%范围内。豫西、豫北地区参加专项培训的教师比例在0~25%范围内的学校比例仅为50%,其他主要分布在25%~50%、50%~75%范围内。参加专项培训的教师比例在75%~100%范围内的各地区学校比例相差不大,最高的豫中地区与最低的豫西地区相差不到4%。从地区维度来看,各地区大部分学校的教师参加教育信息化专项培训(不含校本培训)的人均一年培训时间基本都在100小时内。少量豫东、豫南、豫北地区的学校培训时间达到100~200小时。少量豫中、豫东、豫北地区的学校培训时间达到200~300小时。少量豫北地区的学校培训时间达到300~400小时。教师信息化校本培训次数:从地区维度来看,豫中、豫东、豫南地区参加教师信息化校本培训的次数主要集中在5次以内。豫东地区参加教师信息化校本培训次数5次以内的学校比例为89.29%。只有豫东、豫北地区参加教师信息化校本培训次数在15~25次及以上。对最受学校教师欢迎的教育信息化培训内容来说,不论是从地区维度来看,还是从在校生规模来看,"课件制作技术"(豫南地区比例最高,为86%;1001~2000人的学校占比100%)、"网上资源下载与应用技能"(豫西地区比例最高,为77%;1001~2000人的学校占比93%)是两类最受教师欢迎的培训主题,信息化教学设计培训也颇受欢迎。"整合技术的学科教学法知识能力""现代教育技术理论"等培训内容吸引力较小。

(2)学生信息技术应用水平应用能力状况

学生信息技术应用能力。学生能否掌握常用信息终端及相关专业训练软件:从地区维度来看,各地区学校普遍认为学生能够掌握常用信息终端及相关专业训练软件,其中豫西、豫南地区学校对学生具备信息技术应用能力的信心度较高,非常同意和同意学生掌握常用信息终端及相关专业训练软件的学校比例分别为99%和93%;其他地区则相对较低。学生能否利用信息工具收集、评价和利用有效信息:从地区维度来看,豫南、豫西地区学校较为认可学生能够利用信息工具收集、评价和利用有效信息,比例分别为86%和77%。豫东地区学校在此方面对学生信心度相对偏低,该地区有13%的学校学生有此项能力。学生借助数字校园提供的技术手段进行创造性训练活动:从地区维度来看,各地区学校较为认同学生能够借助数字校园提供的技术手段进行创造性训练活动,"同意""非常同意"比例之和在70%以上,不过豫南地区学校"不同意"比例最高,为27%。

从以上数据可以看出,在教师信息技术应用能力方面,大部分教师能够熟练使用计算机技能进行办公、教学;大多数学校都会对全体教职工提供信息技术知识与技能培训,培训内容涵盖信息化教学设计、课件制作技术、信息技术基本操作、网上资源下载与应用技能、学科教学工具使用等方面。在学生信息技术应用水平、应用能力方面,大多数学校的学生都熟练掌握常用信息终端及相关专业训练软件,能够利用信息工具收集、评价和利用有效信息,能根据专业特点,借助数字校园提供的技术手段进行创造性训练活动。但是,随着信息化教学技术的快速发展,学校在师生信息技术应用能力提升方面还存在一些问题,如学校对提高教师的信息技术应用能力的重要性和必要性认识不足,针对师生的信息技术应用能力提升缺乏全面、系统的培训,学校现代教育技术工作的管理机制有待加强,等等。

5. 中等职业教育信息化保障机制情况

（1）信息化建设人员支持和制度情况

信息化人才队伍情况。学校主管信息化工作领导的职位级别:根据学校所属区域来看,各区域学校主管信息化工作的领导职位级别主要为副校级,占比均为60%以上,其中豫东地区占比达70%;其次是正校级,占比最高的是豫南地区,达29%。值得一提的是,豫中和豫北地区均有2%的学校没有主管信息化工作的领导。学校信息化支持人员情况:根据学校所属区域来看,各区域学校由信息技术专业教师兼顾信息化工作的占比达到80%,尤其是豫北地区占比达91%;各学校聘用专职人员负责信息化支持工作的占比达到30%以上,其中豫西地区占比最高,达44%;由其他教师兼任的学校占比较少,无人负责信息化工作的学校非常少,仅豫西地区学校占比为5%。学校信息化支持人员属于专职人员,从在校生规模来看,专职人员人数在3人以内比例最高的是规模在1001~2000人的学校,比例达68.97%;其次是规模在1000人以下的学校,比例达61.54%。专职人数在8~10人比例最高的是规模在3001~4000人的学校,达17.65%。其中,规模在6000人以上的学校,专职人员有2~4名,比例高达45.45%。学校信息化支持人员由信息技术专业教师兼任人数,有60%以上的学校不超过5人。从学校所属区域来看,由信息技术专业教师兼任人数在5人以内比例最高的是豫西地区,占比达80%,其次是豫北地区,占比达75.76%。兼任人数5~10人范围内比例最高的是豫东地区,占比达27.27%。豫南、豫西地区的学校信息化支持人员由信息技术专业教师兼任人数均在15人以下。

信息化规划制定状况。学校是否以文件形式明确信息化经费投入。以文件形式明确信息化经费投入的学校占比达50%。根据学校所属区域来看,以文件形式明确信息化经费投入比例最高的是豫南地区,占比59%,最低的是豫西地区,为38%。学校是否有信息化建设整体规划或顶层设计。80%左右的学校均有信息化建设整体规划或顶层设计。从学校所属区域来看,各区域有信息化建设整体规划或顶层设计的学校比例相差不大,最高的豫南地区(81%)与最低的豫中地区(76%)仅相差5%。顶层设计是否邀请校外专家论证。50%左右的学校进行信息化建设顶层设计时邀请校外专家论证。从学校所属区域来看,顶层设计邀请校外专家论证的学校比例最高的是豫东地区,达60%;最低的是豫西地区,比例为44%。在是否建议引入激励促进机制(如信息化专项建设奖项)方面,有75%以上的学校在信息化建设中建议引入激励促进机制。从学校所属区域来看,各区域之间建议引入激励促进机制的学校比例差别不大,最高的是豫北地区,为88%。

信息化建设难点分析。总体来看,各地区教育信息化方面问题较大,其中资金投入方面问题最为突出,其次是教学资源各地区普遍缺乏,相关知识能力方面也构成了一定威胁。从学校所属区域来看,豫北地区在资金投入、教学资源及相关知识能力方面缺乏情况综合占比最高,分别为88%、86%、72%,豫西地区在资金投入、教学资源及相关知识能力方面缺乏情况综合占比相对较低。其他地区各方面缺乏情况占比相当。

(2)信息化经费和资金情况

信息化建设硬件支出情况。总体来看,60%左右的学校信息化建设硬件支出金额不超过500万元。从学校所属区域来看,硬件支出金额不超过500万元的学校比例最高的是豫东地区,达100%;最低的是豫西地区,达66%。硬件支出金额超过500万元的学校比例最高的是豫西地区。网络建设与设备购置费用占比情况。从地区维度上看,大多数地区的学校网络建设与设备购置费用占比多集中在50%~75%区间,其中学校占比最多的地区是豫西地区,达到44%,其次是豫南与豫北地区;网络建设与设备购置费用占比在25%以下的则相对较少,其中豫中地区的在该区间占比最高,高达22%。

信息化建设软件支出情况。信息化建设软件支出情况中86%以上的学校软件支出金额低于500万,其中豫东和豫西地区学校百分比为100%,豫北最低。在校学生规模数据分析结果与区域分析结果一致,88%以上的不同规模学校软件支出金额低于500万。数字资源与平台开发费用占比:从地域维度分析,数字资源与平台开发费用占比在"0~10%"区间的学校最多,其中豫西地区学校百分比最高,最为突出,豫南地区次之,其他地区相差微乎其微。占比最高的在"60%~80%"区间,学校百分比由高到低依次为豫中、豫南、豫北地区。

信息化建设其他支出情况。从区域维度来看,培训费用占比主要集中在"0~10%""10%~20%"区间,主要为"0~10%"区间,其中豫中地区学校百分比最高,豫西地区百分比最低,分别为77.78%、33.33%。培训费用占比"30%~40%"区间内,豫南地区学校百分比最高,为6.25%,豫东地区次之,其他地区学校百分比为0。运行与维护费用占比集中在"0~10%"区间内,除豫西地区外,其他地区超过66%的学校选择此区间。豫西地区运行与维护费用占比主要集中在"10%~20%",学校占比为55.56%,其次为"0~10%""50%~60%"区间。

信息化建设总体支出情况。学校每年信息化经费主要集中在0~100万元,其次为100万~200万元。0~100万元区间内,豫西地区学校占比最高为62.5%,豫中地区学校百分比最低为34.17%。学校经费为300万~400万元区间内,豫中地区和豫西地区学校百分比较高,分别为14.29%、12.5%。信息化经费总计投入占学校同期教育总经费支出的比例:从地区维度来看,信息化经费总计投入占学校同期教育总经费支出的比例较低,主要集中区间为0~20%,学校百分比达55%以上,其中豫西地区占比最小,为55.56%。豫西地区信息化经费总计投入占学校同期教育总经费支出的比例为20%~40%的学校百分比为44.44%,在同等比例区间中占比最高。40%~60%比例区间内,豫东地区学校百分比最高,为15%,豫中和豫西地区均为0。

信息化建设资金预算分析。学校"十三五"期间教育信息化建设是否有资金预算:按照地区分布情况,河南省各地区"十三五"期间教育信息化建设有资金预算学校比例比较平均,且均高于75%并明显高于没有资金预算的学校比例。根据在校学生规模来看,规模为1001~2000人的学校及2001~3000人的学校没有资金预算的比例最高且相当,分别为23%和20%。"十三五"期间教育信息化资金来源:按照地区分布情况,总体来看河南省各地区"十三五"期间教育信息化资金来源自筹资金占比最大,地方财政拨款次之,省财政拨款占比最少。其中豫中和豫南自筹资金占比较大,均高达8%。从在校人数规模来看,10%规模为1000人以下,4001~6000人及6000以上人的学校自筹资金比例最高。

通过上述分析可知,河南省中等职业教育品牌示范学校和特色学校初步形成了信息化建设的保障机制。各地区各学校注重信息化建设,多数学校由校领导主管信息化建设;投入资金保障硬件、软件需求,保障基础能力建设;采取相关措施推进信息化人才队伍建设;多数学校还制定相关规划,推动信息化建设快速发展。但是,各地区、各学校的信息化建设保障机制还存在诸多问题,如地区发展不平衡、建设资金不足、人才匮乏、激励促进机制不完善等。

(二)河南省中等职业教育信息化发展的对策

1.中等职业教育信息化必须加强顶层规划

"十三五"的教育信息化工作毫无疑问要继续坚持促进信息技术与教育教学深度融合的核心理念和坚持应用驱动、机制创新的两个基本方针,夯实基础,加速推进"三通两平台"建设,要全面促进信息技术在教育各个领域的深入应用。因此,做好省中等职业教育信息化规划的顶层设计,应该重点关注以下几点:

(1)重点关注信息化规划的主体

中等职业教育信息化的发展要考虑职业教育的多元主体的利益。信息化规划的主体也不能只是教育主管部门的信息化分支机构,不但需要相关利益者(学校、行业、企业、政府等)的参与,更需要财政、科技等部门的支持。规划的内容必须取得相关部门的共识和支持,充分体现相关利益者的诉求和利益,制定出来的规划要有较强的系统性、适应性。

(2)充分考虑信息化规划的操作性

中等职业教育信息化规划要配套相应的项目,项目实施方案要具有可操作性。在规划制定后,后续要及时制定总体实施办法,或按领域、事务制定专门实施意见,明确规划目标的具体要求和操作路径。

(3)着重加强信息化规划的执行力

制定出一个好的规划仅仅只是前提条件,良好的执行力才是规划得以落实的生命力。为提高中等职业教育信息化规划的执行力,需要进一步完善河南省教育信息化评估和督导机制,将中等职业教育信息化纳入河南省教育现代化的重要评价指标,着重加强对中等职业教育信息化规划的评估和督导。

(4)将信息安全保障纳入规划重点内容

中等职业教育信息的快速发展,将使众多信息化应用成为教育系统(包括教育行政管理部门和中等职业学校)日常运行的重要支撑,但同时也会积累海量的重要数据。为了确保教育系统各项工作的正常有序开展,必须高度重视信息安全,切实维护中等职业教育数据安全,确保中等职业教育信息化可持续发展。

2.中等职业教育信息化必须完善基础设施建设

(1)开展中等职业学校数字化校园达标建设

以河南省中等职业教育品牌示范学校和特色学校为重点,加大对中等职业教育信息化建设的投入,根据教育部《职业院校数字校园建设规范》的要求,从信息化基础设施、应用服务、数字资源、数字校园组织机构与体系等方面开展达标建设,尤其是加强信息化基础设施的建设,尽快提升中等职业学校信息化建设的基础水平。针对目前河南省中等职业学校参差不齐的信息化建设水平,通过制订《河南省中等职业学校数字校园建设标准》,明确建设标准,提出建设要求。这不仅可以推动河南省中等职业教育信息化建设整体水准的提升,还可以引导各中等职业学校的数字化校园建设,提高建设效果。

(2)升级河南省中等职业学校网络基础设施

针对河南省中等职业学校的网络使用现状和千兆校园网的建设目标,进行学校校园网的总体规划与设计,并制定网络技术指标,如千兆带宽、千兆网卡等。根据技术指标,指导学校进行学校网络、数据中心机房、信息化终端设备如电脑等方面的建设、升级与完善。

(3)加大信息化实训仿真教学环境建设

针对河南省中等职业学校原有信息化教学环境不能满足教学改革需求的情况,通过政府支持、社会合作等途径进行信息化教学环境的升级改造。学校在原有资源的基础上,实现智能多媒体教室、录播教室、计算机教室等的升级改造;制定智能信息发布系统、实训仿真环境系统指标,要求学校加大信息化教学环境建设,提升信息化基础水平。

(4)全面提高信息化运营水平

河南省教育信息化建设的运维管理体系的建设目标是建立运维管理的组织机构,制定科学有序的规章制度和管理流程,实施统一的运行维护规范,应用运维管理工具搭建运维管理平台,保障河南省教育信息化建设的稳定运转。信息化运维管理的对象主要为基础设施和应用支撑环境,包括链路管理、机房及配线间管理、网络管理、服务器管理、应用系统软件运行环境管理、多媒体教室管理、多功能会议室管理、安监控管理、数字广播、数字电视台管理等,通过科学合理地开展运维管理服务,以保证数字校园真正为"人"所用,真正使"人"智慧化。但目前河南省中等职业学校的信息化运维管理服务人员不足、水平较低,难以满足信息化建设需要,亟需改善和提高运营水平。

3.中等职业教育信息化必须加强公共管理平台建设

教育管理公共服务平台是"三通两平台"的主要建设内容。该平台的实质是包含"学校管理系统"和"教育公共管理平台","学校管理系统"是学校内部管理的应用,也是"教育公共管理平台"的数据来源。两系统要遵循统一标准,进行统一开发,以实现系统相互兼容、数据共享共通。但目前覆盖河南省的"教育公共管理平台"尚未建立,"学校管理系统"也主要是由学校自主建设。

(1)加快开发河南省中等职业学校管理系统

由省教育厅根据各中等职业学校在招生、就业、教务、实训、教师、学生、行政、后勤、薪酬、绩效等方面的使用需求,制定统一的、适用于河南省中等职业学校的"河南省中等职业学校管理系统"技术标准、规范和要求。同时,面向社会进行公开招标,开发该软件系统。完成后政府免费配发给各中等职业学校,并进行相关培训,督促学校必须使用,实现各中等职业学校管理系统的标准化、规范化,也便于省、市、县各级教育行政部门随时了解各中等职业学校的实时数据。

(2)尽快开发河南省中等职业教育公共管理平台

在"河南中等职业学校管理系统"的基础上,尽快开发"河南省中等职业教育公共管理平台"软件。根据省、市、县各级教育部门不同的管理权限和需求,开发适合省、市、县三级的中等职业教育公共管理平台,使各级教育部门监测实时数据、发现问题,为领导提供决策依据。同时,在"河南省中等职业教育公共管理平台"配套建设"河南省中等职业学校质量管理监控平台",以常态数据为基础,进行多维度、多元化数据分析,实现快速、有效的质量反馈,推动学校整体教育教学管理质量水平提升。

4.中等职业教育信息化必须加强教学资源平台建设

(1)制定河南省中等职业教育公共教学资源建设规划

目前河南省中等职业教育的教学资源建设基本上是由学校自主进行建设,缺乏统筹规划,存在着建设成本高、效率低、重复建设等缺陷。因此,需对河南省中等职业教育的教学资源建设进行顶层设计,统筹规划,制定《河南省中等职业教育公共教学资源建设规划(2017—2020年)》,明确建设标准与目标任务。

(2)加快中等职业教育公共教学资源平台建设

目前,教学资源匮乏已经成为制约河南省中等职业教育教学质量水平提升的主要因素,而且由各学校以校为单位形成的教学资源难以共享共用,利用率比较低。因此,须尽快建设中等职业教育公共教学资源平台,提高教学资源质量,实现教学资源共享。同时,为了实现学校立体化教学,须开发建设教学空间,尤其是实训虚拟教学空间,为学生的学习提供完善的虚拟教学空间,拓展学校实训教学场所,丰富教学内容,提升中等职业教育的实践教学质量。

(3)重点建设中等职业教育省级专业课数字化教学资源库

鉴于目前河南省中等职业学校数字化教学资源自主开发能力较弱,在吸收职业教育发达地区建设经验的基础上,可采取"省级统筹开发"为主,"政府购买服务、院校自主研发、校企共建共用、校校共建共享、行业企业捐赠"为补充的多种途径和方式开展建设。省级统筹开发是河南省教育厅牵头,每年遴选3~5个重点专业通过组织相关行业企业的技术专家和能工巧匠、职业教育教学专家和骨干教师,重点投入,强力建设,开发骨干专业的数字化教学资源。争取通过3~5年的努力,基本形成覆盖河南省支柱产业相关专业的省级数字化教学资源库。同时,通过政府购买教学资源、鼓励支持中等职业学校自主或与行业企业联合、与其他学校联合开发课程教学资源成果、鼓励企业捐赠等方式,不断完善省级职业教育专业课教学资源。

(4)加强中等职业教育教学资源在教学中的应用与推广

河南省中等职业教育教学资源库存在利用率不高、与教学融合程度低、校内专业之间不平衡、校校资源共享度不高等缺陷。因此,需加强教学资源在教学中的应用与推广。①提升中等职业学校教师教学资源应用优化水平。省教育厅牵头,组织开展河南省中等职业学校骨干教师、"双师型"教师的信息化培训,发挥学校骨干教师、"双师型"教师的骨干带头作用,引领全体教师信息化素养的提升。②将中等职业学校教师教学资源利用率纳入教师绩效指标,作为学生评价标准。信息化素养指标一直没有纳入教学评价体系,也间接导致了各中等职业学校对教学资源应用的不重视。通过制定考核标准,将教师对教学资源的利用情况纳入考核指标,由政府教育行政部门推行,与教师绩效和学生成绩挂钩,可以较快地提高教师在教学中对教学资源的利用率,进一步提高教师对教学资源建设的积极性和能力,更进一步促使学校加快教学资源的建设。③加快开发中等职业教育在线教学平台,建设教学资源共享平台。河南省中等职业学校由于受基础设施建设水平低、教育观念落后、教学资源单一等因素限制,难以实现教学资源的在线利用和教学资源的社会共享。通过建设在线教学系统,实现教学资源的在线利用和社会共享,既提高了中等职业教育的教学资源建设成效,也可以服务于职业培训、社区教育、老年教育等非学历教育,促进"学习化社会"建设。④制定河南省中等职业教育教学资源应用大赛规范,组织开展教学资源应用比赛。由省教育厅牵头,制定河南省中等职业教育教学资源应用大赛规范,定期开展中等职业学校教师教学资源应用大赛,比赛中生成优质的教学资源,可以作为数字化教学资源保存至公共教学资源平台,方便其他教师和社会人员的观摩、学习、下载和使用。通过比赛,促进优质中等职业教育教学资源的开发与应用,也为优质教学资源的推广提供平台和途径。

5.中等职业教育信息化必须加强信息化培训

(1)开展教育行政部门人员培训

从河南省目前的情况看,加快中等职业学校的信息化建设需要教育行政部门积极推动,这就需要对教育行政部门的相关人员进行培训,增强他们对信息化效能的感性认识,树立他们推动信息化建设的信心和决心。

(2)开展学校管理者培训

在调研中发现许多中等职业学校的管理者对信息化应该是什么样没有直观概念,知道信息化建设对于学校发展十分重要,但对应该从哪里着手、怎样着手、达到什么样的目标等不清楚,以至于走了弯路,甚至对有限的财力、物力造成了浪费,这在一定程度上限制了中等职业学校管理者对信息化建设的意愿,更在整体上限制了中等职业教育信息化建设。

(3)开展中等职业学校教师培训

信息化建设的目的在于"用",而且信息化的发展日新月异,新的概念、新的方法、新的应用不断涌现,只有通过培训,不断更新教师的教育教学理念,才能使教师能够跟得上信息化建设的发展,才能提高教师应用信息化教学的能力、水平和意愿。

(4)开展中等职业学校学生信息化学习能力培养

中等职业学校的学生对于信息化教学的接受意愿较高,除学习形式新颖的因素吸引外,更重要的是信息化教学比较适合中等职业学校学生的身心发育和性格特点,能够较好地调动学生学习的积极性、主动性和深入性。但学生中普遍存在寻找、获取和筛选信息能力等方面的不足,而在中等职业学校开设的信息课程中,只讲授《计算机基础》及常用办公软件(如 OFFICE 或 WPS)的应用,其他方面涉及太少,影响了学生在信息化社会中多渠道获取知识、技能的能力,从学生将来职业发展的需要出发,中等职业学校需要加强学生的信息化学习能力。

6. 中等职业教育信息化必须加强大数据的开发与应用

在河南省"国家大数据综合试验区"项目建设过程中,职业教育的大数据建设是其内容之一。因此,加强河南省职业教育大数据建设,实现弯道超车,是河南省中等职业教育信息化建设的重大机遇。

(1)加强并加快中等职业教育大数据基础设施建设

适应大数据时代需求,实现绿色环保、高效率低成本的数据智能处理,应以省教育厅牵头,建设"省、市、县、校四级大数据中心"的基础环境,从数字通信、数据存储、安全性三个方面着手,进行各种基础设备的采购,如刀片式服务器、云存储设备,完善大数据基础环境建设。

(2)建设四级大数据统计分析中心

为了更好地实现中等职业教育与社会教育的密切契合,须对中等职业教育大数据进行汇集整合和关联分析。省教育厅牵头,通过引进研发,建设基于云计算的"省、市、县、校四级大数据统计分析系统",实现各级职业教育数据的整合与分析,为政府职业教育管理者及中等职业学校领导的决策提供依据,也为行业、企业等用人单位提供科学合理、较为精准的数据分析。

(3)加强中等职业教育大数据的应用开发

通过对中等职业学校专业设置、行业企业人才需求的预测预警、毕业生就业水平和质量等方面大数据的高效采集、有效整合、深化应用,提高中等职业教育服务在经济社会发展中的精准性和有效性。

(4)组建中等职业教育大数据科技人才梯队

通过引进社会各方技术人才、内聘精英、外聘专家及国内外培训等方式,组建大数据中心管理梯队及大数据统计分析精英梯队,为河南省中等职业教育大数据中心建设提供人才保障。

7.中等职业教育信息化必须加大经费投入

(1)制定完善的信息化财政资金投入政策

中等职业教育信息化是一项需要持续投入的事业,需要制定完善的政策确保资金的投入和支持。资金投入要向应用、服务、培训等方面倾斜,不但要确保硬件设施维护和更新的投入,还要增加购买信息化服务、开展信息化培训、定制开发应用的经费。因此,一方面通过政府财政资金的分配,合理配置中等职业教育信息化建设的资金数额及比例,并在其中明确基础设施建设资金的比例;另一方面,鼓励行业、企业、社会各界参与中等职业教育的信息化建设,拓宽学校自筹资金的渠道,为学校的信息化建设提供资金保障。

(2)建立经费投入保障机制

要推动各级政府充分整合现有中等职业教育经费渠道,优化经费支出结构,制定中等职业教育信息化建设和运行维护保障经费标准等政策措施,加大对信息化建设的倾斜,保障信息化发展需求,特别要加强对农村、偏远地区、贫困地区中等职业教育信息化的经费支持。同时,要鼓励多方投入,在明确财政资金在中等职业教育信息化经费投入中的主体作用的基础上,鼓励行业、企业和社会力量投资、参与中等职业教育信息化建设与服务,形成多渠道筹集中等职业教育信息化经费的投入保障机制。

(3)加强项目与资金管理

统筹安排中等职业教育信息化经费使用,根据各地区、各学校信息化发展阶段特征,及时调整经费支出重点,合理分配在硬件、软件、资源、应用、运行维护、培训等各环节的经费使用比例。加强项目管理和经费监管,规范项目建设。实施中等职业教育信息化建设经费投入绩效评估,提高经费使用效率效益。

8.中等职业教育信息化必须健全保障机制

(1)加强组织领导

一方面,加强中等职业教育信息化工作的组织领导。推动各级教育行政部门建立健全中等职业教育信息化管理职能部门。在中等职业学校中设立信息化主管,设立中等职业教育信息化管理与服务机构。全面加强中等职业教育信息化工作的统筹协调,明确职责,理顺关系。完善技术支持机构,推进相关机构的分工与整合。另一方面,明确推进中等职业教育信息化工作的责任。河南省教育厅负责统筹规划、部署,指导河南省职业教育信息化工作,统筹推进;各有关部门积极支持,密切协作,共同推动。地方各级教育行政部门和中等职业学校是中等职业教育信息化工作的责任主体和实施主体。

(2) 完善政策法规

一是制定和落实中等职业教育信息化优先发展政策。推动各级教育行政部门和中等职业学校制定优先发展中等职业教育信息化的配套政策、措施,协调中等职业学校、师生和相关教育机构在网络接入等方面的资费优惠政策。二是完善中等职业教育信息化相关法规。将中等职业教育信息化建设列为政府教育督导的内容,将教育技术能力纳入教师资格认证与考核体系,完善中等职业教育信息化相关部门的技术人员的编制管理与职称(职务)评聘办法。三是支持中等职业教育信息化产业发展。协调制定扶持中等职业教育信息化产业发展政策,鼓励企业参与中等职业教育信息化建设。以各种优惠、调控手段,培育中等职业教育信息化产业体系,形成良性竞争的中等职业教育信息化产业发展环境。

(3) 做好技术服务

一是加强中等职业教育信息化标准规范制定和应用推广。结合河南省中等职业教育信息化需求,开展信息化标准化基础科研,加快相关标准的制订、修订步伐,强化标准的宣传贯彻,推动标准化实施,确保数字教育资源、软硬件资源、教育管理信息资源等各方面内容的标准化和规范化。二是建立和完善中等职业教育信息化创新支撑体系。整合设立中等职业教育信息化研究基地,以多种方式设立中等职业教育信息化技术与装备研发、项目推广,支撑适应河南省省情的中等职业教育信息化技术自主创新、经济可行的特色装备研发与推广。三是完善中等职业教育信息安全保障。制定和实施河南省中等职业教育网络与信息安全建设管理规范,建立全方位安全保障体系,确保在教育管理、教学和服务等方面的信息系统安全。加强对网络有害行为的防范能力和对不良信息监管力度,防止暴力色情等有害信息对中等职业学校校园文化的侵害。四是完善中等职业教育信息化运行维护与技术支持服务体系。推进中等职业教育信息化运行维护技术服务机构建设,建立各级教育行政部门和各级各类学校的信息技术专业服务队伍。

(4) 以信息化研究指导中等职业教育教学信息化实践

研究支持体系是中等职业教育信息化可持续发展能力的重要组成部分。中等教育信息化的持续发展需要有一系列专门的研究机构从理论研究、技术研发、产品中试和产业化推广等方面提供长期、稳定、持续的支持,形成一个完整的中等职业教育信息化研究支持体系,才能为职业教育界和产业界搭起沟通的桥梁,为信息技术与学科教学的融合、信息化环境下的中等职业教育模式创新等提供足够的技术动力和理论支撑。因此,由一系列布局合理、机构独立、机制灵活、水平先进的研究中心组成的研究支持体系,是教育信息化可持续发展的重要保证。在研究支持体系方面,重点要加强五个方面的研究:一是开展中等职业教育信息化发展水平与战略研究;二是开展ICT[信息、通信和技术(指信息技术与通信技术相融合的技术领域)]在中等职业教育中有效应用策略的研究;三是开展中等职业教育信息化投入与产出机制的研究;四是研究、制定中等职业教育信息化建设指标体系,开展认证工作,正确引导中等职业教育信息化的发展方向;五是研究挖掘物联网技术、移动通信技术、云计算技术等前沿技术在中等职业教育教学中的应用。

9.中等职业教育信息化必须加快建设进程

鉴于河南省中等职业教育信息化建设水平现状,建议加快河南省中等职业教育信息化建设进程。

(1)提高中等职业教育管理效率和决策水平

利用"大数据"技术,挖掘中等职业教育的信息和数据,开展数据集成和分析服务,提高中等职业教育的管理效率和决策水平。一是促进中等职业学校校务实现全流程管理,面向师生员工提供一站式校务管理服务,提高服务水平和效率;二是整合各种分散应用系统,实现统一身份认证,建成学校公共数据库,打破因不同管理软件而形成的"信息孤岛",实现各类基础数据的共享和交换;三是支持网上协同办公,促进决策信息和反馈信息快速在决策层与执行者之间流动,实现扁平化管理,促进校务公开。

(2)推动河南省中等职业教育教学模式的变革

通过构建数字化学习空间,推动河南省中等职业教育教学模式的变革,提高技术技能人才培养质量。一方面支持中等职业学校教师面向校内开展信息化教学,提高教学质量,面向校外提供在线教学,服务企业培训和终身学习;另一方面,促进中等职业教育优质资源的交流与共享,支持教师利用信息技术开展教学,提高教学的效益和质量。

(3)提升中等职业学校校园公共服务和文化生活品质

搭建虚拟校园社区,提升中等职业学校校园文化生活品质,促进优秀文化的传承。一是支持中等职业学校学生组成网上社区,鼓励学生反思并分享不同的观点,倡导师生平等,创设开放、民主的文化环境;二是提供网络公共服务和正版软件服务,营造诚信和自律的文化氛围;三是汇聚互联网上的数字化图书馆、档案馆、博物馆、艺术馆等,发展中等职业学校师生的人文素养;四是引入数字化生活、医疗、娱乐、保安等服务,提升中等职业学校校园公共服务水平。

(4)提升中等职业学校教师教研科研与双师素质和能力

通过搭建中等职业教育在线协同工作平台,提升中等职业学校教师的教研科研与双师素质和能力。一是支持中等职业学校教师网络研修,提供在线培训,支持教师足不出校即可远程进修,开展终身学习,保证专业能力与双师素质的可持续发展;二是支持中等职业学校教师在线教研科研,提高研究效率,加快科技创新的步伐,提升中等职业学校自主创新的能力;三是构建中等职业教育在线协同机制,支持中等职业学校与企业、政府和其他院校开展协同创新,促进产、学、研一体化。

(5)推动中等职业学校教学服务对社会开放

建设中等职业学校数字化社会服务体系,推动中等职业学校对社会开放。一是支持中等职业教育与产业紧密结合,促进行业、企业参与中等职业学校的教育教学,或者中等职业学校开办特色专业,相互支持、相互促进,集人才培养、科学研究、技术服务于一体;二是支持中等职业学校特色的教育资源突破校园界限,服务更大范围的职业群体,促进本行业或本地区终身学习体系和学习型社会的形成;三是获取产业行业需求,促进中等职业教育人才培养和产业行业人才需求的顺畅对接;四是支持中等职业学校向社会开放,提升学校的社会影响力,促进中等职业教育优秀文化的社会传承。

参考文献:

[1]苏敬勤,李晓昂,许昕傲.基于内容分析法的国家和地方科技创新政策构成对比分析[J].科学学与科学技术管理,2012(06):15-21.

[2]中华人民共和国国家教育委员会.关于印发面向二十一世纪深化职业教育教学改革的原则意见的通知:教职[1998]1号[EB/OL].(1998-02-16)[2019-04-30].http://www.moe.gov.cn/srcsite/A07/moe_953/199802/16_8944.html.

[3]中华人民共和国教育部职业教育与成人教育司.关于进一步加强中等职业学校信息化建设的通知:教职成司[1999]6号[EB/OL].(1999-04-22)[2019-04-30].http://

www.moe.gov.cn/srcite/A07/s7055/199904/t19990422_165162.html.

[4]南国农.教育信息化建设的几个理论和实际问题(上)[J].电化教育研究,2002(11):3-6.

[5]徐建平.论信息社会中职生信息素养及其培养[D].福建师范大学,2003:17.

[6]熊娟.教育信息化对中职教师信息素养的挑战[A].咸阳:西北农林科技大学创新实验学院,2010.

[7]涂端午,陈学飞.西方教育政策研究探析[J].清华大学教育研究,2006(5):49-54.

[8]刘复兴.教育政策的价值分析[M].北京:教育科学出版社,2003:8-9.

[9]袁振国.教育政策学[M].南京:江苏教育出版社,2001:6.

[10]宋莉.发达国家教育信息化政策的发展及其启示[J].内蒙古师范大学学报(教育科学版),2007(02):40-42.

[11]吴砥,余丽芹,李枞枞,等.发达国家教育信息化政策的推进路径及启示[J].电化教育研究,2017,38(09):5-13.

[12]王昭君,梁志华.上海市基础教育信息化政策及其实施情况浅析[J].中小学信息技术教育,2010(04):63-65.

[13]张国强,薛一馨.改革开放四十年我国教育信息化政策特征与展望[J].电化教育研究,2018,39(08):39-43.

[14]张虹.我国基础教育教育信息化政策二十年(1993—2013年)——以政策文本阐释为视角[J].电化教育研究,2013(08):28-33.

[15]张玮,李哲,奥林泰一郎,贾若.日本教育信息化政策分析及其对中国的启示[J].现代教育技术,2017(03):5-12.

专题七

河南省中等职业学校布局调整及专业优化问题研究

河南大学　王为民　吕朝阳

本报告旨在对河南省中等职业教育结构布局及专业设置情况进行较为系统的调研与分析，发现当前结构调整过程中的成绩与经验，并对存在的问题进行总结与反思，为河南省中等职业教育发展以及政策制定提供建议。

一、河南省中等职业教育布局

河南省既是人口大省也是职业教育大省，中职学校招生占到全国招生数的20%左右。近年来河南省人民政府积极响应国家政策，陆续出台多项政策，推动中等职业学校布局调整。本研究主要分析目前河南省中等职业学校在布局调整与专业优化方面存在的问题，并提出相应政策建议。

（一）河南省中等职业教育基本情况

自2005年国家出台扶持中等职业教育政策之后，河南省中等职业学校数量逐年上升，于2009年达到顶峰，之后由于职业教育布局结构的调整而导致学校数量逐年下降，近几年学校数量趋于平稳。

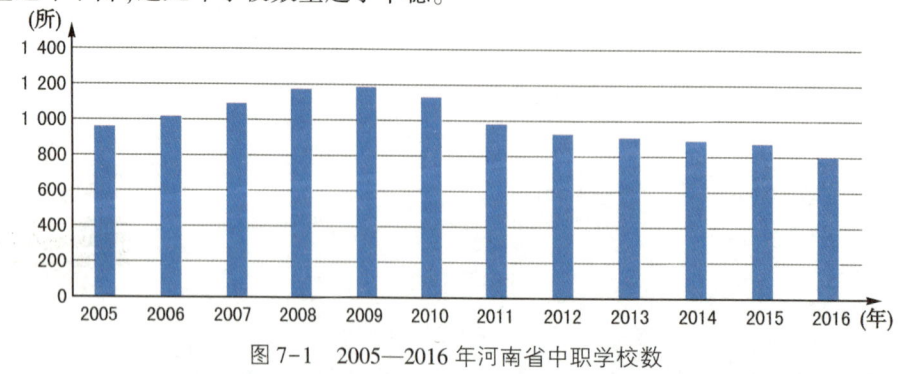

图7-1 2005—2016年河南省中职学校数

河南省各地市之间中等职业学校数量的差异反映出各地市中等职业学校资源分布的不均衡及配置资源的差异性。通过学校数量对比，可见资源分布与经济发展有一定关联，也应注重不发达地区中等职业学校的建设，促进就业。

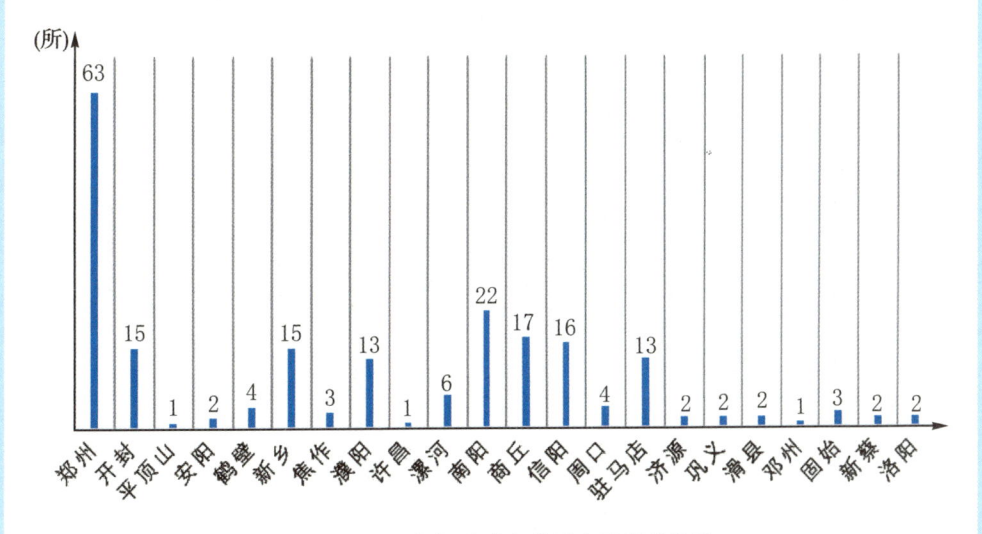

图 7-2　2018 年河南省各地区中职学校数量

招生数是反映中等职业教育吸引力的重要指标，既能体现中等职业教育的当前规模，又能反映社会对于中等职业教育发展的认可度和支持度，对职业教育的发展影响举足轻重。河南省的中等职业教育招生数从 2005 年之后开始上升，至 2009 年达到高峰，之后由于生源直线下降，2014—2016 年趋于平稳，2017 年招生数有所回升。

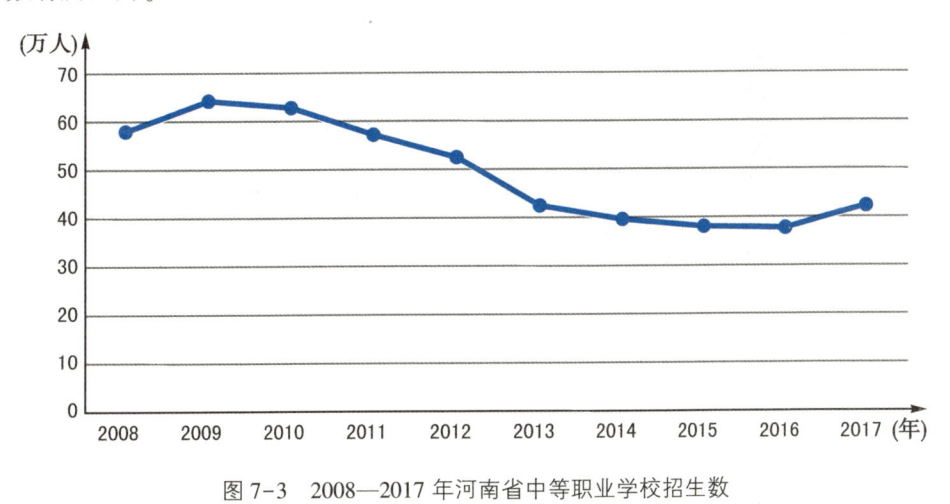

图 7-3　2008—2017 年河南省中等职业学校招生数

河南省中等职业教育的在校生数与招生数有一致的趋势，并受其影响。2005 年以后稳步上升，2010 年达到高峰，之后四年急速下降，2015 年之后趋于平缓。但是中等职业学校在校生数占高中阶段的比例较低，即使在 2010 年也没有达到高中阶段的一半，之后逐年下降，2016 年尚未达到高中阶段在校生的 40%。

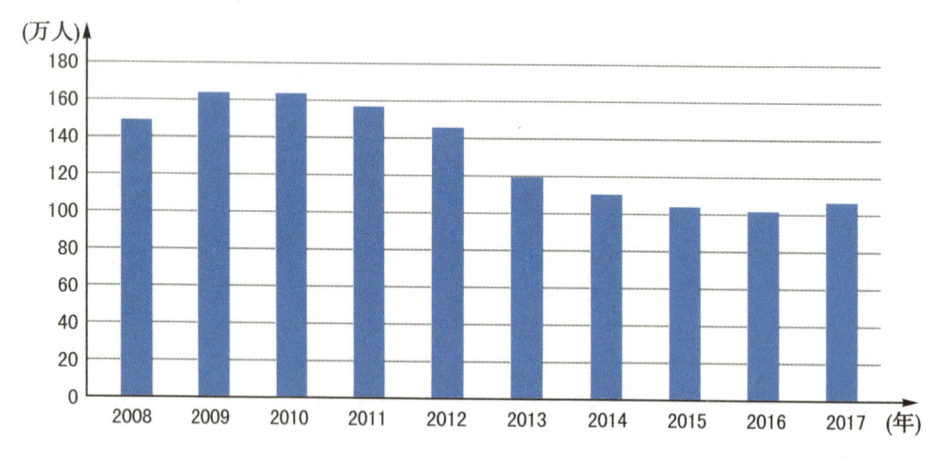

图 7-4　2008—2017 年河南省中等职业学校在校学生数

中等职业学校毕业生数与每年的招生人数呈现一致性，毕业生人数越来越少意味着不仅是其社会吸引力不足，而且会导致国家高素质技能型人才的短缺，相应的中职到高职继续学习的人数也会受到影响。

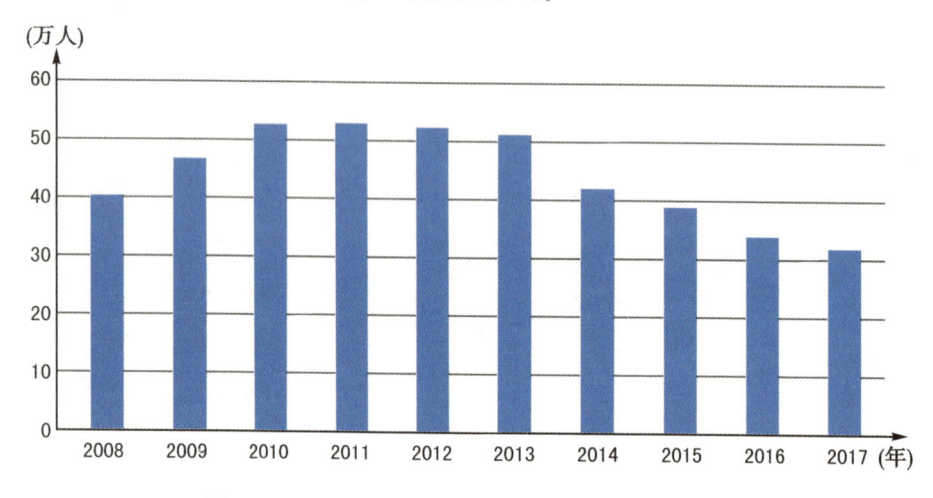

图 7-5　2008—2017 年河南省中等职业学校毕业生数

职业资格证书是技能型人才就业及未来发展必不可少的凭证，统计发现每年毕业生获得职业资格证书的人数呈现上升态势，2013 年达到顶点，之后逐年下降。

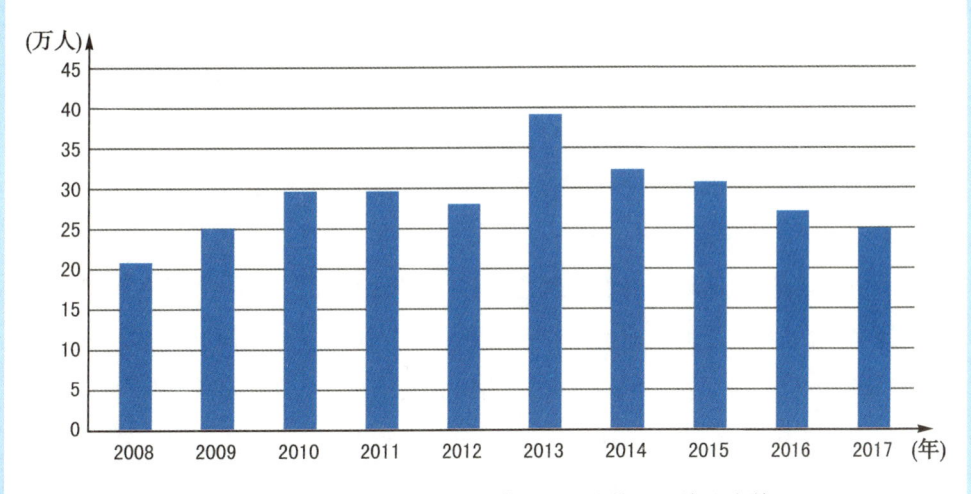

图 7-6　河南省中等职业学校获得职业资格证书毕业生数

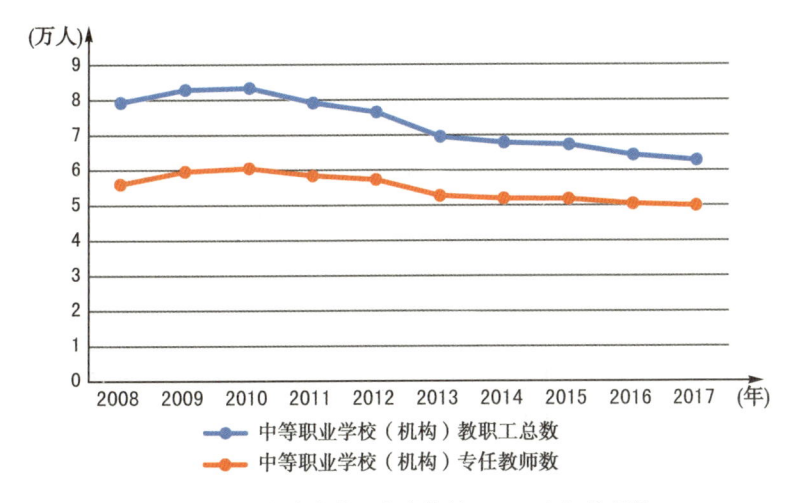

图 7-7　河南省中等职业学校教职工及专任教师数

师资是职业学校发展的核心资源,师资水平的高低直接影响学校的人才培养质量。中职专任教师是指具有教师资格、专门从事教学工作的人员,这些人员一是要具有中等教育教师资格证书,二是要在该统计的时段承担一定量的教学工作。专任教师是近几年职业学校建设的重点,但教师数量一直呈现下降趋势。

(二)河南省中等职业教育的政策变迁

2010年以来,河南省相关部门相继出台一些有关中等职业教育结构调整与资源整合的政策,逐步引导和促使中等职业教育从此前的外延式发展向内涵式发展过渡。

2010年1月4日河南省人民政府在关于《加快推进职业教育攻坚工作》(豫

政办〔2017〕100号）中指出，各级政府要按照"渠道不乱、性质不变、各出其力、各计其功、集约利用、提高效能"的原则，统筹教育、人力资源社会保障、农业、科技和扶贫等部门的职业教育资源和资金，优化配置，提高效益。

2011年1月14日河南省人民政府印发的《河南省中长期教育改革和发展规划纲要（2010—2020年）》中指出，为进一步适应经济发展方式转变和产业结构调整要求，应积极构建体现终身教育理念、以中等职业教育为主体、中职高职相互衔接、职前职后相互沟通的具有河南特色的职业教育体系。

2014年9月24日河南省人民政府为认真贯彻落实《国务院关于加快发展现代职业教育的决定》（国发〔2014〕19号），特别重视调整、优化职业教育布局和专业结构，要求到2020年，中等职业学校和高等职业院校（以下统称职业院校）调整到500所左右，重点建设10所示范性应用技术类型本科院校、100所品牌示范职业院校和200所特色职业院校，重点建设30个左右省级品牌示范专业（群）和50个左右省级特色专业（群）。

2015年12月22日河南省人民政府为认真贯彻落实《国务院关于加快发展现代职业教育的决定》（国发〔2014〕19号）和《河南省人民政府关于加快发展现代职业教育的意见》（豫政〔2014〕75号）精神，提出将中等职业教育资源整合、布局调整工作作为提高办学水平的重要抓手；整合并有效利用现有专业、师资、实训设备等职业教育资源，做大做强中等职业学校，实现职业教育资源使用效益最大化。资源整合、布局调整工作实行目标管理责任制；中等职业学校中规模小、质量低，生均财政拨款不足以维持正常运转支出的，应通过合并、撤销、转型为非学历教育培训机构等方式进行调整；每所省职业教育品牌示范学校和特色学校要集中力量重点建设3~5个品牌专业或特色专业，要布局1个以上与本地主体产业相适应的主干专业（群），国控专业设置要严格按照程序进行审批、备案。

2019年1月7日河南省教育厅公布《河南省优化中等职业学校布局结果名单》，启动规模和力度较大的优化中职学校布局工作，推动教育资源向优质学校集中，进一步提升中职学校办学质量，深化产教融合。

由上可见，十年来的政策导向与顶层设计促使我省中等职业教育结构发生了较大优化，不仅实现了中等职业教育资源的整合与调整，而且培育了一些品牌示范学校和特色专业，促进了中等职业教育的内涵提升。

二、河南省中等职业教育布局与专业设置的主要问题

（一）职教资源不均衡问题较为严重

1.校际资源不均衡

国家政策明确规定职业教育的经费渠道包括财政拨款、校办企业和社会服务收入、个人捐款以及学生学费、培训费和民间资本等。相关政策规定只是要求政府加大拨款力度，但没有确定具体职业教育经费的标准和数额，各级政府只能依照现有财力和职业学校运行现状酌情而定、量力而行，导致分配到各学校的资源不均等。再加上不同中等职业学校社会筹资渠道的效果不同，使各中等职业学校的资源差距进一步拉大。

同时，由于不同地区之间经济发展的不均衡，地方政府重视的程度不一，每所中等职业学校的基础设施建设水平存在一定差距，致使校际差距进一步拉大。

2.校内资源不均衡

中等职业学校校园占地面积普遍不达标，全省中职学校中校园占地超过200亩的屈指可数。学校规模小容易造成学生密集，专业规模小，系科设置不全，教学和实训场地不足，学生选择课程有限，培养的学生知识面狭窄。

紧跟市场需求而开设新兴专业也给学校教学增加了负担。由于各方面条件不够成熟，急于求成使得专业设置在现有教学资源无法满足需求的基础上盲目发展，经费缺失导致很多专业没有实训基地。

3.区域发展不均衡

当前中等职业教育资源的分布呈现向高层级、经济发达、资源便利地区集中的趋势，优质教育资源依照省会城市、地市城市、县（市）的格局递减分布。大量学生涌入优质资源集中地带，结果造成某些经济落后地区学校势单力薄的洼地效应，资源存量稀缺，前景堪忧。优质资源的集中和偏离导致资源整体分布失衡，地域差异显著，特别是对于资源稀缺地带的职业院校，已有资源不仅无法解决生存困境，还容易陷入资源（特别是教师资源）二次抽离的困境。

区域发展失衡的另一个方面是中国二元社会下的城乡发展不均衡，体现在河南省中等职业教育上，就是发达地区和不发达地区拥有职教资源的较大差距。比如单从数量上讲，如图7-2，河南省大部分地区都有至少三所职业院校，职业教育资源相对丰富，有些还是国家级示范性水平，但是平顶山、许昌、邓州等地区仅有

一所支撑危局,注册在校生也明显不足,职业教育资源与其他地区差异明显,虽然职教攻坚以来取得了一定成绩,但是距省内其他地区的职教建设成果仍有较大差距。

(二)资源分散难共享问题比较普遍

1. 职教园区时效缓慢

综观河南省各市的职业教育资源整合方式大多是规划职业教育园区,但目前完全建成的为数不多。有些工程延缓多年未能实施,而有些由于经费不足、协调困难、上级重视度骤减等原因已暂时搁置,原先计划已变更。另外,职教园区的资源整合需要另设管理机构统筹管理,对当前校长权利是一种削弱,加上教职工等的恋旧情结也导致有些学校拖延或拒绝入驻。职教园区建设一般分期进行,目前大部分地区已完成二期,但整合期间阻力重重。

职教园区的资源整合是数量与质量的双重优化,从老校搬迁到新校区,使成本大大增加。面临未知效益,从一开始垫付成本到最终获得成果补偿之间还有一个相当漫长的过程,甚至会很长时间没有产出,使相关利益者对其收益产生怀疑。

职业教育园区入驻后,资源共享力度不够。主要体现在:一是学校和学校之间的软硬件共享力度不大,形式上资源集中,实际上还是各自发展,甚至互相攀比,恶性竞争。二是中高职教育教育衔接不到位,地理位置的优势并没有给中职学生带来升学便利,毕业生数量还是在升学率5%的比例内徘徊挣扎。三是共享无法深入实质,尽管政府一再强调资源向其他学校开放,但条块分割的管理模式致使执行过程困难重重。另外学校和学校之间的课程内容、跨校选修、老师流动等制度体系还有待于进一步完善。

2. 资源利用效率低下

当前中等职业学校的资源利用效率随着招生的波动而波动,专业的忽冷忽热和生源的不稳定使有的专业无所适从。从整体上看,中等职业教育的整体资源是相对缺乏的,而在学校设置和专业设置过程中又出现严重同质化问题,中等职业学校的层次定位和利益归属决定了如果学校之间发展有雷同,就会产生各自为战的现象。区域和区域、学校和学校之间若达不成共识,只会加剧资源的结构性矛盾,更加突出重复建设和浪费的问题,使整体资源如学校经费、配套设施、图书资料等的短缺,以及已有资源的浪费,导致资源利用效率低下。

除重复建设与同质化发展之外,中等职业学校资源利用效率低下还体现在新专业开发和旧专业退出的资源没有被充分利用。随着学校规模的扩张,招生情况好的学校资源满足不了需求,招生情况差的学校由于生源不足造成资源闲置和浪费,在此情况下共建共享是提高资源利用效率的较好途径。但是,现实情况往往是差强人意,资源整合的横向联系趋于表层,不够深入,甚至互相保密、恶性竞争。

资源库的建设是职业教育资源整合的一项重要措施,但是目前的资源库缺乏实质性内容,内容简单堆叠,特色亮点不明。其主要表现为:一是没有以中职自身逻辑为基础,与市场联系少,资源适用性不强,不利于个性化发展,也无法满足教学的同步需求。二是资源库中的师师、师生互动平台尚未完全建立,教师得不到及时的教学反馈,学生的学习得不到有效指导。三是有些资源库仅供本校师生使用,一个区域内开设相同专业的学校各自建立自己的资源库,这种小而全的模式进一步加大了资源的浪费程度和资源的共享难度。四是资源库的建设在我国较晚,缺乏一定经验参考,而且怠于后期维护不足导致社会生产与学生需求相脱离。

3.校企合作实效不高

校企合作是职业学校与社会对接最重要、最根本的形式,也是实现资源共建共享的高效途径,校企合作旨在以互利共赢的方式携手为社会培养高素质应用型人才。目前河南省内的职教集团建设均有部分企业参与,多数中等职业院校与多个企业有合作,同步开展订单班,促进校企合作、工学结合。但在实际操作过程中,各地的形式往往大于实质,未能形成一个从宏观到微观、逐渐深入的完整体系。

目前大部分职业学校和企业、行业的合作仅停留在表面形式,无法深入实质。主要体现在:一是企业行业在参与职业院校人才培养的过程中只是提供一定的技术、设备和资金支持,较少同职业院校共同针对培养目标、培养过程、培养模式及课程设置等进行商议,缺少深度融合。二是教师进企业实习很少能接触到企业核心,合作模式往往是一校多企和一企多校,出于对企业利益和安全的考虑,再加上教师进企业实践的间歇性质,使得教师实际能力得不到较大提升。三是大多中等职业学校人才培养质量偏低,多数学生求学期间不思进取,专业基础知识和能力较弱。

中等职业学校校企合作的障碍主要体现在:一是企业一般用经济利益衡量投入产出,中等职业学校人才培养目标定位的一线技能型人才可替代性大,给企业带不来突破性成果和效益;二是年轻毕业生心性浮躁,跳槽频率大,造成企业的培养成本难以回收;三是社会对高学历的崇尚使企业容易把合作对象定位在高职高专和应用型本科,给中等职业学校的校企合作增加了挑战。

(三)生源问题愈发突出

1. 生源来源困境

生源是教育产出规模效益的保障,生源存量和预存量的不足直接影响到学校的生存。职业教育生源困境主要体现在两个方面:第一,计划生育国策使得适龄学生数量整体下降,使职业教育生源从源头上减少。第二,自普通高中扩招以来,家长和学生对于接受优质普通高中教育的需求普遍提升。传统文化观念、社会对高学历的崇尚和职业进入门槛拔高等进一步把中等职业教育生源推向谷底且稳定性差。中等职业学校生源的整体萎缩使得招生时出现很多"校长跪着求学生"的惨状。随着人民生活水平普遍改善,地区间资源分配不均,家长对学校环境与办学质量有较高要求,更倾向于把学生送入资源条件更好的学校,造成中等职业学校招生"陪跑"现象日益严重。

2. 生源平衡困境

除了有些实力强的学校招生局面火爆,中职生源整体陷入萎靡期,而有的学校招生异常困难,长年生源不足,甚至隔年招生。造成这一现象的原因有:经费投入不均衡导致学校资源实力和分布不甚均衡;管辖区行政部门对本地生源的保护和控制对其他地区在本地招生产生不利影响;民办职业学校和外地职业学校的有偿招生,助推了中等职业学校招生秩序混乱和恶性竞争,遏制了中等职业学校生源局势的良好发展。

3. 生源质量困境

制约中等职业教育健康发展的一个主要因素是职教生源质量的严重下降。生源持续萎缩使得很多学校为了扩大招生规模,忽视学生的其他素质,破坏招生市场秩序,使招生局面竞争激烈。只要学生愿意就读,初中没毕业就已经被纳入招生计划,甚至给老师分任务"出去拉学生"充业绩,使得招来的学生大部分综合素养较低。学生将原有的不良风气一并带入新的学校,给正常的教学和管理带来一定难度。

(四)师资建设欠缺规范与实效

1. 师资结构困境

师资队伍是中等职业学校教学水平的重要衡量指标,中等职业学校的教师一般分为文化基础教师、专业理论教师和专业实践教师。师资结构失衡可以分为文化课和专业课教师结构失衡、文科和理科教师结构失衡、理论课和实践课教师结构失衡,其中理论课和实践课教师结构失衡是当前中等职业学校存在的最普遍和最主要的问题。

首先,文化课和专业课教师结构失衡是指公共基础课的老师偏多,供大于求,冗员严重,专业课老师整体短缺,特别是对于新兴专业,学校不得不招聘大量兼职人员充实教师队伍。文科和理科教师结构失衡是指随着社会近几年形势发展,很多学校盲目开设投资小、见效快、市场需求量大的热门专业,这类专业一般不需要实训基地,只要有教室和教师就可以开班授课,如管理类、财会类文科专业。

理论课教师与实践课教师结构失衡,理论型老师富余而实践型老师紧缺是职业院校师资结构失衡的主体,大部分老师都是高校应届毕业生,缺乏实际工作经验,即使是一些在职老教师,也因长年教课而缺乏对专业实践的体验和了解。近几年国家政策强调中等职业院校的双师素质,倡导培养双师型教师,既可以教授理论课,又可以指导实践课,但在当前的中职教师队伍中,能满足以上要求者不多,很多教师只停留在双师证书层次,无法完全胜任理论和实践一体化教学。同时,由于学校和企业行业缺乏整体规划,使得教师进企业实践往往流于形式,很难涉及核心技术层面,企业的高级技师也因职业院校人事制度不通畅而难以进入实践教学岗位。

2. 新旧交替困境

新旧交替的"新"是指中等职业院校为适应市场发展、培养社会需要的人才,开设新兴专业,带动新一轮师资需求;"旧"是指职业院校因为专业改革而导致的师资剩余,尤其是因专业规模缩减或撤并而对新专业又无所适从的老师。新旧交替是专业设置紧跟市场发展的必然选择,但是交替过程需要新专业聘任大量专业对口的教师,富余教师因为编制问题而无法辞退,只能通过再培训促使其转型。相对于专业对口教师而言,这些"旧"老师缺乏系统的专业素养培养,教学效果亟待提升。一方面,具有丰富专业实践能力的技师无法进入职业学校任教;另一方面,在编教师因专业不对口无法胜任新兴专业,最终导致教师整体结构失衡。

3. 师资年龄结构困境

拥有兼具高水平专业知识与实践技能双向发展的师资是每个中等职业院校极度渴求的,尤其是师资结构中的青年力量,是一个中等职业院校内涵发展的主力军。而当下普遍存在的困境在于师资年龄结构呈现"倒金字塔"型,很多中等职业学校经常是几年才能通过招教考试入编 1~3 名,很难满足学校发展对于优秀青年教师的需求。

(五)专业设置及特色建设不足

中等职业院校通常以其独有特色发展为优势,资源整合前的每个学校都有特色定位,都有意识打造自己的品牌。特色是中等职业学校发展的亮点,没有特色专业,就难以找到学校的发展之路。整合后的部分中等职业学校由于基数增大或小特色分散,导致原有特色不明显,新特色不够凸显,一些新校管理方和主办方的过度功利化视野、互不协调的经营理念导致对新校的发展既缺乏宏观的整体把握,又缺乏微观的具体研究,执行力度不到位,严重制约了中等职业学校的特色品牌建设和内涵发展。

1.专业设置滞后

职业教育的性质使得中等职业学校需要大量跟进市场与产业发展。但由于科学技术的更新换代不断加快,市场需求瞬息万变,专业设置面临及时变更或停滞不前的双向压力,前者需要消耗大量设备、器材,使硬件的无限需求和财政的有限拨款形成必然性矛盾。同时还连带各种无形资源的消耗,一方面由于经费紧张而造成资源不足,另一方面又面临淘汰的闲置资源太多。而选择后者则意味着落后的实习实训设备和跟随市场更新需求的矛盾愈发深远,迟早会被社会淘汰。

适销对路的人才是中等职业学校人才培养的主要方向,社会各行各业都急需高素质技术型人才,但目前的社会现状是很多企业找不到合适的人才,很多在职员工又找不到接受职业继续教育或职业培训的途径,中等职业教育的毕业生苦于找不到理想的工作,这不得不引起中等职业教育对人才培养方式的反思。瞬息万变的市场让中等职业教育所设置的专业存在一定滞后性,市场敏锐度的缺乏进一步促使学校开设的部分专业与产业需求不能高度契合,难以满足社会对于高技能人才的需求,有效需求与供给不足,结构性矛盾突出。而且很多学校的专业设置只考虑眼前的经济形势,前瞻性不足,导致一些当时需求量大但是过后饱和快的专业无法及时调整或疏散。

2.专业教学滞后

中等职业学校毕业生就业不容乐观的现实直接反映出其人才培养的弊端,而人才培养的核心就是专业教学。首先,理论与实践的脱节导致了教学理念陈旧、教学内容过时、教学设备落后、特色不够鲜明,随着专业知识淘汰周期越来越短,学到的很多技术在毕业时已近淘汰。其次，目前中等职业教育仍然延续计划体制下的模式，虽然强调校企合作，但只限于表层，并未深入实质。最后，大部分学校的实训基地建设严重滞后，设备更新不及时，折旧率高，致使学生的专业实践能力培养水平不高，难以达到或胜任职业岗位的要求和标准。

3. 专业教材滞后

中等职业学校专业教材开发仍相对滞后，学生接纳程度低，更新速度慢、社会认可度低等问题。对此，根据河南省产业发展的实际需要，结合地区经济社会发展的特点，汇聚各个区域的优质力量开发新的专业教材，探索与产业发展紧密结合的专业教材，会在很大程度上更新中等职业教育理念，把相应的现代化技术手段融入其中，建立符合学习与实践的专业教材体系，逐步建立河南省中等职业学校专业教材持续的更新发展。

4. 专业结构滞后

目前中等职业学校部分专业已经不能适应变化后的产业结构和区域经济发展对人才培养的需要，这些已经成为中等职业学校普遍存在的专业结构问题，特别是不能适应一些新兴产业发展的要求，因此必须通过专业结构布局调整来适应新时代社会发展的需求。

三、河南省中等职业教育资源整合问题的破解原则与策略

鉴于我省中等职业教育资源整合中存在的主要问题，本研究根据相关理论，借鉴国内外经验，结合本省情况，提出破解上述问题的原则与策略。

（一）树立规模效益与公平正义兼顾的整合理念

1. 适当调控资源整合规模

时代发展必然促使广大人民选择接受更优质的教育，而优质教育的基础在于通过最优布局实现资源的最优配置，实现优质资源利用效率最大化。实践证明，凡是真正实现资源集聚、合并和优化配置的学校，内外部条件和整体结构都得到了优化，产生整体大于部分之和的效果。

（1）学校规模：保持 2000~3000 人，维持发展的相对优势

中等职业学校的学校规模整合是把低质量中等职业学校进行转、关、并、停或者托管等举措，使资源产生聚合效应，挖掘资源潜力，发挥最大价值。各中等职业

院校的学校整合可以有三种实施途径：一是共建，即打破原有条块分割的界限。二是联合办学，在合作中实行资源共享，优势互补。三是合并，把规模小、科类单一、重复设置的学校合并或并入实力强、条件好、设施齐全、规模大的学校。也可以采取总校与分校制，把低质量、低水平建设但能达标的学校设立成为分校，由总校统一管理。

中等职业学校规模包括占地面积、院系数、专业数以及学生数，规模过大或过小都不利于资源整合。规模过小虽有利于提高教育观照度，但无法满足多层次教学，多样化课程；规模过大虽设施齐全、课程丰富，有利于学生多视角的眼界和思维，但易滋生冗员、管理混乱、校内差距、安全等问题。以经济学视角来看，成本与学校规模呈U型关系，适当的学校规模是教育效用、经济效用和社会效用三者的合力。以社会学视角来看，小规模学校更容易建立师生之间的和谐关系，有利于不同文化与经济地位的学生之间相互融合。

研究表明，2000~3000人规模的学校具有相对优势，而3000人以上的学校大部分声誉好、质量高、学生多，负载承受压力也大，学生在课程上难以获得充分的教育，教育关注度低，影响学生的综合与全面提升。

(2)专业规模：院系开设3~4个专业，各专业建立2~3个班

职业教育因为市场专业错综复杂，所以在资源整合时需要运用专业思维，很多时候一个强大的专业就相当于一所小学校，一个专业负责人就相当于一个分校校长，所以具有专业思维的资源整合行动是提高教育教学质量的切实举措。中等职业教育应该突出专业规模，而不能像普通高中那样单纯强调整体办学规模，通过提升专业质量来提升整体质量，避免出现学校用整体规模掩盖专业规模的问题，只有当院系和专业规模达到一定的水平时，资源配置才会更加完善合理。

经济水平是职业教育发展的基础，社会产业结构决定职业教育的结构和人才培养模型，市场需求量决定职业教育专业设置及培养规模，系和专业规模对整合学校的资源，提升使用效率产生重要影响。如果学校达到了一定的规模，但其内部结构不合理，比如拥有很多规模过小的专业和院系，那么其资源使用效率仍然可能徘徊在低层次范畴。所以在规模资源整合过程中，还需要考虑在扩展学校规模的同时能否兼顾院系和专业的规模发展，系和专业规模的扩大有利于降低办学成本，提高办学效益，集中专业资源，发挥专业资源的聚集效应。如若不然，则会陷入盲目扩张的片面发展误区，导致办学效益整体低下。

研究表明，院系和专业规模变动对成本变动的影响幅度无一例外要大于学校

规模变动对成本变动幅度的影响,专业规模和系规模在很多情况下比学校规模更能揭示资源整合的效益。中等职业学校的院系规模以 3~4 个相近专业为宜,专业规模应控制在 2~3 个班级。

(3)班级规模:提倡小班化教学,各班人数控制在 25~45 人

班级规模是一个特定专业班级的学生人数,影响到教育观照度、教学效率、课堂管理等。职业教育发达国家的班级规模大都是 20~30 人,因为正常人的认知广度为"7±2",当注意对象超过 9 人之后,便难以对认知对象有精准、明晰的把握,这个特点要求在资源整合过程中需要考虑教育观照度,避免规模过大。如果班级规模缩小一半,那么每个学生受到个别指导的可能性就增加 1 倍,课堂座位可以被排列成 T 型、V 型、马蹄型等,有利于活跃课堂气氛,提高课题讨论效率。相比之下,小班级规模符合教育的本质规律,符合现代教育思想要求,而大班级适应的是大工业背景之下培养劳动工人的需求。

从 20 世纪 90 年代后,西方关于班级规模的五十多项研究表明,班级规模的适当缩减有利于教育公平,融洽师生关系,提高教学质量,但班级规模本身不对教学发生直接作用,其关键在于教师的教学态度和方法,会在互动时间接影响学生的学习行为。虽然缩小班级规模有利于教育观照度的提升,但也不是班级规模越小越好,职业教育应该提倡小班化教学,但小班化教学所需要的教师多、设备多、工位多。中国职业教育需要在结合自身国情的基础上,适当借鉴小班化的经验,在自身承受能力之下适当缩减班级规模,深化教育教学改革。

班级实证研究的"格拉斯—史密斯曲线"变化趋势显示,教学效率随着班级规模人数的增加而下降,所以中等职业教育的班级规模宜在 25~45 人之间,如果超过 50 人,应拆分成两个班级。

2.全面提升资源整合效益

资源整合并非把简单的资源相互叠加,也不是单纯寻求最优空间分布,因为最优价值才是最佳选择。资源合并是一个包含各种利益和层次的复杂动态过程,其进展的广度、深度和速度主要取决于各方利益是否能达成一致,从整合效益的角度来考虑,原有的学校在整合后会有多方变化,比如原先优质资源在合并之后被稀释,特色容易丧失,负担较之先前过于沉重。

(1)规模效益:实现规模集聚和产出效益

影响规模效益的因素有很多,比如经济发展状况、区域人口数、国家政策,学校承载能力及就业市场需求等,中等职业学校资源整合之后的规模效益主要体现

在统筹订购图书期刊、统筹建设实训基地、统筹规划专业培养和统筹师资流动等问题。规模效益需要资源整合者根据社会需求、学校培育能力、专业发展动态进行测算和调整资源结构，而不能为了单纯地完成指标而盲目撤裁。从长远来看，规模扩展只有在一定区间之内才能显示出其特定效益。

育人是教育的基本功能与旨归，新世纪的教育不仅要教授学生生存技能，还要让学生学会共享、学会关心、学会创造和学会发展，所以中等职业学校在资源整合中切不可单纯只受外部经济利益驱动，其规模效益还要体现在能提供高质量的服务，为社会培养高素质的技术技能型人才。中等职业学校应充分利用整合后的各种资源，比如轮流使用教室、实训基地、图书馆、操场等，提升资源的使用效率，同时，还要加快职业院校同行业企业、社会培训机构、继续教育学校等相似资源的整合，建立各类资源的衔接和共享平台，及时掌握市场发展动态，实现规模集聚与产出效益。

（2）成本效益：全面提升资源的使用效率

中等职业学校资源整合的成本控制有两个途径：一是"开源"，二是"节流"。开源即开设多个筹资渠道，扩大资金来源广度，鼓励各行各业投资并参与到中等职业教育人才培养中来。节流是开发当前资源的使用潜力，提高资金的使用效率，解决长期以来我国中等职业教育资源整体短缺、局部浪费的问题。资源整合的成本效益需要统合以上两种方式，根据社会和市场发展形势，及时调整各项支出结构，一方面广泛开设多元社会集资路径，达到提高财政绩效的要求；另一方面把撤并后的闲置或废弃校区进行置换，并将其获得的收益全部用于新项目建设，通过各种手段充分挖掘现有资源的潜力，提高资源利用效率，提高成本效益。

中等职业教育资源整合的成本包括因使用现代化设施而导致的学校设备费用增加而增加的成本，因新建教学用地等基础设施而增加的成本，因维护正常学习生活秩序而增加的管理成本，因人员工资、奖金、福利等增加而提高的人力资源成本。因此，可以适当鼓励学校之间的质量竞争，在专项上增加质量倾斜项目，对改革到位的学校资金鼓励，对科研和社会服务成果显著的学校以合同方式增加拨款，提高教育经费的使用效率。

可见，规模效益的衡量需要全面考量人、财、物资源的使用效率，在一定范围内，学校规模的扩大可以带来人、财、物资源的节约，提高学校资源的使用效率。但成本和规模之间并非单纯的直线关系，当规模增长到一定程度时，生均经费上升、管理成本上升、宿舍和餐厅的建设成本也相应提升,所以规模的最优效益需要全方位预测,应在充分考虑所有相关利益主体成本的基础上,避免因成本转嫁或个人受教育成本提高而影响学生的入学意愿,使中等职业教育的办学过程都能实现损失最小,成本最小,而效益最好。

(3)边际效益:提升增长与趋势的边际效益

从经济学角度看,边际效益是市场主体为追求最大利润而多次扩大生产,每一次投资所产生的效益与上一次投资产生的效益之间存在一个差额,这个差额就是边际效益。中等职业教育资源整合的边际效益一共有两种:第一种是增长趋势的边际效益,即达到了整合效果;第二种是递减趋势的边际效益,即资源整合随着时间进程发展而效益逐步降低,最后变为负值,实现效益最大化的旨归。

在资源整合初期需要统一调配各种相关资源,中等职业学校可以联合行业企业、社会机构、培训中心,通过市场机制进行资源重组,同时面向校外在职员工、下岗工人、退转军人等开设高质量的技能提升与特色培训,充分利用学校双休日和节假日的空当,开展短期职业培训,通过校内校外利益共担、资源共享等,共同致力于解决生源不足、技术设备落后、双师型教师缺乏等问题,促使边际效益递增。

3.兼顾统筹资源整合与教育公平

地方教育行政部门需要对区域内的中等职业教育资源进行充分考量,综合人口变动趋势、学生上学距离、学校专业设置等因素,根据不同学校实际情况、特点及发展需求,对不同学校进行合理配置。

(1)教育机会公平:上学单程时间控制在45分钟内

教育机会公平旨在使每一个适龄学生都有受教育的机会,学校的规模调整应以不使学生失学为底线,以不牺牲任何群体的利益为前提,使中等职业学校规模与服务半径相协调。有些学校既不能撤又不能并,比如在经济特别落后的贫困地区,学校是当地居民文化学习的重要渠道,是当地文化和文明的窗口,可以充分利用这些学校的教育平台优势,开展农业、养殖业、加工制造业等相关专业培训,避免与城镇学校同质化。因此,适当保留偏远地区的中等职业学校教学点,有助于保证均等地接受中等职业教育的机会。

中等职业教育机会公平的另一个衡量指标是在时间上的服务半径,即学生上学的交通时间。研究表明,交通时间对学业成绩、学生健康的影响吻合,呈"S"型曲线变化规律,中学阶段合理的单程时间控制在45分钟以内为宜,避免因距离太远而影响学生的入学意愿。

(2)资源投入公平:保证弱势群体受教育资源均等

教育过程公平是教育公平的重要内容,主要是保证在学生受教育过程中,享受的公共教育资源投入均等,核心是保证弱势群体的受教育资源均等。中等职业教育资源整合应考虑积极的差别对待策略,对不同背景和条件的个人或组织实行不同待遇,利用差别补偿性原则,给处境不利的学生和学校补偿待遇,使其具有基本的学习或办学条件。积极的差别对待策略需要对弱势群体投入更多的教育资源,保障弱势学校或学生与其他学校或学生的教育成就达到接近的程度。通过这种过程性的公平,利用差别补偿的方法,有助于扶助一些弱势的中等职业学校和学生,促进中等职业教育的公平。

(二)树立资源整合的适当聚集与错位发展观

中等职业教育需要整合的资源包括有形资源和无形资源,资源整合的适当集聚是对资源进行整体汇聚优化和再配置,再对优质资源进行合并升级和高效利用,各种资源相互协同与促进,相互激励与开发。中等职业教育资源整合的集聚宜以区域经济发展定位与特点为指导,以错位发展为抓手,以资源最优配置为目的,统筹区域经济、产业与学校、专业协调发展。

1.区域错位发展:形成优势产业错位发展和无缝接连效应

要实现区域的错位发展,首先需要以区域经济发展为基础,了解不同地区的产业链发展情况,统筹规划各地区的产业群布局,形成特色规模,形成优势产业错位发展和无缝接连效应。其次需要以产业群为导向,结合本地域支柱和特色产业以及各职业学校优劣势,跟进市场最新需求调整专业设置,根据各区域的产业发展方向构建具有地域特色的中等职业教育专业体系。

区域的错位发展观主要体现在省内各城市的错位发展,就是要站在全局的高度,对全省职业教育资源进行分类管理。中等职业学校应根据其所在区域中的主体功能定位,形成自己的办学特色,发挥区域错位优势。错位发展的各区域可以结合内外特色与省外甚至是国外职业院校联合发展;也可以区域为平台,探索省内外中职、高职、应用型本科、专业性研究生对口衔接、上下层次贯通、四位一体的人才培养模式,或在省外的高职开办中职部,充分利用区域内外类似专业的优势特色,及时进行跨地域的职教资源整合与流动。

2. 学校错位发展:力求形成"一校一产一品一策"的格局

一所学校并不是专业越多越好,也不是专业越全越好。学校错位发展的前提是各学校明确办学目标和办学定位,各自建立自身文化品牌,不恶性竞争,不盲目攀比,各安其位。学校的错位发展需要站在宏观与发展角度对区域内的中等职业学校进行重新定位和布局,通过联合、合并、共建、扩建等形式,促进类型相同、专业相近、基础各异的学校联合办学,把资源贫乏、办学困难的学校纳入同类型骨干学校的统筹管理,逐渐形成"一校一产一品一策"的格局,最终在区域内各具特色,优势互补。

3. 专业错位发展:形成适合支柱产业发展的主干专业群

专业错位发展是资源整合的核心工作,是避免资源重建和浪费的重要举措,其重点是科学地规划专业结构和数量,建立相似专业集聚规模,在区域内形成适合支柱产业和重点产业发展的示范专业、重点专业和特色专业,统筹合理规划布局一个以上与区域经济发展相适应的主干专业群,并围绕其建设专业实训基地,实施开放共享。专业的错位发展可以考虑建立不同学校跨时空的专业对接平台,首先,由学校列出开设的专业大类。其次,统筹区域内类似的专业资源,以骨干专业为纽带,以强带弱,做大做强专业集群,引导中等职业教育专业在数量上做减法,在质量上做加法,在效益上做乘法。

学科分类和社会职业分工是专业设置的基本活动单位,专业培养质量越高,学校的社会认可度就越高,声誉越好。从职业教育发达国家的专业设置经验来看,特别值得借鉴的就是覆盖支柱产业,倾斜区域特色和三农优势产品,加强示范、重点和特色专业的建设。河南省内中等职业教育在进行专业资源整合时,还需要秉承市场导向原则,开发新兴专业,重点培育紧缺型行业的专业,鼓励发展社会效益好、就业前景好、行业需求高的专业,限制发展市场需求量饱和、就业率低、发展前景差的专业,并将相近和相同的专业归并整合,优化结构,在避免同质化的基础上办出自身特色。

(三)建设整合学校与专业资源的标准与机制

1. 构建中等职业资源整合的标准

(1)市场主导

鉴于当前中等职业教育有一定的滞后性,学校与专业的资源整合需要高度契合市场需求,以"产业发展需要什么样的人才,就培养什么样的人才"为理念进行结构调整。从中国总体来看，装备制造业、高新技术业、旅游业、房地产业是我国大部分地区的主导产业，但各地区现状不尽相同。中等职业教育的资源整合应该立足于本地区的产业经济发展，着眼于宽基础、活模块的培养组合模式，拓宽专业口径，扩大专业教授覆盖面，保障专业对接产业，专业链对接产业链，学校办学对接区域经济，培养会操作、会创新、会思考、会竞争的人才，为区域经济产业发展做贡献。

河南省是农业大省、人口大省、经济大省，中等职业教育资源整合需要遵循延伸第一产业、深化第二产业、拓展第三产业的原则，通过减少专业布点的重复率，扩大单体规模：首先，对区域内的所有职教资源进行理性整合，增加第一产业的设置数量，加强对农、林、牧、渔等产业的职业教育资源投入，开发与农村地区经济和社会发展息息相关的农学专业；其次，是增设新技术、新材料和新工艺等第二产业的尖端资源配置，对资源环境类、司法服务类、石油化工类专业适当加大扶持力度；再次，是开发与人们衣、食、住、行和医疗卫生、娱乐休闲直接相关的第三产业专业，适当撤并教育类、保健类、财贸类、信息技术类、旅游服务类等目前在省内重复率较高的专业，使布局从小、散、全过度到大、集、精。同时，需要加强对各地区民间传统工艺和非物质文化遗产的保护和传承，比如传统手工艺技能、陶瓷等，开设相关专业，传承文化瑰宝。

(2) 校企合作

校企联合办学要想达到事半功倍的效果，需要双方全过程衔接。目前校企联合办学有两种模式：一种是校办企业，学校依托行业企业在校内创建实验工厂、实习机械厂、服务中心等，在自己开办的企业中办专业，既能取得良好的经济效益，又能为教育教学提供实践基地。另一种是学校与企业联合办学，根据企业需求定向培养学生，学生毕业之后入职合作企业，实行订单培养。目前的职业教育校企合作大多数倾向于后者，中等职业学校除了与本地区企业合作，还可以把范围延伸到省外乃至国外，所以校企联合式的合作可谓是多层次、多领域、多视角的结合。

校企合作的实质是工学交替，理实交融，企业提供技术、资金、设备，与学校共同培养人才。在现有的中等职业教育体制中，市场的快速变化往往导致职业教育的资源越来越紧缺，对于人才培养质量和实习实训设备的要求越来越高。中等职业教育的资源整合要想达到批量规模培养效益，可以适当借鉴德国"双元制"的成功经验，将校企合作产生的外部性内部化，即赋予企业第一培养主体的地位，赋予学生"准员工身份"，每周3~4天在企业实践，1~2天在学校学习，工学交替以周为单位,一方面,学生作为自由劳动者的劳作结果附带经济效益,另一方面,作为企业学徒的学生在实践企业的高留任率,能为企业发展带来较大的人才红利,保证企业的外部性内部化。

(3)在强制性与诱致性变迁之间寻找平衡点

改革从来都不能达到一蹴而就的效果,所有改革在初期都要承受一番阻力,从而给变迁的过程增添了艺术性和科学性的效果。强制性变迁是由政府命令和法律引入而强制实行,呼吁制定对改革具有一定约束力的法律法规;诱致性变迁是通过建立相关优惠制度,鼓励倡导个人或群体响应号召,自发组织和实行。中等职业资源整合需要在强制性与诱致性变迁之间寻找平衡点,避免极端化。首先,以强制性政策导入中等职业教育改革具有必然性,能确定改革蓝图;其次,以诱致性变迁引导观念行为逐步进入改革轨道,有助于循序渐进地促进中等职业教育资源整合。最后,在改革成为自动化模式渗透行动和观念时,放手以诱致性变迁促使深度进展,使整个过程由宏观到微观,由浅入深,达到二者的有机结合。

2.形成中等职业资源整合的机制

(1)产权机制

产权机制是对资源整合过程中有关各方的决策权力、责任范围、利益边界等方面的界定,核心是职责权限的重新划分与相关利益的重新调整。《国家中长期教育改革和发展规划纲要(2010—2020年)》明确指出工学结合、校企合作是我国现代职业教育最重要的人才培养模式。但现实中校企合作的"壁炉现象"突出,其深层根源还是产权未得到明晰,缺少保障企业利益的制度,所以明晰投资方的权利、责任和利益是突破校企合作瓶颈、实现内在利益机制的关键举措,也是促使企业与学校合作的原动力。

明晰校企合作的产权制度首先要摒弃学校单一主体的思想,把企业作为培养第一主体,企业先招工学校再招生,将学生的"实习生身份"转化为"学徒身份",即"准员工身份",赋予学生参加企业生产的合法性。其次是要赋予企业对学徒的劳动力支配权、管理权和使用权,明确企业培养的权责利,保障产权分配的公平、合理、高效。最后延长"准员工"在企业的实践学习时间,赋予企业留用学徒的权力,规定学徒留在本企业工作的最低年限,确保企业的收益权,这是提升企业参与职业培养外部动机的根本所在。

(2)编制机制

编制是资源整合在教师方面制度改革的核心,当前中等职业学校师资方面的问题归根结底还是编制问题没有落实到位。在关于教师编制问题上，需要灵活设置编制标准，包括固定实名编制和流动非实名编制。当前中等职业学校的突出问题是固定编制限定在某些人身上，终身享有，专业变更时新人进不来，老人出不去。中等职业学校的老师需要及时流动更替，流动非实名编制的设立可以及时清除教师队伍中部分不思进取的落后人员，使在编人员居安思危，保持终身学习行为。两种编制并存的模式给中等职业学校的弹性用人带来很大便利，例如非实名编制最少20%的比例可以达到及时剔除不合格者，打消学校用人顾虑的效果。

教师的统筹需要建立全省的师资资源库，以市为单位把区域内各学校的专业课教师、实习指导教师和兼职教师进行实名注册，详细记录老师的学历专业、工作年限、特长、当前任课状况等信息；再以专业为单位上报到省级资源中心进行备份；最后按专业群方向和教师专业化成长要求对各学校教师进行重组，按文化课、专业课和实习指导课三类进行配置。各学校在教师短缺时，可以根据各教师的授课情况、闲暇时段等，在资源库中查找符合条件的教师，合理交叉调动。

教师的在职培训和进修制度是帮助职业院校减少冗员，促使教师转型的主要途径。根据新形势发展，学校需要对现有师资进行不断调整，对富余的教师转岗培训相近学科知识，比如文科任教管理类、文化类、旅游类等专业基础课，理科任教电子、计算机等相关专业基础课程，也可以将文化课富余老师适当分流至普通中小学，将专业课教师分批次全部投放到实验室体验理实一体化教学，加快双师队伍建设。另外，还需要完善特聘教师岗位和对一线高级技师的聘任制度，为实践型人才开通绿色通道，并融入新一轮人事制度改革，保证各专业生师比不高于20∶1的比例，形成人人有事做，人人做好事的良好风气。

（3）招生机制

中等职业教育生源的下滑和萎缩打乱了社会的招生秩序，加剧了学校之间的恶性竞争，特别在普通高中生源也连年下滑，致使高中和中职、中职和中职之间为了抢学生造成关系紧张，所以中等职业教育资源整合需要建立完善的招生统筹机制，对公办和民办职业院校、中职和高中的招生工作统一规划。

首先，对高中的入学分数严格限制，分数达不到者统一分配到职业学校，避免高中的高价学费抢占中等职业学校生源。其次，连贯高等职业学校和中等职业学校的融通渠道，进行初中毕业分流考试，结合家长、老师和学生个人意愿进行合理分配，在高中阶段就读期间可以根据学习情况申请在职普教育之间流通，不完全一次定向化。再次，做好初中生的职业规划工作，在初中设立职业生涯规划部和专门指导老师团队，根据学生具体情况适当辅导，对有意向早入职场的学生进行职业性针对培养，为其顺利通过中等职业教育入学考试打下基础。最后，做好中职、高职、应用型本科、专业研究生的衔接工作，加大升学比例，开展高职对口自主招生途径，对于特别优秀者开通保送渠道，特长生可以自愿申请入大学进修，使学生和家长看到中等职业学校培养的前途与希望。

(4) 管理联动机制

职业教育管理体制需要深化改革，理顺不同类型中等职业教育的领导归属权问题，管理联动机制就是建立管理各中职教育相关资源管理机构的无障碍、零距离、高效率沟通路径，包括三类中等职业院校直管上级单位、参与校企合作企业的直管上级单位、各级各类社会培训机构的上级直管单位。管理联动机制需要凝聚各行各业的力量，建立政、校、企流畅的对话体系，对所有类型中等职业院校统一管理，打破条块分割、归口不一的问题。可以将职前教育统一划归教育部门主管，将职后培训统一划归劳动部门主管，也可以建立新的职业教育资源管理机构，统筹管理所有类型的中等职业教育资源。

(5) 预警机制

预警机制的建立可以助推中等职业教育资源可持续发展，保持适度超前，避免落伍及被淘汰的命运。中等职业教育资源整合预警的核心是在专业设置方面保持一定的前瞻性，抢占人才培养的市场先机。为此，教育局可以委托科研机构开发预测与监控系统，负责日常预测和监控，通过对现代数字科技先进技术的运用，推测未来短缺职位以及对不同学历人才的需求，并将所搜集到的信息及时上报到高层次监控管理机构进行备份。根据实时监测数据可以获取劳动力市场对技能型人才的需求状况，学校对技能型人才流向市场的供应状况。当前人才培养的质量和结构以及近几年社会发展趋势方向，一方面为中等职业教育的资源整合提供可以参考和检验的数据，另一方面为宏观监控和指导提供依据。

(四) 构建中等职业教育资源整合的评估体系

完整的评估体系是衡量资源整合是否有效和可持续的标准，评估体系的构建需跟随实际情况变化，绝非一成不变。中等职业资源整合需要建立相对应的动态预测和监控系统，打破按一个标准评估的模式。评估体系的设立需要政府、学校和社会的共同参与,将学校从竞争、孤立、封闭、以生存为导向的状态转变成以合作互助、团结共享、信任负责为基础的联网式动态集合体。

1.教学评估制度:优化对教学过程与质量的评价

中等职业教育资源整合的教学评估需要有一个预设的标准,以此对教学过程、教学结果、教学质量进行统一评价。中等职业教育资源整合教学方面的评估应包含道德法律、职业素质、创新思维、职业技能等,实质是解决是否为社会培养了经世致用的人才,是否在教授专业知识的同时加强了眼、耳、手、口并行的能力,是否培养了学生的迁移、适应、创新能力,是否使学生在潜移默化中形成了专业素养,是否紧贴市场用人的需求等问题。职业教育是为社会培养一线技能型人才的重要基地,需要以大职业教育观为指导,积极采用情趣引导、示范动手、技巧教授等情境化教学方式,提高学生学习的兴趣,使教学跟着学生兴趣走,评价跟着教学质量走,改革跟着市场需求走,在进行教学评估时应着重以培养结果反射培养过程,实现二者的协调统一。

2.专业评估制度:引进第三方协会对专业情况评价

中等职业教育资源整合的专业评估包括专业课程丰富多样程度、类似专业重复规整程度、专业设置符合地方产业发展程度、专业培养质量契合就业市场需求程度。中等职业资源整合的专业评估需要成立行政部门、职业院校、行业企业等多方参与的评估小组,及时跟进市场行情,必要时可以引进第三方专业协会,专门对市场最新行情和专业分布进行鉴定考察,对其认证结果赋予权威性,将其采集的信息录入教育数据系统,为以后的科学研究和专业设置提供依据,为消费者了解区域内各学校办学情况提供参考,为规范学科发展和改造升级专业建立根基,为各单位评估资源整合效率效益提供标准。

3.师资评估制度:聘请专家对教师的双师素质评价

中等职业学校的资源整合需要优化现有师资队伍,对不合格、不达标、教学业绩差的老师开展在职进修,促其转型或辞退;对理论实践能力不相平衡的教师进行查漏补缺,培养双师素质。中等职业院校需要建立高水平的师资队伍,教师既可以教授理论课,又可以指导实践课,既可以教授本专业的基本技能,也可以教授相近专业的基础知识。因此,资源整合的教师评估应包括满足日常教学的教师数量、教师的流通渠道和频次、双师型教师比例及能力、教师进修合格率等,其中双师素质是师资评估的一个关键指标,职业院校的教师不能仅停留在双师证书层面,对此需要聘请高级技术人员和专家担任评估咨询师,评估过程中以其实际能力为主。

4.设备评估制度:制定科学合理的中等职业教育资源整合方案

中等职业教育资源整合的设备主要包括实习实训场地和需要满足日常教学的原材料、实验器械器材等,对设备的评估标准主要集中在当前设备数量和能耗量能否满足区域内整体的教学需求、能否跟进市场更新频率、能否架构学校和社会的共建共享桥梁、设备折旧处理等方面。中等职业教育的设备需要在区域内达成开放共享,需要对市场更新进行估测,从而达成新设备更合理的引入和更有效的使用。中等职业教育的设备更替是最耗材的一项工程,使用中容易折旧或在外部环境变动时被彻底淘汰,所以共建共享基地设备是职业教育实现资源整合效益的明智之举,对折旧的设备应该及时更新置换,并将其收入用于新设备购买。

政府助推区域中等职业教育资源整合项目,首先需要对现有资源进行系统评估,在充分考虑政府与市场的职能边界、社会人才供求现状、职教当前和未来趋势、区域经济产业结构等的基础上,重点评估现有的职教资源是否能在真正意义上满足区域经济建设和未来需求。其次要明确职业教育的清晰定位和重点方向,科学制定合理的中等职业教育资源整合实施方案,选择适合本地区区域经济发展的产教融合资源整合模式。政府必须在把职业教育做大和满足区域经济建设需求之间找一个平衡点,在整合举措和政府能力之间进行客观评估,在政府主导和市场主导之间进行权衡,保证评估机制的可操作性和健全性。

综上所述,整合我省中等职业教育资源是一个系统工程,既需要遵守国家的宏观政策与规定,也需要将教育公平、规模效应、适当聚集、错位发展等理念和原则融入其中,同时以建设整合学校与专业资源的标准与机制为抓手,推进中等职业教育的布局调整与专业优化,才能从制度与政策供给侧方面为促进中等职业教育改革释放更多的制度红利与政策红利,助力中等职业教育的高质量发展。

参考文献:

(一)期刊报纸类

[1]陈国良,杜晓利.政府在高等教育布局调整中的角色与作用——国际比较的视角[J].全球教育展望,2011(6):58-63.

[2] 陈国良, 董秀华, 茅鸿祥, 等.我国中职规模及比例情况[J].教育发展研究, 2009（23）：24-25.

[3] 陈嵩.数量与质量的有机统一是中职教育发展的重要保障[J].职教论坛, 2009（19）：47-48.

[4] 丁小浩, 闵维方.规模效益理论与高等教育结构调整[J].高等教育研究, 1997（02）：5-12.

[5] 杜育红.学校布局结构调整的战略意义[J].人民教育, 2005（2）：10-11.

[6] 凡勇昆, 邬志辉.农村产业结构的变迁特征、调整思路及其对教育布局调整的影响研究[J].教育理论与实践, 2015（07）：21-25.

[7] 范先佐.农村学校布局调整与教育的均衡发展[J].教育发展研究, 2008（7）：55-60.

[8] 何大学.对中职教育资源整合的认识和思考[J].职业教育研究, 2015（01）：19-23.

[9] 何文明.我们需要什么样规模的中职教育[J].江苏教育, 2016（12）：25.

[10] 和学新.班级规模与学校规模对学校教育成效的影响——关于我国中小学布局调整问题的思考[J].教育发展研究, 2001（01）：18-22.

[11] 黄春来.略论中等职业教育资源整合[J].当代教育论坛（宏观教育研究）, 2008（10）：85-86.

[12] 黄建国.加强全市中职教育资源整合的建议[N].衡阳日报, 2013-11-28（006）.

[13] 廖晓衡, 宋乃庆.重庆中职教育规模影响因素实证分析与对策探索[J].西南大学学报（社会科学版）, 2014（05）：73-80.

[14] 刘善槐.我国城镇义务教育学校布局调整研究[J].教育研究, 2015（11）：103-110.

[15] 闵维方, 丁小浩, 郭苏热.高等院校系和专业的规模效益研究[J].教育研究, 1995（07）：7-12.

[16] 潘懋元.规模、速度、质量、特色——中国当前高等教育发展中的若干问题[J].河北师范大学学报（教育科学版）, 2007（01）：5-12.

[17] 申美云, 张秀琴.教育成本、规模效益与中小学布局结构调整研究[J].教育发展研究, 2004（12）：85-88.

[18] 万明钢, 白亮."规模效益"抑或"公平正义"——农村学校布局调整中"巨型学校"现象思考[J].教育研究, 2010（04）：34-39.

[19] 王保顺.以"六率"来评价中职办学质量和效益[J].华夏教师, 2012（03）：76.

[20] 王嘉毅, 吕晓娟.教育公平视野中的农村学校布局调整[J].甘肃社会科学, 2007

（06）：85-88.

[21]王强.从"规模效益"到"机会均等"：二战后美国推进城乡教育和谐发展的路径选择[J].比较教育研究，2007（09）：20-24.

[22]闫志刚，张韦韦.透视中职师资"困境"[J].教育与职业，2011（24）：30-33.

[23]余金通，连翔，黄刚辉，等.以专业错位发展为抓手 整合福建中职教育资源[J].福建教育学院学报，2014(05)：9-12.

[24]张兰洁.中职教育资源整合的壁垒和消解策略[J].长沙民政职业技术学院学报，2011（02）：100-102.

[25]过筱，石伟平.改革开放40年我国职业教育德育政策的演变与特点[J].教育与职业，2019（03）：66-71.

[26]李力厚，刘亚红.中等职业学校实训课程开发研究[J].课程教育研究，2018（51）：1-2.

[27]武博，罗秋兰.区域中等职业教育专业结构优化的问题与对策[J].教育与职业，2018(02)：15-20.

（二）著作类

[1]陈振明.公共管理学[M].北京：中国人民大学出版社，2017.

[2]樊纲.制度改变中国[M].北京：中信出版社，2014.

[3]国家教委职业技术教育中心研究所.历史与现状——德国双元制职业教育[M].北京：经济科学出版社，1998.

[4]姜大源.当代世界职业教育发展趋势研究[M].北京：电子工业出版社，2012.

[5]厉以宁.中国经济双重转型之路[M].北京：中国人民大学出版社，2013.

[6]刘复兴.教育政策的价值分析[M].北京：教育科学出版社，2003.

[7]孟繁华.教育管理决策新论[M].北京：教育科学出版社，2002.

[8]石伟平.比较职业技术教育[M].上海：华东师范大学出版社，2001.

[9]王义智，李大卫，董刚，等.中外职业技术教育[M].天津：天津大学出版社，2011.

[10]翟海魂.发达国家职业技术教育历史演进[M].上海：上海教育出版社，2008.

[11]VISSCHER J Adrie.Improving Quality Assurance in European Vocational Education and Training[M].The Netherlands：Springer,2008.

[12]GORDON R D Howard.The History and Growth of Vocational Education in America[M].Massachusetts：Allyn and Bacon,1999.

[13]SCHAACK Klaus，RUDOLF Tippelt.Vocational Training at the Turn of the Century[M].Wien：Lang,2000.

［14］CANTOR Leonard.Vocational Education and Training in the Developed World［M］.London：Routledge,1989.

［15］PILZ Matthias.The Future of Vocational Education and Training in a Changing World［M］.Germany：Springer,2012.

专题八

河南省中等职业教育品牌示范学校和特色学校建设研究

河南省轻工业学校　梅波

一、河南省中等职业教育品牌示范学校和特色学校建设现状

河南省职业教育示范学校和特色学校建设行动计划自 2012 年 5 月正式启动实施以来,已有 331 所职业院校先后分 5 批被确定为项目立项建设学校,其中,高等职业院校 60 所、中等职业学校 207 所、技工院校 64 所,品牌示范学校 109 所、特色院校 222 所。(具体情况见表 8-1、图 8-1)经过 6 年多的建设,截至 2018 年 12 月 31 日,已有 296 所职业院校进行了终期验收,还有 35 所立项建设院校(31 所中等职业学校、4 所技工院校)未进行终期验收。

表 8-1　河南省职业教育品牌示范院校和特色院校项目建设立项学校数量表

院校类型	总量 小计	总量 比例	品牌示范院校 数量	品牌示范院校 比例	特色院校 数量	特色院校 比例
高等职业院校	60 所	18.13%	20 所	18.35%	40 所	18.02%
中等职业学校	207 所	62.54%	72 所	66.06%	135 所	60.81%
技工院校	64 所	19.34%	17 所	15.60%	47 所	21.17%
合计	331 所	100.00%	109 所	100.00%	222 所	100.00%

数据来源:河南省教育厅、人力资源和社会保障厅、财政厅、发展改革委印发的相关文件。

从上述数据中可以看出,河南省职业教育品牌示范院校和特色院校在教育部门业务主管的学校(高等职业院校、中等职业学校)和人力资源社会保障部门业务主管的学校(技工院校)中的分配比例约为 8∶2,在教育部门业务主管的中等职业学校和高等职业院校中的分配比例约为 3∶1,总体上,中等职业学校、技工院校、高等职业院校之间的比例约为 6∶2∶2。这一比例,同三类学校占职业院校总数的比例并不一致。以河南省中等职业教育品牌示范学校和特

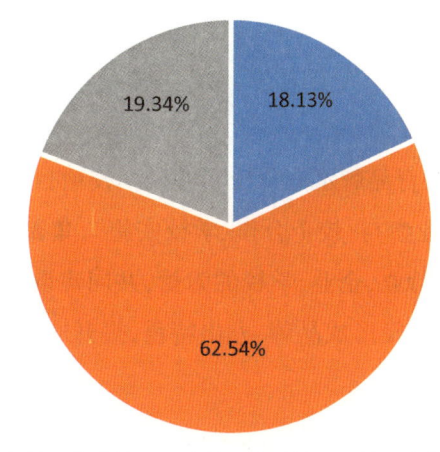

[图表：饼图显示 高等职业院校 18.13%，中等职业学校 62.54%，技工院校 19.34%]

图 8-1　河南省职业教育品牌示范院校和特色院校中三类学校立项数量比例图

色学校建设项目启动的 2012 年为例，河南省中等职业学校为 770 所，技工院校为 150 所，高等职业院校为 73 所[①]，三者之间的比例约为 7.5∶1.5∶1，两项数据对比可以发现，在品牌示范院校和特色院校的指标分配上，部门之间相对倾斜于技工院校，部门内部相对倾斜于高等职业院校。鉴于本报告以河南省中等职业教育品牌示范学校和特色学校的建设为对象，以下研究将以教育部门业务主管的中等职业学校为重点。

(一)河南省中等职业教育品牌示范学校和特色学校建设的依据

2012 年 7 月 28 日，《河南省人民政府关于转发河南省职业教育品牌示范院校和特色院校建设管理办法的通知》(豫政〔2012〕70 号)印发。该文件由省教育厅、人力资源和社会保障厅、财政厅、发展改革委制定，经省政府同意予以转发，其中对项目建设的管理、组织实施、建设任务、资金管理等内容提出了明确的要求，成为中等职业教育品牌示范学校和特色学校建设的根本依据。通过研究《河南省职业教育品牌示范院校和特色院校建设管理办法》可以发现，该办法对项目建设的要求规定较为详细，特别是对资金管理方面，要求多、要求高，对于缺乏专业财务人员、会计基础规范工作不扎实的县(市、区)属项目学校来说，如何利用好项目资金、规范做好项目资金管理工作存在较多困难。

---

① 河南省教育厅.2012 年河南省教育事业发展统计公报[EB/OL].(2013-01-23)[2019-04-30].http://www.haedu.gov.cn/2013/03/18/1362711213369.html.

(二)河南省中等职业教育品牌示范学校和特色学校项目的工作机制

1.项目建设的基本原则

河南省中等职业教育品牌示范学校和特色学校项目建设实行"省级引导、统一规划、地方为主、行业参与、校企合作、学校实施",集聚省、省辖市、县(市、区)各级政府的力量,以及行业、企业、学校的力量,共同建设一批品牌示范学校和特色学校,推动中等职业学校形成品牌、办出特色,提升职业教育的服务力、吸引力和办学活力。

2.项目建设的管理机构

河南省教育厅、人力资源和社会保障厅、财政厅、发展改革委成立以省教育厅厅长为主任、四厅(委)主管厅长为副主任、四部门相关处室人员为成员的河南省中等职业教育品牌示范学校和特色学校建设管理办公室。其中,河南省教育厅职业教育与成人教育处负责中等职业学校的建设管理工作,河南省人力资源和社会保障厅职业能力建设处负责技工院校的建设管理工作,河南省财政厅教科文处负责资金管理工作,河南省发展改革委社会事业处负责涉及基本建设方面的审批协调工作。省辖市、省直管县(市)相关部门同时成立本地职业教育品牌示范学校和特色学校建设管理办公室,其分工与省政府有关部门的基本相同。

3.项目建设的管理方式

品牌示范学校和特色学校建设,由河南省政府与各省辖市、省直管县(市)政府签订《河南省职业教育品牌示范院校和特色院校省市共建协议书》(以下简称"共建协议书"),实行省、省辖市、校分级负责的管理方式。《共建协议书》明确了河南省政府部门、省辖市政府或省直管县(市)政府的管理职责,以及领导、督导、奖惩等具体管理措施。

4.项目建设的资金筹措

品牌示范学校和特色学校的项目建设资金采取多渠道筹措机制,总资金分别为不少于2000万元和1200万元,资金来源由4部分构成:省财政奖补资金、市县财政奖补资金、行业企业投入资金、学校自筹资金。其中,省财政对每所品牌示范学校奖补500万元,对每所特色学校奖补300万元;市县财政奖补资金、行业企业投入资金、学校自筹资金的具体比例和数额不作统一要求,但3项合计不得低于1500万元和900万元。

5.项目建设的立项遴选

省中等职业教育品牌示范学校和特色学校建设管理办公室制订了《河南省中等职业教育品牌示范学校建设计划项目遴选条件》《河南省中等职业教育特色学校建设计划项目遴选条件》,按照中等职业学校自愿申报、各省辖市或省直管县(市)初选、省中等职业教育品牌示范学校和特色学校建设管理办公室审核的程序进行立项遴选。

6.项目建设的保障机制

为保障项目建设质量,省中等职业教育品牌示范学校和特色学校建设管理办公室建立了若干保障机制。(1)项目建设的指导机构,成立河南省中等职业教育品牌示范学校和特色学校建设项目工作专家组,开展对中等职业教育品牌示范学校和特色学校建设工作咨询和指导。(2)项目建设管理指标体系,为保障项目建设管理规范有序进行,制订《河南省中等职业教育品牌示范(特色)学校建设计划项目申报书》《河南省中等职业教育品牌示范学校和特色学校项目学校评审指标体系表》《河南省中等职业教育品牌示范学校和特色学校项目学校中期督导检查表》《河南省中等职业教育品牌示范学校和特色学校项目学校终期验收检查表》,分别用于项目申报、项目遴选、中期督导检查和终期验收检查,作为遴选、检查时的量化评分依据。(3)项目建设内容的审核机制,项目学校获批立项建设以后,根据《河南省职业教育品牌示范院校和特色院校建设管理办法》规定的建设内容、本校实际情况编写《项目建设方案》和《项目建设任务书》,由专家审定后作为项目建设的路线图和时间表。(4)项目建设培训机制,由专家对5批项目学校的项目建设主管校领导、项目办主任和财务主管人员进行分期分批培训,主要培训内容包括项目建设重点内容解读、项目财务管理实务、项目建设经验介绍和材料整理方法等,帮助项目学校有关人员理解、掌握项目建设的内涵和方法。(5)中期督导检查和通报机制,在项目建设中期(一般为开始建设一年后),组织专家组对项目学校的建设情况进行中期督导检查和指导,重点检查项目学校建设计划的实施情况、资金投入到位和使用情况,解答项目学校建设过程中的疑问,指导项目学校的后续建设,检查结果由省教育厅进行通报。(6)项目建设的更新补充机制,在对项目学校进行终期验收后,对出现建设成效达不到要求、弄虚作假、建设内容外包、建设资金不到位、主动放弃等情况的项目学校取消项目建设资格,对合并、升格为高等职业院校或并入高等学校的项目学校不再授予"河南省职业教育品牌示范院校"或"河南省职业教育特色院校"称号,所空出的名额,组织补充申报和遴选立项。

(三)河南省中等职业教育品牌示范学校和特色学校建设项目的遴选情况

1.中等职业教育品牌示范学校和特色学校分批次立项情况

2012年8月17日,省教育厅印发《关于申报2012年度河南省职业教育品牌示范院校和特色院校建设计划项目的通知》(教职成〔2012〕743号),开始第一批中等职业教育品牌示范学校和特色学校建设项目学校的遴选工作。截至2018年12月31日,中等职业教育品牌示范学校和特色学校先后进行5个批次的遴选工作,共立项207所项目学校(具体情况见表8-2、图8-2),其中,品牌示范学校72所,特色学校135所。

表8-2 中等职业教育品牌示范学校和特色学校分批次立项情况

批次	总量 小计	总量 比例	品牌示范学校 数量	品牌示范学校 比例	特色学校 数量	特色学校 比例
第一批	45所	21.74%	26所	36.11%	19所	14.07%
第二批	63所	30.43%	3所	4.17%	60所	44.44%
第三批	69所	33.33%	33所	45.83%	36所	26.67%
第四批	12所	5.80%	5所	6.94%	7所	5.19%
第五批	18所	8.70%	5所	6.94%	13所	9.63%
合计	207所	100.00%	72所	100.00%	135所	100.00%

数据来源:同表8-1。

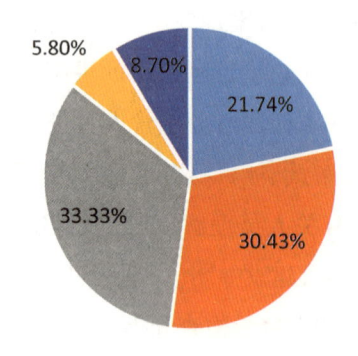

图8-2 5批立项学校分别占总立项学校数的比例图

2.中等职业教育品牌示范学校和特色学校地域分布情况

207所项目学校中,按项目学校驻地分类,情况见表8-3、图8-3、图8-4。

表 8-3 中等职业教育品牌示范学校和特色学校地域分布情况表

序号	项目学校驻地	总数 数量	总数 比例	品牌示范学校 数量	品牌示范学校 比例	特色学校 数量	特色学校 比例
	合计	207 所	100%	72 所	100%	135 所	100%
1	郑州市	36 所	17.39%	17 所	23.61%	19 所	14.07%
2	开封市	14 所	6.76%	4 所	5.56%	10 所	7.41%
3	洛阳市	17 所	8.21%	6 所	8.33%	11 所	8.15%
4	平顶山市	6 所	2.90%	2 所	2.78%	4 所	2.96%
5	安阳市	6 所	2.90%	3 所	4.17%	3 所	2.22%
6	鹤壁市	3 所	1.45%	2 所	2.78%	1 所	0.74%
7	新乡市	13 所	6.28%	3 所	4.17%	10 所	7.41%
8	焦作市	8 所	3.86%	4 所	5.56%	4 所	2.96%
9	濮阳市	9 所	4.35%	2 所	2.78%	7 所	5.19%
10	许昌市	8 所	3.86%	3 所	4.17%	5 所	3.70%
11	漯河市	7 所	3.38%	2 所	2.78%	5 所	3.70%
12	三门峡市	8 所	3.86%	2 所	2.78%	6 所	4.44%
13	南阳市	13 所	6.28%	3 所	4.17%	10 所	7.41%
14	商丘市	13 所	6.28%	3 所	4.17%	10 所	7.41%
15	信阳市	11 所	5.31%	4 所	5.56%	7 所	5.19%
16	周口市	9 所	4.35%	3 所	4.17%	6 所	4.44%
17	驻马店市	11 所	5.31%	4 所	5.56%	7 所	5.19%
18	济源市	2 所	0.97%	1 所	1.39%	1 所	0.74%
19	巩义市	1 所	0.48%	1 所	1.39%		
20	兰考县	1 所	0.48%			1 所	0.74%
21	汝州市	1 所	0.48%			1 所	0.74%
22	滑县	2 所	0.97%	1 所	1.39%	1 所	0.74%
23	长垣县	1 所	0.48%	1 所	1.39%		
24	邓州市	2 所	0.97%			2 所	1.48%
25	永城市	1 所	0.48%			1 所	0.74%
26	固始县	2 所	0.97%	1 所	1.39%	1 所	0.74%
27	鹿邑县	1 所	0.48%			1 所	0.74%
28	新蔡县	1 所	0.48%			1 所	0.74%

数据来源:同表 8-1。

注:省属学校驻地在省辖市的计入所在省辖市;省辖市属学校驻地在省直管县(市)的计入所在省直管县(市)。

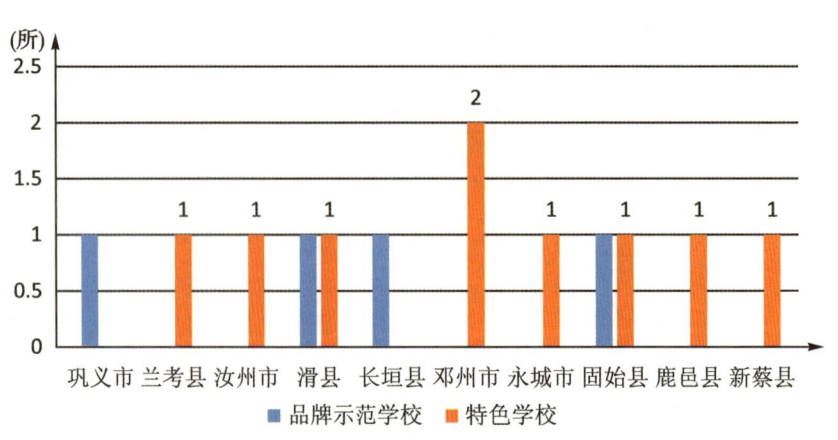

图 8-3　省直管县(市)区域内中等职业教育品牌示范学校和特色学校数量分布图

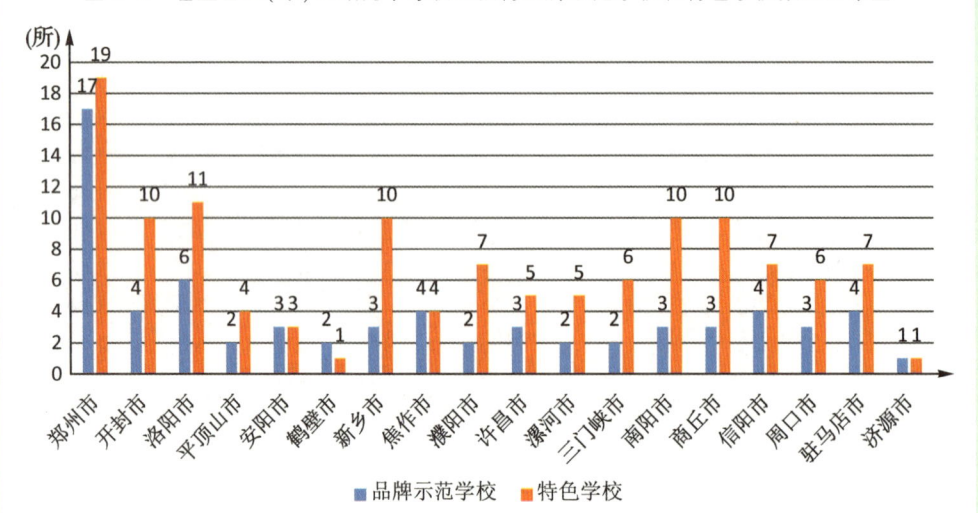

图 8-4　省辖市区域内中等职业教育品牌示范学校和特色学校数量分布图

3.中等职业教育品牌示范学校和特色学校隶属关系分布情况

207 所项目学校中,按项目学校的隶属关系分类,可分为 4 类:省属学校、省辖市属学校、县(市、区)属学校、省直管县(市)属学校,具体情况见表8-4、图8-5。

表 8-4　中等职业教育品牌示范学校和特色学校隶属关系分布情况表

序号	类别	总量 数量	总量 比例	品牌示范学校 数量	品牌示范学校 比例	特色学校 数量	特色学校 比例
1	省属学校	31 所	14.98%	17 所	23.61%	14 所	10.37%
2	省辖市属学校	67 所	32.37%	25 所	34.72%	42 所	31.11%
3	县(市、区)属学校	97 所	46.86%	26 所	36.11%	71 所	52.59%
4	省直管县(市)属学校	12 所	5.80%	4 所	5.56%	8 所	5.93%
	合计	207 所	100%	72 所	100%	135 所	100%

数据来源:同表 8-1。

专题八 河南省中等职业教育品牌示范学校和特色学校建设研究

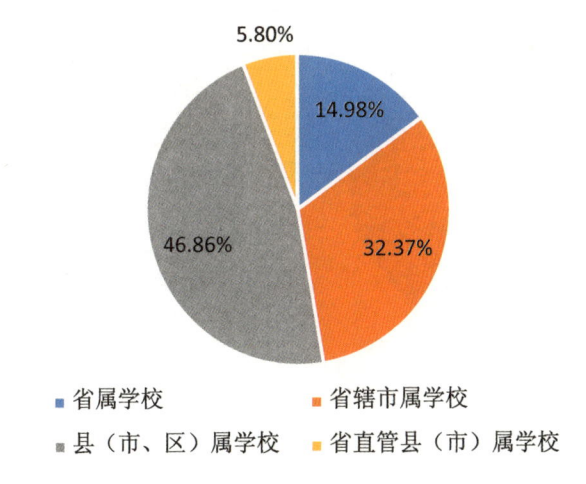

图 8-5 中等职业教育品牌示范学校和特色学校隶属关系分布比例图

4.中等职业教育品牌示范学校和特色学校所有制分布情况

207 所项目学校中,按项目学校的所有制分类,可分为公办和民办两类。其中不是财政预算全额拨款单位的企业办项目学校纳入民办学校类别,具体情况见表 8-5、图 8-6、图 8-7、图 8-8。

表 8-5 中等职业教育品牌示范学校和特色学校所有制分布情况表

序号	类别	总量 数量	总量 比例	品牌示范学校 数量	品牌示范学校 比例	特色学校 数量	特色学校 比例
1	公办	177 所	85.51%	66 所	91.67%	111 所	82.22%
2	民办	30 所	14.49%	6 所	8.33%	24 所	17.78%
	合计	207 所	100%	72 所	100%	135 所	100%

数据来源:同表 8-1。

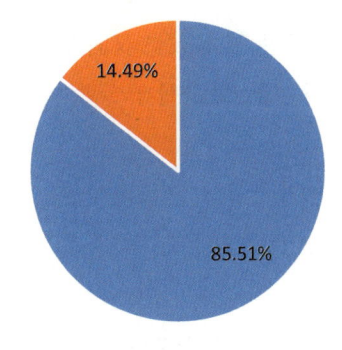

图 8-6 中等职业教育品牌示范学校和特色学校所有制分布比例图

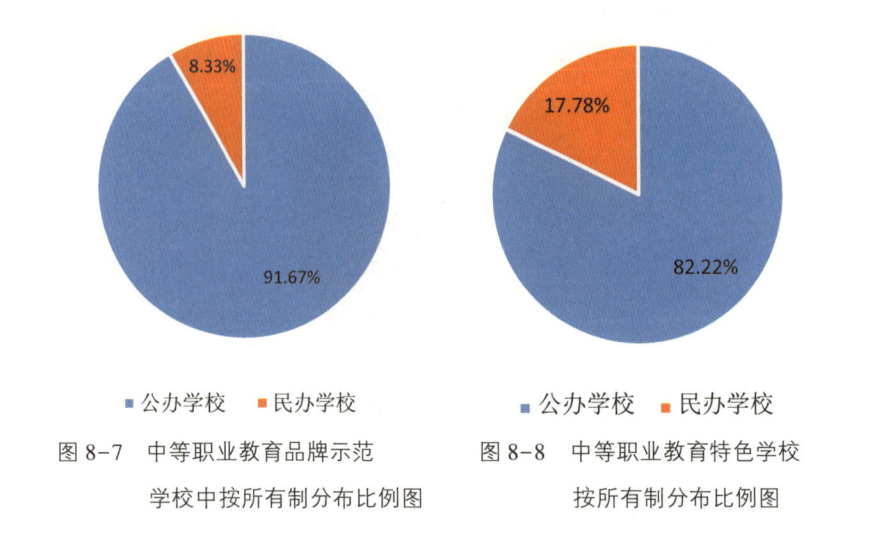

图 8-7　中等职业教育品牌示范学校中按所有制分布比例图

图 8-8　中等职业教育特色学校按所有制分布比例图

(四)河南省中等职业教育品牌示范学校和特色学校建设项目的建设内容

1.品牌示范学校和特色学校建设任务的主要内容

《河南省职业教育品牌示范院校和特色院校建设管理办法》规定的建设任务有6项一级建设内容,每项一级建设内容下又分设若干二级建设内容和建设要点。同时,项目学校还可以在此基础上,另行增加其他具有自身特色的建设内容。

(1)第1项一级建设内容为深化校企合作

该项内容有5个二级建设内容和若干建设要点,包括:①集团化办学,含参与行业职业教育校企合作指导委员会或职业教育集团;②校企合作组织及机制,含建立学校校企合作委员会和专业建设指导委员会,制订完善相关章程、协议;③校企共建实训机构,含与企业共建实习实训基地,合作建设实验室或生产车间;④校企师资交流,含专业课教师和企业技术人员双向交流、互通互用;⑤骨干专业及订单培养,含建设2个以上骨干专业,每个骨干专业"订单培养"规模,每年不少于1个教学班。

(2)第2项一级建设内容为改革人才培养模式

该项内容有3个二级建设内容和若干建设要点,包括:①人才培养模式改革方案,含制订2个以上骨干专业的"工学结合、校企合作、顶岗实习"人才培养模式改革方案,实现专业与产业对接、教学过程与生产过程对接、专业课程内容与职业标准对接;②课程体系建设,含建立与人才培养模式改革方案相匹配的课程体系;③教学模式改革,含核心专业技能课程实行项目教学、案例教学、场景教学、仿真教学和岗位教学等。

(3)第3项一级建设内容为提升基础能力

该项内容有3个二级建设内容和若干建设要点,包括:①五项办学条件,含占地面积、校舍面积、图书藏量、仪器设备值、生师比等5项主要办学条件,全部达到教育部颁布的中等职业学校设置标准;②师资队伍建设,含重点围绕专业带头人、骨干教师、"双师型"教师、兼职教师等方面,制订师资队伍建设方案并实施;③实训教学条件建设,含所有专业都有必需的实验实训条件并与企业共建至少1个稳定的校外实训基地,每个骨干专业至少建立有1个具有真实(仿真)职业氛围的校内实训中心。

(4)第4项一级建设内容为加快信息化建设

该项内容有4个二级建设内容和若干建设要点,包括:①数字化校园建设,含配备足够适用的计算机及其配套设备设施、建设数字化校园、建成校园网和学校网站、现代信息技术在教育教学中得到应用;②数字化教学资源建设,含开发或利用数字化教学资源、骨干专业建有数字化教学资源库、专业技能课程教学使用信息化手段;③信息系统建设,含建立教学支持服务、电子学籍、教务管理和资产管理等信息系统;④信息化教学模式,含探索信息化环境下的职业教育教学和学习新模式。

(5)第5项一级建设内容为完善管理机制

该项内容有2个二级建设内容和若干建设要点,包括:①管理制度建设,含规范招生、考试、学籍、教育教学管理、财务和资产管理、教师考核评价等制度;②教育教学管理机制建设,含建立完善与"工学结合、校企合作、顶岗实习"人才培养模式相适应的教育教学管理机制。

(6)第6项一级建设内容为增强社会服务能力

该项内容有2个二级建设内容和若干建设要点,包括:①培养规模,含学历教育在校生规模和年均职业培训规模;②"双证书"和就业率,含毕业生"双证书"获取率和就业率。

2.品牌示范学校和特色学校建设任务的完成要求

品牌示范学校需要完成6项一级建设内容,且每项一级建设内容必须完成该项全部二级建设内容;特色学校需要完成前3项一级建设内容,且每项一级建设内容必须完成该项全部二级建设内容,除此之外,选择完成后3项一级建设内容的,可不必完成该项全部二级建设内容,即后3项的内容中,项目学校可以全部都不选,也可以选择其中的某一项或两项,或者是选择其中某一项的某一部分。从对品牌示范学校和特色学校完成任务的要求看,品牌示范学校和特色学校不是学校层次的差别,而是建设任务内容的差别。

3.品牌示范学校和特色学校6项建设任务的地位和作用

从6项建设任务的内容上看,各项任务的地位和作用均有所不同:第1项深化校企合作,是项目建设的"指导思想";第2项改革人才培养模式,是项目建设的"核心任务";第3项提升基础能力、第4项加快信息化建设、第5项完善管理机制,是项目建设的"保障措施";第6项增强社会服务能力,是项目建设的"目标效果"。从建设内容上看,河南省中等职业教育品牌示范学校和特色学校的建设任务明显受到了国家中等职业教育改革发展示范学校建设任务的影响,但与国家中等职业教育改革发展示范学校的建设任务内容相比,河南省职业教育品牌示范院校和特色院校的建设任务内容既有相似也有不同。相似之处在于,两者都将校企合作、改革人才培养模式作为项目建设的重点任务;不同之处在于,两者的建设起点要求不同,从河南省内获批立项学校的情况来看,国家中等职业教育改革发展示范学校普遍属于本地区中等职业学校的佼佼者,其办学基础条件、办学规模、办学特色均高于河南省中等职业教育品牌示范学校和特色学校。因此,在项目建设任务上,河南省将"提升基础能力"纳入了品牌示范学校和特色学校的必选项,并且对省财政奖补资金的使用范围进行了明确要求:用于设备仪器购置的资金不得超过20%,用于教师培训的资金不得超过10%,不得用于项目院校人员经费、日常办公经费、偿还贷款、支付利息、捐赠赞助、对外投资、抵偿罚款以及与项目建设无关的其他支出,在实际管理工作中更是进一步要求省财政奖补资金不得用于基建工程,这一设计出发点,也是考虑通过项目建设带动省辖市、县(市、区)政府加大对项目学校的投入,进一步加强项目学校的基础能力建设。

(五)河南省中等职业教育品牌示范学校和特色学校项目的学校建设

中等职业教育品牌示范学校和特色学校项目建设周期为两年,自《项目建设方案》和《项目建设任务书》批复之日起开始计时。虽然各项目学校的建设内容有差异,但建设路径和方法大体相同,按照《项目建设方案》和《项目建设任务书》的要求开展建设。综合分析各项目学校的建设情况,大致有以下几个措施:

1.建立组织机构

项目学校成立项目建设领导小组、督查工作小组和建设实施小组等组织机构,对项目建设明确分工,分层管理,任务到人。

2.建立规章制度

项目学校根据项目建设工作需要,制定《项目建设专项经费管理实施细则》和《项目建设实施管理办法》等制度,在管理体制建设、项目管理、项目实施、检查与评估、资金预算管理、资金支出管理、资金决算管理、考核与奖惩等方面作出规定,加强管理,保障项目建设规范有序进行。

3.统一思想认识

大部分项目学校采取邀请专家到校指导、组织教职工到省内外相关院校实地考察培训等方式,从对现代职业教育的认识教育着手,提高教职工对职业教育本质规律的认识。

4.建立工作机制

各项目学校普遍实行了建设任务责任制和督查制,根据《项目建设任务书》合理分解目标任务,建立工作台账,责任到人,采取周会、月汇报、年度总结等方式,强化过程管理,保障建设任务顺利实施、按时完成。

5.注重材料积累

各项目学校在进行相关建设时,要求相关人员注意留存工作记录和资料,特别是影像材料,在准备检查材料时围绕建设任务归纳整理材料,较好地反映了项目学校开展品牌示范学校或特色学校建设的过程,为以后开展类似的项目建设积累了经验和资料。

(六)河南省中等职业教育品牌示范学校和特色学校项目的验收情况

1.国家中等职业教育改革发展示范学校建设项目学校的验收情况

2010年11月27日印发了《教育部关于印发〈中等职业教育改革创新行动计划(2010—2012年)〉的通知》(教职成〔2010〕13号),公布分三批支持1000所国家中等职业教育改革发展示范学校建设。河南省中等职业教育品牌示范学校和特色学校建设项目在设计时,正值国家教育部、人力资源和社会保障部、财政部共同组织实施国家中等职业教育改革发展示范学校建设项目,为统一管理,河南省中等职业教育品牌示范学校和特色学校建设管理办公室将国家中等职业教育改革发展示范学校建设项目与河南省中等职业教育品牌示范学校、特色学校建设项目合并管理。在国家中等职业教育改革发展示范学校建设项目中,河南省有53

所中等职业学校(不含9所技工院校)成为国家中等职业教育改革发展示范学校建设项目学校,其中49所项目学校分批纳入了省中等职业教育品牌示范学校和特色学校建设项目。对这49所项目学校,省中等职业教育品牌示范学校和特色学校建设管理办公室按照教育部、人力资源和社会保障部、财政部对建设项目的验收标准和程序组织省级验收,省级验收通过后报教育部等三部门进行国家级复核,对通过国家级复核的项目学校,直接认定为通过验收。截至2018年12月31日,组织了国家中等职业教育改革发展示范学校3个批次53所项目学校的验收工作,全部三批项目学校验收完毕,其中,52所项目学校验收通过,1所学校验收未通过。

2.其余省中等职业教育品牌示范学校和特色学校建设项目学校的验收情况

除国家中等职业教育改革发展示范学校建设项目学校以外,还有129所项目学校作为河南省中等职业教育品牌示范学校和特色学校建设项目学校。截至2018年12月31日,共组织了3个批次98所项目学校的终期验收,尚有第三批1所学校、第四批12所学校、第五批18所学校共31所未进行验收。

(七)河南省中等职业教育品牌示范学校和特色学校项目的建设结果

终期检查验收后,经省中等职业教育品牌示范学校和特色学校建设管理办公室组织专家进行综合评议,分4种情况公布最终结果:

1.验收通过并授予称号的学校

此种情况的项目学校共有140所,其中,"河南省职业教育品牌示范院校"36所,"河南省职业教育特色院校"104所。此外,2018年12月24日印发了《教育部办公厅　人力资源社会保障部办公厅　财政部办公厅关于公布"国家中等职业教育改革发展示范学校建设计划"第三批项目学校验收结果的通知》(教职成厅函〔2018〕52号),公布河南省有19所中等职业学校(含16所第三批项目学校、3所第二批暂缓通过项目学校)通过验收。

2.验收通过但不再授予称号的学校

此种情况的学校共有10所,其中,"河南省职业教育品牌示范院校"6所,"河南省职业教育特色院校"4所。这些项目学校主要因在建设期间已合并、升格为高等职业院校或并入高等学校而不再授予称号,其中,合并入其他中等职业学校的1所、升格高等职业院校的5所、并入高等学校的2所,其他原因的2所。

3.延期验收的学校

此种情况的学校有 2 所,均为特色学校,其中 1 所已被取消建设资格,另 1 所将随第四批项目学校一起进行终期验收。

4.取消建设资格的学校

此种情况的学校有 6 所,其中,品牌示范学校 1 所,特色学校 5 所。

总体上看,河南省中等职业教育品牌示范学校和特色学校建设项目学校的建设任务得以落实,办学综合水平有了不同程度的提升,基本上完成了省政府对品牌示范学校和特色学校建设的任务要求。

项目学校传统的封闭式办学模式全面突破。项目学校更加重视校企合作,企业对职业教育的参与从原来单纯的用工合作发展到参与招生、人才培养方案制订、课程设置、顶岗实习等人才培养各环节的深层次合作。

人才培养模式的职业教育特色更加突出。行业企业对项目学校教育教学工作的参与,推动了教学内容和教学模式更加符合职业教育的规律和要求,骨干专业新修订的课程体系已经开始摆脱传统的学科式课程设置,与职业密切相关的应用型、技能型课程比例在上升;情景教学、现场教学、项目教学等理实一体化教学模式的应用逐渐扩大,与普通教育"教师口授+学生背记"明显不同的职业教育教学模式正在悄然形成。

项目学校的"种子"作用开始发挥。项目学校的骨干、示范、带动和辐射作用开始显现,职业学校之间的相互交流与学习,促进了职业教育新思想、新模式的推广,对推动河南省中等职业教育的改革发展起到了积极作用。

二、河南省中等职业教育品牌示范学校和特色学校建设中存在的困难和问题

河南省中等职业教育品牌示范学校和特色学校自 2012 年启动实施以后,取得了一定的建设成效,但从实施和建设的情况看,还存在一些困难和问题。

(一)存在的主要困难

1.招生难

按照教育部门教育管理的分类,大体可以分为基础教育、职业教育、高等教育 3 种类型,其中,高等教育自 2018 年开始正式实行分类管理,逐步分为普通类高

等教育与职业类高等教育,并将职业类高等教育归并入职业教育。3种类型中,职业教育成为教育部正式认可的、独立的一种类型教育。职业教育社会认可度较低是当今社会的现实,尤其是与普通高中教育同层次不同类型的中等职业教育,往往被视为学生和学生家长"最无奈的选择",虽然有少量的中等职业学校招生情况较好,但对于绝大多数学校来说,招生仍然比较困难。以2017年的招生情况为例,当年全省789所中等职业学校招生52.87万人,校均招生670人,招生数占高中阶段的比例为42.69%,职普比勉强达到了《国务院关于加快发展现代职业教育的决定》(国发〔2014〕19号)中"总体保持中等职业学校和普通高中招生规模大体相当"的要求。在河南省,招生问题涉及中等职业学校的生存问题,没有学生无法办学,学生少了办学经费不足,因此每所中等职业学校都将招生列为本校的第一要务,甚至不惜采取将招生人数与教师个人职称晋升、绩效工资发放、评先评优等挂钩的行政手段。仅仅依靠学校教师的努力,效果仍然有限,因此,产生了大量没有合法资质的"招生代理""招生中介",他们依靠向中等职业学校按输送的学生数获取"介绍费"、向初中教师进行利益输送"购买"学生赚取差价而获利。这种招生行为,既增加了学校的廉政风险,又降低了学校的资金使用效益,还破坏了中等职业教育的声誉和生存环境,但学校为了生存而不得不为,已经成为中等职业学校招生中的"潜规则",禁而不绝。在"招生难"普遍存在的情况下,包括中等职业教育品牌示范学校和特色学校在内的河南省各中等职业学校,都难以将全部精力用于办学和人才培养上,严重制约了中等职业教育的发展。

2.条件差

虽然职业教育攻坚计划(2008—2012年)和职业教育攻坚二期工程(2014—2018年)改善了中等职业教育整体上的办学条件,但相对于中等职业教育发展的需求,中等职业学校的办学条件整体上仍然较差,即使在全省中等职业学校中属于办学条件相对较好的中等职业教育品牌示范学校和特色学校,办学条件仍需进一步提升和改善。

以2017年的办学条件为例,全省789所中等职业学校,在校生133.23万人,占地面积4.64万亩,校舍建筑面积1 499.46万平方米,藏书2 107.58万册,教学仪器设备值335 481.73万元,专任教师6.38万人,由此可以推算出河南省中等职业学校的校均办学条件和生均办学条件。(见表8-6)与《教育部关于印发〈中等职业学校设置标准〉的通知》(教职成〔2010〕12号)中的要求相对比,河南省中等职业学校在校生数、占地面积、校舍建筑面积、图书藏量、教学仪器设备值、专任教师数等 6 项办学基本指标中,校均指标只有在校生数、教学仪器设备值、专任教师数等 3 项符合标准,生均指标则全部达不到标准。考虑到"设置标准"是学校办学的最低要求,可以判断出河南省中等职业学校的办学条件还处于较为落后的状态。

表 8-6 2017 年河南省中等职业学校基本办学条件平均指标数量表

指标名称	校均指标	教育部标准	生均指标	教育部标准
在校生数(人)	1689	≥1200	—	—
占地面积(平方米)	39 206.67	≥4000	23.22	≥33
校舍建筑面积(平方米)	19 005	≥24 000	11.25	≥20
图书藏量(册)	26 712	≥36 000	15.82	≥30
教学仪器设备值(元)	42 520 000	≥3 300 000	2 518.06	≥2750
专任教师数(人)	81	≥60	0.047 89	≥0.05

数据来源:教育部《中等职业学校设置标准》,其中对仪器设备值的要求为"工科类专业和医药类专业生均仪器设备价值不低于 3000 元,其他专业生均仪器设备价值不低于 2500 元。"为方便计算,取其简单算术平均值 2750 元。

即使与同期河南省内普通高中学校的办学条件相比,中等职业学校的办学条件也相对较差。2017 年,全省 813 所普通高中学校,在校生 205.49 万人,占地面积 9.29 万亩,校舍建筑面积 3 051.05 万平方米,藏书 3 519.38 万册,教学仪器设备值 249 201.97 万元,专任教师 14.45 万人。中等职业学校除教学仪器设备值高于普通高中学校外,其余指标中,无论校均指标还是生均指标均低于普通高中学校。而教学仪器设备值高于普通高中学校的原因,则是由于两种类型的学校对教学仪器设备的装备要求不同,中等职业学校的教学仪器设备具有专用性能强、单台价值高、需求类型多等特点,远非普通高中学校物理、化学、生物等通用教学仪器设备配备要求所能相比。

表 8-7 2017 年河南省中等职业学校与普通高中学校基本办学条件对比表

指标名称	中等职业学校校均指标	普通高中学校校均指标	中等职业学校生均指标	普通高中学校生均指标
在校生数(人)	1689	2528	—	—
占地面积(平方米)	39 206.67	76 180.00	23.22	30.14
校舍建筑面积(平方米)	19 005	37 528	11.25	14.85
图书藏量(册)	26 712	43 289	15.82	17.13
教学仪器设备值(元)	42 520 000	30 652 000	2 518.06	1 212.72
专任教师数(人)	81	178	0.047 89	0.070 32

3. 师资缺

相对来说，河南省中等职业教育品牌示范学校和特色学校的师资力量相对好于其他中等职业学校，但即使是这些条件比较好的学校，也存在着师资总量不足、结构不合理、"双师素质"不高等问题，给中等职业教育品牌示范学校和特色学校建设带来了一些困难。从师资总量上看，2017年的专任教师6.38万人，在校生133.23万人，以生师比20∶1计算，约需6.66万人，缺口达0.28万人。从师资结构上看，中等职业学校的专任教师分为文化基础课教师和专业技能课教师两大类，2017年纳入统计的640所中等职业学校49 755名分科专任教师中，公共基础课教师22 178名，专业技能课教师27 577名[1]，公共基础课与专业技能课教师之比为45∶55，按照教育部"公共基础课程学时一般占总学时的1/3""专业技能课程学时一般占总学时的2/3"的要求[2]，参照省教育厅、人力资源和社会保障厅、财政厅、编办"从2014年起，中等职业学校专业课教师数量达不到专任教师总数的65%者不得补充非专业课教师和其他人员"的要求[3]，可以推算出中等职业学校专业技能课教师还有约10%的缺额。从"双师素质"上看，自2015年河南省教育厅开展中等职业学校"双师型"教师认定工作以来，2015年认定了4324名[4]，2016年认定了4053名[5]，2017年认定了3620名[6]，三年共认定11 997名；如果按专业技能课教师数占学校专任教师数的55%计算，2017年全省中等职业学校6.38万名专任教师中，应有3.51万名专业技能课教师，"双师型"教师比例仅为34.19%左右，距离省政府"'双师型'教师占专任专业课教师的比例达到70%以上"的要求还有一半的差距。由此可见，河南省中等职业学校的师资队伍中，专任教师缺，专

---

[1] 河南省教育厅.河南省教育统计提要2017[Z].郑州：[出版地不详]，2018.
[2] 中华人民共和国教育部.关于制定中等职业学校教学计划的原则意见：教职成[2009]2号[EB/OL].（2009-01-06）[2019-04-30].http://www.gov.cn/gongbao/content/2009/content_1371355.htm.
[3] 河南省教育厅，河南省人力资源和社会保障厅，河南省财政厅，河南省机构编制委员会办公室.关于加强河南省中等职业学校"双师型"教师队伍建设的若干意见：豫教职成[2014]8号[EB/OL].（2014-01-27）[2019-04-30].http://www.haehu.gov.cn/2014/01/27/1390795013935.html.
[4] 河南省教育厅.关于公布2015年度河南省中等职业学校"双师型"教师名单的通知：教职成[2015]604号[EB/OL].（2015-07-31）[2019-04-30].http://vae.ha.cn/templates/zcjgw/2/10/60/973.htm.
[5] 河南省教育厅.关于公布2016年度河南省中等职业学校"双师型"教师名单的通知：教职成[2017]238号[EB/OL].（2017-04-05）[2019-04-30].http://www.haedu.gov.cn/2017/04/05/1491356829625.html.
[6] 河南省教育厅.关于公布2017年度河南省中等职业学校"双师型"教师名单的通知：教职成[2017]1083号[EB/OL].（2017-12-27）[2019-04-30].http://www.haehu.gov.cn/2017/12/27/1514354297714.html.

任教师中的专业技能课教师更缺,而专业技能课教师中的"双师型"教师更为紧缺。假设所有"双师型"教师的真实水平都能满足中等职业教育的教学要求,仅仅从数量上就可以发现师资的不足将影响到河南省中等职业教育品牌示范学校和特色学校的建设。

(二)存在的主要问题

1.教育理念的错位影响了品牌示范学校和特色学校的建设效果

职业教育发源于普通教育,河南省的中等职业学校除部分普通中等专业学校转型以外,都是从普通高中学校或普通初中学校分流出来的,从本源上看,都属于普通教育的范畴。因此,在河南省中等职业学校中,从校长到一线教师,对教育理念的理解和认识受普通教育的影响很大,反映在办学活动中,就表现为以学校为中心办学,或者说是围绕着学校或教师的自身需要办学,形成了以对口升学为导向、以学科知识传授为主要目的、以理论教学为基本教学手段的办学模式,对职业教育的类型特征和技术技能人才培养规律认识严重不足。基于这种教育理念,河南省中等职业学校中的大多数学校都存在着专业设置与当地经济社会需求对接不紧密、课程内容与职业工作需要相脱节、毕业生专业对口就业率不高等突出问题。为了将这种传统教育理念对品牌示范学校和特色学校建设的不良影响降到最低程度,河南省中等职业教育品牌示范学校和特色学校建设管理办公室在设计《项目建设任务书》基本版式的时候,就对建设任务进行了分解和安排,对每一部分做什么提出了明确的要求,希望《项目建设任务书》能够成为项目学校开展品牌示范学校或特色学校建设时的"路线图",项目学校能够"按图索骥",比较顺利地完成建设任务。但由于教育理念的转变不可能一蹴而就,加上项目学校的校级领导、中层干部、一线教师的理解不可能完全一致,导致在品牌示范学校和特色学校的建设中,出现很多"穿新鞋走老路"的情况,使品牌示范学校和特色学校的建设效果打了折扣。以"课程体系设置"为例,从表面上看,项目学校组织骨干专业的教师进行了调研、论证、培训,对专业"人才培养方案"进行了修订,重新设计了"课程体系",但经对比修订前的"人才培养方案"可以发现,虽然内容做了许多修改,如删掉了一些理论课程,增加了一些技能训练课程,有了较大进步,但其课程序列编排、课程内容调整、课程学时安排等并不到位,课程的综合性、实践性不足,建设任务中体现职业工作要求、体现工作过程导向的原则没有得到完全贯彻,究其原因,主要还是难以摆脱文化基础课、专业基础课、专业课依次渐进的"三段论式"学科课程体系设计思维的影响,按照学术研究人才的教育培养理念设计技术技能人才的专业课程体系。

2.内涵建设的复杂性认识不够影响了品牌示范学校和特色学校建设的深入

在品牌示范学校和特色学校建设项目之前,河南省的中等职业学校所接触到的项目都属于硬件购置型项目,如发展改革委实施的基础能力建设项目、教育部门和财政部门联合实施的实训基地建设项目等,对什么是内涵建设、内涵建设该如何建认识不清,对内涵建设复杂性缺乏深入的思考与研究。基于这种认识状态,项目学校中出现了3种比较典型的不良现象:第一种是敷衍了事,将建设任务简单化为各种文字材料的准备和积累,好一点的项目学校让自己的教师准备材料,差一点的则外包给公司代理;第二种是就事说事,将建设任务看成是阶段性工作,任务完成就算了结,建设过程中进行的改革不做总结、不做改进、不进行校内推广,完全不做"示范后"的打算和工作开展;第三种是求稳怕事,将建设任务积极推进和落实,但遇到阻力时,不是想方设法克服,而是绕开、退缩甚至是走回头路。内涵建设是一项长期性的、累积性的工作,需要明确目标、坚定信心、坚持不懈、久久为功,实现从量变到质变的转化,特别是涉及教育教学理念、模式、途径和方法的改革和建设,更需要不断地进行探索。

3.办学条件的不足影响了品牌示范学校和特色学校建设效果的充分发挥

如前所述,河南省中等职业学校的办学条件还存在很多不足,学校之间、学校内部各专业之间发展不平衡的现象还比较严重,而有限的投入,只能使优质的学校、优势的专业获得较好的资源配置,正如技术扩散需要承接地区具备一定的基础一样,办学条件的不足也使河南省中等职业教育品牌示范学校和特色学校在建设成果的推广上受到诸多限制。以校企合作为例,省属中等职业学校,由于有计划经济时期的行业背景,与大、中型企业的联系较为密切(特别是早期的毕业生已经成为企业的技术骨干),更容易获得企业的人力、技术、工艺等方面的资源,开展深入的校企合作相对容易,这就造成省属中等职业学校好的经验和做法往往县(市、区)属中等职业学校想学也学不了;而县(市、区)属中等职业学校由于其自身办学条件的不足,加之当地的经济社会发展水平所限,企业资源难以寻找和获得,更多的是与劳动密集型企业合作,停留在毕业生劳动力的输送层次。再以教学模式改革为例,模块式课程、项目化教学需要教师具备较为扎实的理论功底、较为丰富的实践经验、理实一体化的教学能力和数量充足的实训设备,即使是同一所学校内的不同专业也很难全部满足这些条件。项目学校办学条件的不足,导致许多中等职业教育品牌示范学校和特色学校的建设成果更具有个性化特征,难以复制和推广,品牌示范学校和特色学校示范、引领作用的发挥更多体现在理念、途径和方法上,实践上的应用还需要更进一步的探索。

三、河南省中等职业教育品牌示范学校和特色学校建设的对策

截至2018年12月31日,河南省中等职业教育品牌示范学校和特色学校的建设已经临近尾声,85%的项目学校已经进行了验收。从指引学校发展方向和发展思路的角度来看,河南省中等职业教育品牌示范学校和特色学校的建设,更像是一次对全省中等职业学校的洗礼,推动了中等职业学校接收和接受现代职业教育理念,总结品牌示范学校和特色学校的建设经验和教训,建议未来河南省中等职业教育的发展中采取以下几项措施。

(一)实施中等职业学校办学条件达标建设工程

办学条件是学校办学的基础。正如前面对全省中等职业学校办学条件情况的分析,办学条件较差的状况,已经明显制约了中等职业教育的发展。2018年12月28日,《河南省教育厅 河南省人力资源和社会保障厅关于公布优化中等职业学校布局结果名单的通知》(教职成〔2018〕1112号)发布,经过布局优化调整,全省保留中等职业学校339所、技工学校75所,共计414所学校。建议省教育厅制订办法,建立考评机制,督促各省辖市、县(市、区)政府和省直有关部门,用3年左右的时间,对保留的339所中等职业学校按照教育部《中等职业学校设置标准》的要求开展办学条件达标建设,对3年建设期满仍不达标的学校坚决予以停止其中等职业教育招生资格,以扩大办学容量、提升办学条件,为以后中等职业学校的发展奠定坚实的基础。

(二)开展中等职业教育高水平学校创建活动

高水平的中等职业学校是河南省中等职业教育的品牌和典范,代表着河南省中等职业教育的先进水平。综合6年多来的建设情况,虽然与长三角、珠三角等职业教育发达地区的中等职业学校相比仍有一定的差距,但为以后的发展打下了根基。建议省教育厅采用竞争机制,从现有河南省中等职业教育品牌示范学校和特色学校中进一步遴选出若干所学校,给予重点扶持,支持其创建高水平中等职

业学校。通过3年左右的创建活动,使这部分学校以围绕服务当地经济社会发展、深化产教融合和校企合作、强化内涵建设和专业建设、提升办学能力和办学水平等为重点,以理念先进、条件一流、质量优秀、服务优异为目标,以办学特色突出、综合实力强、核心竞争力高、群众满意度高为表征,成为位居全国前列、中西部地区领先的高水平中等职业学校。

(三)继续加强中等职业学校师资队伍建设

师资队伍建设,是中等职业学校各类建设的根基。建议省教育厅继续加强中等职业学校的师资队伍建设,健全师德建设长效机制;建立中等职业教育教学专家、专业(学科)带头人、教学名师、教学创新团队等师资队伍梯队;适当降低特殊专业高技能人才从教的学历要求,提高专业技能课教师的企业工作经历要求,简化中等职业学校专业技能课教师的招聘程序;加大对中等职业学校聘任紧缺专业兼职教师的资助力度;完善"学校+企业(行业)"的培训模式,严格落实教师5年一周期的全员轮训制度和专业技能课教师每年至少1个月在企业实践或实训基地实训的要求,进一步提高"双师型"教师的比例和能力水平。

(四)进一步推进中等职业教育产教融合校企合作

产教融合、校企合作是中等职业教育的根本特征。经过6年多来河南省中等职业教育品牌示范学校和特色学校的建设,开展产教融合、校企合作已经成为大部分中等职业学校办学的基本共识,也成为少数学校教学的基本组织形态。建议省教育厅会同其他部门,完善产教融合、校企合作支持政策;建立健全"政府、行业、企业、学校、社会协同推进"的中等职业教育产教融合、校企合作工作机制,促进产教融合校企"双元"育人;遴选省辖市、县(市)、企业、中等职业学校开展省级产教融合建设试点,认定一批"产教融合型企业"和"产教融合型中等职业学校",支持一批区域性产教融合型实训基地建设;重点建设一批省级示范性职业教育集团和省级产教融合专业联盟,促进教育链、人才链与产业链、创新链的有机衔接。

(五)进一步加大中等职业教育的财政投入

财政投入是中等职业教育事业发展的基本支撑。建议省教育厅会同省财政厅,在保障教育合理投入的同时,优化教育经费支出结构,进一步加大对中等职业教育的经费投入;建立与中等职业教育办学规模、培养成本和培养要求相适应的财政投入长效机制;建立省辖市、县(市、区)政府中等职业教育经费投入绩效评价、审计公告、预决算公开制度;推动省辖市、县(市、区)政府制定并落实中等职业学校生均经费标准或公用经费标准,实行生均公用经费标准的地方,生均公用经费标准要不低于当地普通高中的1.5倍,并实行差异化拨款,以奖优扶优、支持中等职业学校特色发展;逐步统一并提高中等职业学校学费标准,将现行的普通中等专业学校、职业中等专业学校、成人中等专业学校、职业高级中学的学费标准统一到普通中等专业学校的水平,并建立学费标准动态调整机制。

参考文献:

[1]河南省教育厅.2012年河南省教育事业发展统计公报[EB/OL].(2013-01-23)[2019-04-30].http://www.haedu.gov.cn/2013/03/18/1362711213369.html.

[2]河南省教育厅.2017年河南省教育事业发展统计公报[EB/OL].(2018-04-02)[2019-04-30].http://www.haedu.gov.cn/2018/04/02/1522648011616.html.

[3]河南省教育厅.河南省教育统计提要2017年[Z].郑州:[出版地不详],2018.

[4]中华人民共和国教育部.关于制定中等职业学校教学计划的原则意见:教职成[2009]2号[EB/OL].(2019-01-06)[2019-04-30].http://www.gov.cn/gongbao/content/2009/content_1371355.htm.

[5]河南省教育厅,河南省人力资源和社会保障厅,河南省财政厅,河南省机构编制委员会办公室.关于加强河南省中等职业学校"双师型"教师队伍建设的若干意见:豫教职成[2014]8号[EB/OL].(2014-01-27)[2019-04-30].http://www.haehu.gov.cn/2014/01/27/1390795013935.html.

[6]河南省教育厅.关于公布2015年度河南省中等职业学校"双师型"教师名单的通知:教职成[2015]604号[EB/OL].(2015-07-31)[2019-04-30].http://vae.ha.cn/templates/zcjgw/2/10/60/973.htm.

[7]河南省教育厅.关于公布2016年度河南省中等职业学校"双师型"教师名单的通知:教职成[2017]238号[EB/OL].(2017-04-05)[2019-04-30].http://www.haedu.gov.cn/2017/04/05/1491356829625.html.

[8]河南省教育厅.关于公布2017年度河南省中等职业学校"双师型"教师名单的通知:教职成[2017]1083号[EB/OL].(2017-12-27)[2019-04-30].http://www.haehu.gov.cn/2017/12/27/1514354297714.html.

专题九 河南省中等职业教育人才培养模式改革研究

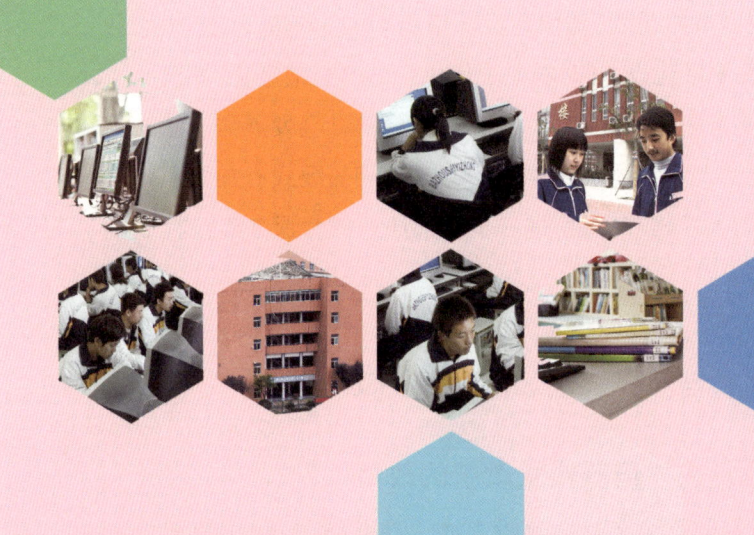

河南科技学院　冯丽

河南省正在全面实施国家粮食生产核心区规划、中原经济区规划、郑州航空港经济综合实验区规划三大国家战略规划,加快建设郑洛新"中国制造2025"试点示范城市群,不断推进产业集聚区建设,同时农业现代化、工业化、信息化、城镇化也得到了快速发展,这些都要求职业教育能够培养出适合经济社会发展需求的技术技能型人才。对技术技能型人才质量和结构的新要求,迫切需要我省加快职业教育人才培养模式改革,提高人才培养质量,进一步增加职业教育服务经济社会发展的能力。

一、中等职业教育人才培养模式改革的政策沿革

(一)国家中等职业教育人才培养模式改革的政策

改革开放之后,国家需要大量的经济社会建设人才。在此背景下,中等职业教育的培养目标开始发生转变,教育教学重点开始由理论转向实践。1985年《中共中央关于教育体制改革的决定》强调实践教学在中等职业教育中的地位。1999年在职业教育发展史上是非常关键的一年。1999年8月,为了贯彻《中共中央国务院关于深化教育改革,全面推进素质教育的决定》和《面向21世纪教育振兴行动计划》,全国中等职业教育教学改革工作会议在上海召开。在此次会议上,教育部职业教育与成人教育司司长黄尧发表重要讲话,提出要深化教育教学改革,狠抓职业教育的质量和效益,职业学校要实施产教结合,鼓励学生在实践中掌握职业技能。职业教育实施产教结合首次被推上历史舞台。由于1999年高等学校开始大规模扩招,使更多的学生升入大学深造成为可能。高等教育领域的这一举措对中等职业学校的招生无疑是重大的打击,直接导致

了高中教育阶段的普高热、中等职业学校低迷的状况。中等职业教育为了吸引更多的生源,把20世纪90年代提出的对口升学政策作为主打招生宣传标语。这样的话,即使1999年在职业教育发展史上明确提出了实施产教结合,鼓励培养学生的职业技能,但是仍然有很多中等职业学校在现实中实施以升学导向为主的人才培养模式。

面对新的形势,国家出台了相关政策,旨在通过教学改革、提高教学质量来增强中等职业教育吸引力。2000年3月,国家教育部制定下发了《关于全面推进素质教育、深化中等职业教育教学改革的意见》。意见指出,中等职业学校要加强实践教学,提高学生的职业能力和创业能力,并且明确提出中等职业学校实施"产教结合、工学交替"的人才培养模式。2002年7月28日至30日,国务院召开全国职业教育工作会议,要求各地及时调整中等职业教育发展策略,积极探索以就业为导向的人才培养模式。2002年8月,国务院颁布了《关于大力推进职业教育改革与发展的决定》。其中强调企业要和职业学校加强合作,实行多种形式联合办学,开展"订单"培训,加强实践教学,提高受教育者的职业能力。为了贯彻这一决定精神,同时缓解劳动力市场上相关专业领域技能人才紧缺的状况,2003年12月,教育部、劳动保障部、国防科工委、信息产业部、交通部、卫生部联合发出《关于实施职业院校制造业和现代服务业技能型紧缺人才培养培训工程的通知》,其中规定要以"工程"实施为契机,逐步形成职业教育教学改革的新机制,推动产教结合、校企合作的进展。教育部邀请行业、企业专家按照工作流程和岗位需要共同开发的"核心课程与训练项目",替代了传统的教学大纲和教材,彻底改变职业教育闭门造车的现状。

2004年召开的全国职业教育工作会议进一步指出,职业教育要从专业学科为本位向职业岗位和就业为本位转变,要推动职业教育教学与生产实践、社会服务和技术推广的紧密结合,特别要加强实践操作技能的培养训练,突出实验、实训和动手操作能力的培养,以就业为导向,大力推动职业教育转变办学模式。2004年,国务院发布《2003—2007年教育振兴行动计划》,其中"职业教育与培训创新工程"同样提出要进一步转变中等职业技术学校的办学指导思想,实行多样、灵活、开放的人才培养模式,把教育教学与生产实践、社会服务、技术推广结合起来,加强实践教学和就业能力的培养。加强与行业、企业、科研和技术推广单位的合作,推广"订单式""模块式"的培养模式,探索针对岗位需要的、以能力为本位的人才培养模式。

2005年2月28日,教育部发布的《教育部关于加快发展中等职业教育的意见》指出,积极支持行业企业与职业学校联合招生合作办学,实行产教结合,企业可依托职业学校建立培训中心;制定和完善行业企业参与职业教育的相关政策,建立企事业单位接收职业学校学生实习的制度;接收学生实习的企事业单位,有责任向顶岗实习的学生支付相应的报酬或补贴。

2005年10月28日发布的《国务院关于大力发展职业教育的决定》(国发〔2005〕35号)明确指出,中等职业教育要大力推行工学结合、校企合作的培养模式,与企业紧密联系,加强学生的生产实习和社会实践,改革以学校和课堂为中心的传统人才培养模式。中等职业学校在校学生最后一年要到企业等用人单位顶岗实习,建立企业接收中等职业院校学生实习的制度。要继续坚持"以服务为宗旨、以就业为导向"的职业教育办学方针,积极推动职业教育从计划培养向市场驱动转变,从政府直接管理向宏观引导转变,从传统的升学导向向就业导向转变。并且指出"依靠行业企业发展职业教育,推动职业院校与企业的密切结合",对参与职业教育培训的企业给予税收优惠等政策。到2005年从国家政策层面上,进一步明确中等职业学校工学结合、校企合作的人才培养模式,并从外部条件给予了支撑。

为了贯彻落实2005年《国务院关于大力发展职业教育的决定》(国发〔2005〕35号),提高中等职业教育教学质量和办学效益。2008年《教育部关于进一步深化中等职业教育教学改革的若干意见》要求改革人才培养模式,大力推行工学结合、校企合作、顶岗实习,指出当前的重点是要建立行业、企业、学校共同参与的机制,采取有效措施,进一步完善学生到企业顶岗实习的制度,努力形成以学校为主体,企业和学校共同教育、管理和训练学生的人才培养模式。2009年教育部专门出台了有关教育教学改革的指导性文件《教育部关于制定中等职业学校教学计划的原则意见》(教职成〔2009〕2号),提出中等职业教育的基本原则仍然要坚持工学结合、校企合作、顶岗实习的人才培养模式,正确处理公共基础课程与专业技能课程之间的关系,合理确定学时比例,确保中等职业教育培养目标的实现。

2000年以来,中等职业学校一直强调产教结合、校企合作的人才培养模式,但是经过近十年的发展,仍然存在教育与产业、学校与企业、专业设置与职业岗位对接不够紧密,人才培养的市场针对性不强的问题。2010年11月27日教育部发布了《中等职业教育改革创新行动计划(2010—2012年)》,其中的产教结合与校企一体办学推进计划主要为了解决产教融合过程中出现的这一系列问题。校企一体办学推进计划提出,要强化鼓励校企合作的政策、制度和机制建设,推进制定《中等职业教育校企合作办学促进办法》《关于加快推进职业教育集团化办学的意见》和校企一体实施方案,通过制度建设进一步推进校企合作的开展。2011年6月教育部又发布了《教育部关于充分发挥行业指导作用推进职业教育改革发展的意见》。意见指出:探索职业教育行业指导工作体系,在行业指导下推进职业教育教学改革,从而实现教学过程与生产过程的对接。

2014年6月,国务院印发《国务院关于加快发展现代职业教育的决定》(国发〔2014〕19号),提出创新职业教育人才培养模式,开展校企联合招生、联合培养的现代学徒制试点,推进校企一体化育人。随后,2014年8月,教育部发布了《关于开展现代学徒制试点工作的意见》(教职成〔2014〕9号),2015年1月教育部职成司发布了《关于开展现代学徒制试点工作的通知》,制定了学徒制试点工作实施方案,开始全面推进现代学徒制工作。

2015年7月,教育部发布了《教育部关于深化职业教育教学改革全面提高人才培养质量的若干意见》,提出要推进产教深度融合。2017年12月,国务院办公厅发布了《国务院办公厅关于深化产教融合的若干意见》,进一步提出深化产教融合,促进教育链、人才链与产业链、创新链有机衔接。2018年3月,为了进一步深化产教融合、校企合作,教育部会同国家发展改革委、工业和信息化部、财政部、人力资源和社会保障部、国家税务总局制定了《职业学校校企合作促进办法》,为产教融合、校企合作提供制度保障。

(二)河南省中等职业教育人才培养模式改革的政策

近年来,河南省高度重视职业教育人才培养模式改革,在2008年和2014年启动实施的两期职业教育攻坚计划中分别提出要推行和完善校企合作人才培养模式。2008年12月5日,河南省人民政府启动第一期2008—2012年职业教育攻坚计划,发布《河南省人民政府关于实施职业教育攻坚计划的决定》。决定提出要深化办学模式改革,积极探索学分制、分阶段学习等更加灵活的弹性学习制度,全面推行工学结合、顶岗实习、半工半读的培养模式。健全中等职业学校学生顶岗实习一年的制度,在一些专业领域探索两年制中等职业教育。

2010年1月4日，河南省人民政府发布《河南省人民政府关于加快推进职业教育攻坚工作的若干意见》，指出要继续强化技能型人才培养模式。坚持贯彻"以服务为宗旨、以就业为导向"的办学方针，大力推行"工学结合、校企合作、顶岗实习"的人才培养模式，加快实施精品专业、精品课程和精品教材建设工程，大力开展职业院校技能大赛活动。加快建立以就业为导向的职业教育教学质量评价检查制度，促进职业院校不断提高办学质量和水平。并且指出要加强校企合作，职业院校要围绕我省支柱产业和高成长型产业的人才需要，与企业积极合作，广泛开展"订单培养（培训）"。鼓励企业员工到相关职业院校接受对口技能培训，鼓励职业院校在企业设立对口实习基地。引导支持行业企业捐资或捐赠教学仪器设备用于职业教育发展。根据《国家税务总局关于印发企业支付实习生报酬税前扣除管理办法的通知》，落实企业支付实习生报酬税前扣除的有关规定。

2012年7月3日，河南省人民政府发布《河南省人民政府关于进一步推进全民技能振兴工程的若干意见》，继续强调职业教育要改革办学模式，促进供求对接。引导各类职业院校根据产业发展和企业用工需求积极开展定向、定岗和订单式培养，实现职业学校培养与产业、企业需求有效对接。指导企业积极开展校企合作，鼓励企业按照有关规定为工学结合、半工半读培养技能人才提供支持。组织百所学校和千家企业每年联合培养急需紧缺技师和高级技师1万人。

2012年8月16日，省教育厅、人力资源和社会保障厅、财政厅、发展改革委制定了《河南省职业教育品牌示范院校和特色院校建设管理办法的通知》，通过建设品牌示范院校和特色院校，实现校企合作办学模式新突破。密切职业院校与企业等用人单位的联系，深入推行"工学结合、校企合作、顶岗实习"的人才培养模式改革。实现专业与产业对接、教学过程与生产过程对接、专业课程内容与职业标准对接。深入开展项目教学、案例教学、场景教学、仿真教学和岗位教学等，增强教育教学的针对性和实效性。中职学校专业技能课程学时占总学时的2/3，其中顶岗实习累计总学时约为一学年。

为了保障校企合作的切实开展，2012年4月18日，省政府第102次常务会议通过《河南省职业教育校企合作促进办法（试行）》，成立了由省政府主管部门、行业协会、企业单位、职业院校共同组成的省校企合作促进委员会，分三批成立了25个行业职业教育校企合作指导委员会，有效指导和推进职业教育产教融合、校企合作工作。2012年5月4日，河南省人民政府发布的《河南省人民政府关于创新体制机制进一步加快职业教育发展的若干意见》指出,各级财政要对职业教育校企合作成效显著的职业院校、行业协会和企业给予资助和奖励,在项目、资金等方面要予以倾斜,公办职业院校实行"以补促改",民办职业院校实行"以奖代补",对于办学质量不高、招生困难的公办职业学校予以整合。同时强调继续发挥指导委员会和职教集团的作用,促进校企深度融合。加快建设职业学校"双师型"教师队伍。

2014年6月16日,河南省人民政府启动第二期职业教育攻坚计划(2014—2018年),发布了《河南省人民政府关于实施职业教育攻坚二期工程的意见》。《意见》提出进一步完善政府主导、行业指导、学校企业双主体的校企合作运行机制,遴选100个特色学校推进校企专业共建、课程共担、教材共编、师资共训、基地共享、人才共育,推动校企深度融合。建立职业教育校企合作政府奖励制度,引导和推动职业教育校企合作。随后,10月14日发布的《河南省人民政府关于加快发展现代职业教育的意见》指出,要健全企业参与制度,鼓励行业或企业举办职业教育,从根本上促进校企深度融合。2018年,河南省印发了《河南省人民政府办公厅关于深化产教融合的实施意见》,意见指出,计划用10年左右时间,组建一批省级产教融合专业联盟和省级示范性职业教育集团,开展产教融合建设试点。

二、河南省中等职业教育人才培养模式改革的多元实践

(一)发挥政府责任,保障校企合作顺利实施

为了保障校企合作的切实开展,2012年4月18日省政府第102次常务会议通过《河南省职业教育校企合作促进办法(试行)》,该办法明确了政府、职业院校、行业协会、企业在职业教育校企合作中的权利、义务和责任,为职业院校与企业的深度合作起到了制度保障的作用。同时,该办法提出省政府成立由省教育厅、人力资源和社会保障厅、发展改革委、财政厅、省政府国资委、省工业和信息化厅、商务厅等部门和部分行业协会、企业、职业院校参加的职业教育校企合作促进委员会,具体负责全省职业教育校企合作工作。2012年5月4日,河南省人民政府发布的《河南省人民政府关于创新体制机制进一步加快职业教育发展的若干意见》进一步明确指出,在"十二五"期间,河南省要以国家职业教育改革试验区为平台,构建促进职业教育校企合作组织框架,建立职业教育校企合作促进委员会

和行业职业教育校企合作指导委员会,推进校企合作的开展。为了落实该意见和职业教育校企合作促进办法,2012年12月14日,河南省政府成立了由省教育厅、人力资源和社会保障厅等部门和部分行业协会、企业、职业院校参加的职业教育校企合作促进委员会。校企合作促进委员会是省政府为推动全省职业教育校企合作而成立的政府领导组织,是全省职业院校与省内外行业、企业单位联系的桥梁和纽带,是积极促进职业院校与行业企业的全面合作、探索具有河南特色产、学、研结合道路的合作平台。它的主要职责是研究职业教育校企合作工作问题,督促落实土地、财政、金融等优惠政策;制定、发布校企合作的有关政策;成立并管理行业职业教育校企合作指导委员会,组建全省性职业教育集团。校企合作促进委员会的成立可谓是河南省在创新体制机制、改变封闭办学模式方面进行的新的探索与实践。

2013年1月23日,河南省职业教育校企合作促进委员会又发布了《河南省职业教育校企合作促进委员会工作规程(试行)》,进一步明确规定了校企合作促进会的组织机构、职责、权利和义务。2013年5月28日、2014年5月6日、2015年9月7日河南省职业教育校企合作委员会分三批成立了25个由政府有关部门、行业协会、企业、职业院校组成的行业职业教育校企合作指导委员会(见表9-1)。行业职业教育校企合作指导委员会是河南省职业教育校企合作促进委员会的下设机构,由行业行政主管部门或行业组织牵头组建和管理。行业职业教育校企合作指导委员会的主要职责是分析研究经济建设、科技进步和社会发展,特别是中原经济区经济建设发展方式转变和产业结构调整升级对本行业职业岗位变化和人才需求的影响,提出本行业职业教育人才培养的职业道德、知识和技能的要求;推动本行业教产合作,指导行业职业教育集团工作,推进职业院校与企业联合办学、校企一体化建设;指导校企共建职业教育实训基地;推动、组织本行业相关职业院校教师到企业实践工作,企业工程技术人员和高技能型人才在职业院校担任兼职教师;推进职业院校相关专业实施"双证书"制度;指导、协调本行业职业院校学生到企业顶岗实习;受教育行政部门委托,研究提出本行业职业教育的培养目标、教学基本要求和人才培养质量方法,参与制定本行业职业教育专业设置标准、实训教学仪器设备配备标准和教学评估标准及方案。组织本行业校企合作经验交流活动;受校企合作促进委员会委托,承办本行业相关专业职业技能大赛;经校企合作促进委员会授权,对职业院校校企合作工作进行评估。

表 9-1 河南省行业职业教育校企合作指导委员会成员名单

成立时间	行业职业教育校企合作指导委员会名称
2013 年 5 月 28 日	河南省地矿行业职业教育校企合作指导委员会
	河南省医药行业职业教育校企合作指导委员会
	河南省农业行业职业教育校企合作指导委员会
	河南省建设行业职业教育校企合作指导委员会
	河南省石油和化工行业职业教育校企合作指导委员会
	河南省粮食行业职业教育校企合作指导委员会
	河南省统计行业职业教育校企合作指导委员会
	河南省机械行业职业教育校企合作指导委员会
	河南省食品行业职业教育校企合作指导委员会
2014 年 5 月 6 日	河南省林业行业职业教育校企合作指导委员会
	河南省水利行业职业教育校企合作指导委员会
	河南省商务行业职业教育校企合作指导委员会
	河南省工艺美术行业职业教育校企合作指导委员会
	河南省轻工职业教育校企合作指导委员会
	河南省电子商务行业职业教育校企合作指导委员会
2015 年 9 月 7 日	河南省电子信息行业职业教育校企合作指导委员会
	河南省煤炭行业职业教育校企合作指导委员会
	河南省汽车行业职业教育校企合作指导委员会
	河南省物流行业职业教育校企合作指导委员会
	河南省会计行业职业教育校企合作指导委员会
	河南省金融行业职业教育校企合作指导委员会
	河南省旅游行业职业教育校企合作指导委员会
	河南省供销合作行业职业教育校企合作指导委员会
	河南省测绘地理信息行业职业教育校企合作指导委员会
	河南省装饰行业职业教育校企合作指导委员会

(二)探索校企合作教学模式,实现人才培养多样化

近年来,河南省中等职业学校从封闭办学模式向主动联系、对接、服务行业企业的开放式办学转变,涌现出了教学工厂模式、订单培养模式、股份制办学模式、集团化办学模式、现代学徒制等校企合作教学模式。

1.教学工厂模式

教学工厂模式是由新加坡南洋理工学院提出的职业教育人才培养模式,该模式的主要特征是学校、企业、实训中心三元合一,将真实的企业工作环境植入到学校中,在学校内建立具有逼真的环境、齐全的设备、先进的技术的教学工厂。这样,在学校内部就可以达成理论教学和实践教学的高度融合,从而更好地培养学

生的实践能力和职业能力。教学工厂人才培养模式是一种紧密型的校企合作人才培养模式。

河南省工业科技学校在汽车类专业中对教学工厂模式进行了尝试,于 2015 年 8 月成功地将教学工厂模式与学校新增的汽车美容专业对接,并促使河南省众诚联盟汽车美容公司与学校达成合作协议,形成了引企入校、校企融合的办学模式,推动了学校主动面向社会、面向市场办学,提高了服务经济社会发展的能力。河南机电学校也引企入校,思达高科在该校建立了生产车间,进行了教学工厂模式的实践。另外,该校还与郑州市黄河机电设备厂以前校后厂的形式进行紧密型校企合作,主要形式为工学交替、半工半读。河南省工业设计学校与超凡装饰艺术设计公司、山东电子商务集团、河南欧典西实业有限公司等三家开展联合办学,引企入校,形成"校中有企、企中有校"的产学合作教育格局,2018 年共组织开展技能技术培训 2100 人次。

2.订单培养模式

订单培养模式是典型的以就业为导向,以培养学生的综合职业素质和能力为核心的职业教育人才培养模式。它是由学校与企业签订人才培养协议,依据企业的人才需求标准共同制定人才培养方案,利用学校和企业的优势资源共同组织教学,学生毕业合格后直接到企业就业的人才培养模式。该模式要求企业全程参与学校的人才质量评估,主要针对企业的岗位能力要求组织教学,实现了课堂教学与实际工作的高度结合。对于学生而言,订单培养模式的优势是毕业之后可以直接就业,且岗位针对性和岗位适应性非常强。对于企业而言,可以减掉岗前培训,减少企业运营成本。对于学校而言,可以实现学校办学与市场需求的无缝对接,提高就业率。

河南商务学校与苏州友达股份有限公司签订订单培养协议,在学校建立了"友达班"。"友达班"按照苏州友达股份有限公司的人才需求标准设置课程,河南商务学校负责基础课教学和学生的日常管理,苏州友达股份有限公司负责专业课的教学。学校与苏州友达股份有限公司共同建立实习实训基地,2012 年经双方协商,苏州友达股份有限公司负责提供价值 200 万元的设备,河南商务学校负责提供场地,共同建造了"友达班"实训室,按照苏州友达股份有限公司的工作流程严格进行实训。之后几年经过双方协商,投入了更多的设备和资金,将"友达班"实训室建设成为友达股份有限公司的"第二车间",实现了产品生产与教学实训结合。这种模式既满足了河南商务学校学生实训的需要,同时可以很好地为苏州友达公司河南分公司进行岗前培训服务，又实现了公司的生产经营，为公司创造了效益。两年的校内专业学习结束之后，第三年"友达班"的学生全部到苏州友达股份有限公司进行为期一年的顶岗实习，实习成绩合格，苏州友达公司全部录用。河南商务学校还和北京河南大厦签订订单培养协议，实行工学交替的人才培养模式，学生学习期间需要严格按照北京河南大厦的要求进行系统性学习，毕业时各项成绩合格即可安排就业。三门峡中等专业学校近年来先后与三门峡中原量仪厂、广东东亚科技集团、深圳富士康等企业签订订单培养协议，实现了学校与企业直接对接，很好地践行了"工学结合、校企合作、顶岗实习"的人才培养模式。焦作市职业技术学校与江苏波司登股份有限公司、安徽芜湖美芝公司共同建立了"波司登班"和"芜湖美芝班"，推行订单培养，拓宽就业渠道。焦作市职业技术学校还与郑州快乐鸟幼儿园等五家幼儿园分别签订了订单培养协议书。

漯河市食品工业中等专业学校先后与漯河双汇集团、南街村集团、河南白象集团、郑州思念集团、南京喜之郎食品有限公司、上海永和大王餐饮有限公司、华冠养元饮料有限公司、万家集团等22家企业开展订单培养，在食品质量检验、食品加工、食品营销、食品机械、食品包装等专业设置了47个"订单班"，订单培养学生2756人。学校积极构建职业人才"五共"校企合作模式，校企共同制定"订单班"人才培养方案、课程设置和课程标准，共同承担课程任务，共同编写工学结合教材，共同承担"订单班"学员的实习实训，共同推进师资双向交流和培训提高。这一模式既缓解了产业集聚区和企业技术技能人才紧缺状况，又提高了人才培养的针对性和有效性，形成了政府、企业、学校、学生"多赢"的局面，推动了区域经济社会发展，涌现了与临颍产业集聚区和辖区企业"政校企合作模式"等典型案例。

3.股份制办学模式

股份制办学模式是校企深度联合办学的一种人才培养模式，主要表现是企业参与到学校的管理中，企业通过入股的方式参与到学校的财务管理、专业设置、课程开发、教材编写、实习实训基地建设、师资建设、学生就业等各个领域，可以是某个专业层面的入股，也可以是某个班级层面的入股，通过入股的方式实现校企联合办学。2009年，罗山县中等职业学校与北京飞雨言有限公司采取了企业入股合作的方式共同建设了形象设计和美容美发两个专业。具体合作方案是：学校负责招生、提供基础设施、公修课教学；北京飞雨言有限公司负责专业课教学、投资实习实训设备和安排学生就业，双方根据投入份额确定股份。在学生培养上推行

"三个一"的人才培养模式,即:一年在当地学校学习、一年在城市学校学习、一年在企业实习。这种人才培养模式很好地实现了学校与企业、专业与产业的对接,使人才培养具有很强的针对性,既解决了学生的就业问题,也解决了罗山县中等职业学校"双师型"教师培养、实习实训设备匮乏的难题,提升了学校的人才培养质量,提高了学校的吸引力。

4.集团化办学模式

从 2004 年开始,河南省教育厅连续颁布了《河南省教育厅关于组建职教集团的若干意见》《河南省教育厅关于加强省级职教集团建设的意见》《河南省职业教育集团管理办法(试行)》《河南省教育厅关于进一步推进职业教育集团化办学的若干意见》等政策文件,大力推进职业教育集团化办学,积极吸纳重点企业加盟职业教育集团,促进校企之间资源共享、合作办学。同时,对职业教育集团化办学有关问题进行了明确规定。2018 年年底全省先后组建了 64 个职教集团,共吸纳职业院校、行业协会、企业和科研机构等成员单位 2122 家,有效地推进了合作办学、协同育人。其中由中等职业学校为牵头单位的职教集团有 32 家(见表 9-2)。

表 9-2 河南省职教集团基本情况一览表

序号	集团名称	牵头学校	类别
1	河南科贸职业教育集团	河南省经济管理学校	省级
2	河南省财经职业教育集团	河南省财经学校	省级
3	河南省冶金职业教育集团	河南省工业学校	省级
4	河南省商贸职业教育集团	河南省商务中等职业学校	省级
5	河南省轻工职业教育集团	河南省轻工业学校	省级
6	河南省信息技术职业教育集团	河南信息工程学校	省级
7	河南省机电职教集团	河南机电学校	省级
8	河南省地质职教集团	郑州工业贸易学校	省级
9	河南省信息咨询职教集团	河南省信息管理学校	省级
10	固始县职业教育集团	固始县职业教育中心	市县级
11	鹤壁理工职教集团	鹤壁市机电信息工程学校	市县级
12	郑州市汽车运用工程职业教育集团	郑州市国防科技学校	市县级
13	罗山职教集团	罗山县中等职业学校	市县级
14	新县职教集团	新县职业高级中学	市县级
15	镇平县玉雕职业教育集团	镇平县工艺美术中等职业学校	市县级
16	开新职专教育集团	开封新技术中等职业学校	市县级
17	漯河市电子信息职业教育集团	漯河市第一中等专业学校	市县级
18	许昌经贸职业教育集团	许昌工商管理学校	市县级
19	长葛市职业教育集团	许昌技术经济学校	市县级

续表

序号	集团名称	牵头学校	类别
20	许昌幼师职业教育集团	许昌科技学校	市县级
21	鄢陵县职业教育集团	鄢陵县职业教育中心	市县级
22	泌阳县职业教育集团	泌阳县中等职业技术学校	市县级
23	汝南幼儿师范学校天中幼教集团	汝南幼儿师范学校	市县级
24	孔祖职教集团	孔祖中等专业学校	市县级
25	虞城县职教集团	虞城县职业技术教育中心	市县级
26	河南省动漫技工教育集团	郑州市商业贸易高级技工学校	技工类
27	河南省豫宛通用技术技工教育集团	南阳高级技工学校	技工类

2006年,由河南省轻工业学校牵头,组建了河南省轻工职业教育集团,经过10多年的发展,集团规模由成立之初的14家成员单位发展到79家成员单位。其中,科研单位3家、行业学(协)会3家、人力资源部门1家、学校10家、(中等以上规模)企业62家。近年来,河南省轻工业学校针对集团成员企业人才紧缺的问题,主动与集团内企业商讨协议联合办学,为集团内企业订单式培养人才。学校与企业联合制定教学计划,针对企业对员工技能、素质的要求,组织教学和实习。集团内学校相继聘请140名企业工程技术人员为学校的兼职教师,同时集团内学校每年派遣大量学生到集团内企业顶岗实习。通过集团化办学,企业招到了想要的技术人才,学生学到了一技之长且有了就业保障,学校的生源也得到了保障。据统计,2006—2015年,集团内学校先后为河南省建设投资股份有限公司、河南银鸽实业投资股份有限公司、河南宋河酒业股份有限公司、河南金星啤酒集团、内乡仙鹤特种纸浆有限公司、双汇(郑州)食品有限公司、郑州海马汽车有限公司、南阳飞龙汽车有限公司、安阳红旗渠集团等多家企业"订单"培养共计1795人。按照"集团化、规模化、连锁化"的发展思路,努力促进学校与企业之间、学校与科研院所之间、学校与学校之间的全方位合作,实现了资源共享、优势互补,提高了河南省轻工业学校的人才培养质量。

2007年,由河南省工业学校牵头,联合河南省机械行业协会、河南省冶金行业协会和河南四家钢铁公司(信阳钢铁公司、安阳钢铁公司、舞阳钢铁公司、济源钢铁公司)以及10所职业学校,组建了河南省冶金职业教育集团。近年来,集团内学校充分发挥职教集团的优势,根据企业需求设置专业,联合企业和行业协会共同设计教学方案、开发课程、设计职业岗位能力培养标准、组建实习实训基地,加强了学校与企业合作的紧密度,提升了学校人才培养的实践性和针对性,提高了学校的就业率和企业的用人满意度。

2009年,由河南省商务中等职业学校牵头,以商贸类专业为纽带,联合28家城乡职业学校、企业、科研院所、行业协会,组建了河南省商贸职业教育集团。集团秉承"资源共享、合作共赢、共谋发展"的原则积极开展校企、校校、校行之间的全方位的探索与合作。集团内学校与企业签订订单式培养协议,按照企业的人才需求标准设计学校各个专业的人才培养方案,合格毕业生由企业全部接收。另外,利用集团内企业的优势,建立了河南省豫棉集团实业有限公司、三江华宇物流公司、郑州贸易中心栈、北京白家大院餐饮有限公司、黄河迎宾馆等一大批实习实训基地,学生还可以到企业顶岗实习,进一步增强了学生的职业岗位适应能力。河南省商贸职业教育集团的集团化办学模式实现了集团内的资源共享、优势互补,不仅使企业找到了满意的技术人才,而且增强了学生的职业岗位适应能力,提高了学校的办学水平和就业率。

5. 现代学徒制

现代学徒制是将传统学徒培训与现代学校教育相结合,企业与学校合作实施的职业教育制度,是产教融合的基本制度载体和有效实现形式,也是国际上职业教育发展的基本趋势和主导模式。当前,河南省已经开始了系统化的学徒制试点工作,2016年遴选10+1所中等职业学校作为现代学徒制试点单位。2018年成立河南省现代学徒制工作专家指导委员会,主要从事现代学徒制理论研究、指导探索实践,保证试点工作健康发展;围绕推进和推广现代学徒制开展咨询、指导、培训、评估、检查和促进交流等活动。2019年,河南省教育厅公布了第二批现代学徒制试点单位(见表9-3)。现代学徒制成为培养技术技能人才的重要途径。

表9-3　河南省中等职业教育现代学徒制试点单位名单

序号	批次	单位名称
1	第一批	洛阳铁路信息工程学校(教育部试点单位)
2	第一批	河南省工业学校
3	第一批	河南省理工中等专业学校
4	第一批	郑州市科技工业学校
5	第一批	郑州市国防科技学校
6	第一批	焦作市职业技术学校
7	第一批	孟州市职业中等专业学校
8	第一批	新乡市职业教育中心
9	第一批	镇平县工艺美术中等职业学校

续表

序号	批次	单位名称
10	第一批	洛阳市第一职业中等专业学校
11	第一批	洛阳旅游学校
12	第二批	河南省工业科技学校
13	第二批	河南省洛阳经济学校
14	第二批	河南省外贸学校
15	第二批	郑州外资企业管理中等专业学校
16	第二批	睢县职业技术教育培训中心
17	第二批	南阳信息工程学校
18	第二批	长垣职业中等专业学校
19	第二批	商城县职业高级中学
20	第二批	河南农业职业学院洛阳分院
21	第二批	河南省电子商务职业教育集团

　　洛阳铁路信息工程学校成为首批现代学徒制试点单位。2015年,洛阳铁路信息工程学校与中铁电气化局集团有限公司、中国通信信号集团公司、中铁建电气化局集团有限公司开展了基于轨道交通电务工程类专业的现代学徒制探索。试点专业有铁道信号、通信技术、电气化铁道供电三个专业。试点前期出台了《现代学徒制试点工作实施方案》和相关规章制度;制定铁道信号、通信技术、电气化铁道供电三个专业的实训计划、大纲,编写实训教材。以企业体验课、公共课、专业基础课为主培养基础能力。由学校、企业共同组成的课程教学团队,按照制定好的教学内容,采取理实一体化的教学方式进行教学。目的在于提高学生对本专业基本理论知识的认识;分专业按制定的"项目教学"和"岗位教学"法,以"师"带"徒"的方式进行教学;生产一线的专业技术人员和学生以"师""徒"共同合作的方式,在现场共同完成综合项目建设。学生做到岗位技能全部过关,从学徒转为准员工。通过实施现代学徒制试点改革,使企业、学校、学生三方受益。从企业角度看,节省了培训成本,提高了企业效益;缩短了学生向企业员工的转换时间。从学校角度讲,找到了校企合作的突破口。从学生角度看,"上岗"即"就业"。

　　2011年,河南省电子商务职业教育集团和郑州风铃集团联合创办美容美体专业,校企双方共同践行"现代学徒制",共同培养"双证制"专业美容师。该专业主要依靠风铃公司"师傅带徒弟"的方式对学生进行专业技能培训,并安排学生在二年级即可在风铃公司下属的实体店进行带薪实习实训,考核合格之后三年级就可以上岗,成为风铃公司的员工。

（三）加强国际交流与合作，开展"双元制"模式本土化实践

在创新体制机制，改变封闭办学模式的过程中，河南省积极开展职业教育国际合作与交流，学习、借鉴发达国家先进的职业教育经验和模式。从 2006 年起，河南职业技术学院、河南机电学校、河南信息工程学校、郑州工业贸易学校等职业学校已经开始进行德国"双元制"人才培养模式的实验与探索，取得了初步的成效，得到了德国在华企业的认可。

为了推动河南省中等职业教育教学改革，推进德国"双元制"人才培养模式在河南的进程，提高河南省中等职业教育教学质量，河南省从 2012 年开始选取部分学校继续开展中德合作职业教育教学模式项目，进一步开展德国"双元制"模式河南本土化试验，共在 32 所中等职业学校（见表 9-4）开办了 104 个"中德班"。

表 9-4　河南省中德合作职业教育教学模式项目学校名单

时间	批次	专业	学校名称
2012 年 2 月 13 日	第一批	机电一体化	郑州市电子信息工程学校 安阳市中等职业技术学校 焦作冶金建材工业学校 灵宝市职业中等专业学校 正阳县职业教育中心 漯河市第一中等专业学校 南阳工业学校 巩义市第三中等专业学校
2012 年 8 月 8 日	第二批	机电一体化	漯河市食品工业中等专业学校 新县职业高级中学 罗山县中等职业学校 项城市中等专业学校 正阳县职业教育教学中心 睢县职业技术教育培训中心
2013 年 5 月 14 日	第三批	机电一体化	河南工程技术学校 郑州市电子信息工程学校 济源市职业教育中心 周口海燕职业中等专业学校 濮阳县职业技术学校 睢县职业技术教育中心

续表

时间	批次	专业	学校名称
2013年5月14日	第三批	紧急救护专业	郑州市卫生学校 邓州市卫生学校 濮阳市卫生学校
2013年5月14日	第三批	仓储物流	河南省商务中等职业学校 郑州市财税学校 开封市高级技工学校 郑州市经济贸易学校
2014年12月11日	第四批	汽车机电一体化	郑州工业贸易学校 河南机电学校 河南省交通高级技工学校 郑州市国防科技学校 尉氏县职业技术教育中心 虞城县第一中等专业学校 夏邑孔祖中等专业学校 罗山县中等职业学校 汝南县职业教育中心 济源职业技术学校 河南职业技术学院(河南省技工学校)
2014年12月11日	第四批	机电一体化	永城市职业教育中心

河南省在引进、借鉴、提炼、总结、转化德国"双元制"职业教育模式的基础上，经过项目学校的不断探索、实践，逐步形成了德国"双元制"本土化的河南模式，即标准化中德班教学模式。该模式由3个标准化指标体系(标准化师生指标体系、标准化教学指标体系、标准化认证指标体系)、15个标准化教学模式、33个应用教学模块组成。(如图9-1所示)

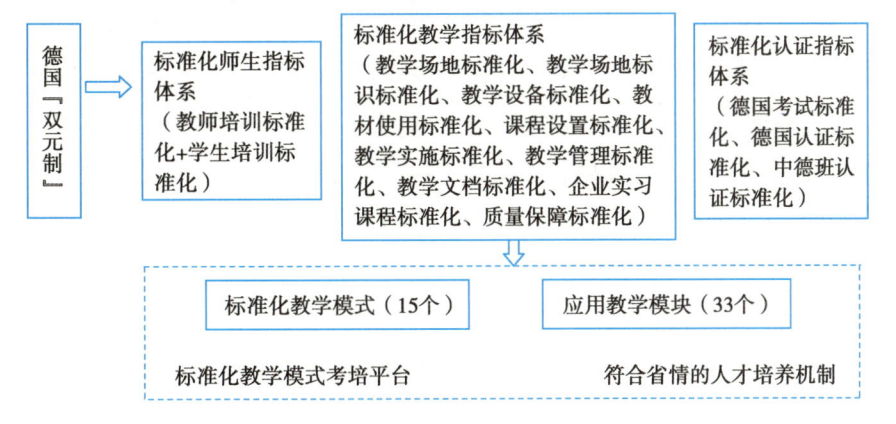

图9-1 标准化中德班教学模式

新的模式激发了学生学习的兴趣，提高了教育教学质量。以职业技能大赛为例,项目学校漯河市第一中等专业学校近几年参加河南省和全国的职业技能大赛均获得可喜成绩。2017年,该校75名学生参加河南省中等职业教育技能大赛,14人荣获一等奖,29人荣获二等奖,20人荣获三等奖。2014年,4名学生参加全国中等职业学校技能大赛,3人荣获三等奖。2015年,参加全国中等职业学校技能大赛,2人荣获二等奖,1人荣获三等奖。2016年,6名学生参加全国中等职业学校技能大赛,2人荣获二等奖,4人荣获三等奖。2017年,5名学生参加全国中等职业学校技能大赛,获得一金一银三铜的骄人成绩。另外,学生参加德国工商大会职业资格考试也创下历史以来最好成绩,单次通过率达到60%以上,其中一批优秀的毕业生被德国舍弗勒集团等世界知名企业录用。新的模式还提升了项目学校教师的教育教学水平和职业技能水平。参加项目的学校共选派297名教师分5批次参加德国培训、专业英语培训以及国内培训,其中221名教师获得了德国执教资格证书[①]。

三、河南省中等职业教育人才培养模式探索存在的问题

(一)校企合作机制不健全,相关制度有待完善

近年来,河南省在职业教育产教融合、校企合作方面出台了一些政策措施,搭建了校企合作基本框架,出台了《河南省职业教育校企合作促进办法(试行)》《河南省职业教育校企合作促进委员会工作规程(试行)》等一系列政策文件,成立河南省职业教育校企合作促进会、河南省职业教育行业职业教育校企合作指导委员会25个,举办了河南省职业教育技能大赛,为职业教育产教融合、校企合作人才培养模式的开展提供了制度保障。但是人才培养过程中仍然有很多问题需要不断完善各种机制来解决,譬如校企合作过程中如何建立教育与行业、企业的协作对话机制,如何提高企业的参与度、健全企业参与制度等。从组织学的角度讲,企业是以盈利为目的经济组织,职业学校是以培养学生获得某种职业所需知识、技术技能的教育教学组织机构,企业具有营利性,而中等职业学校具有公益性。如何使具有两种完全不同性质的组织实现深度合作,就需要不断地完善各种体制机制来加以保障。

(二)校企合作程度较浅,企业参与度有待提升

校企合作是职业教育发展的生命线。校企紧密合作、深度融合应该表现在专

---

① 佚名.德国双元制职业教育教育模式的河南本土化路径的探索与实践[BE/OL].(2018-05-12)[2019-04-30].http://www.vae.ha.cn/cgzs/02/01/2018/9581.html.

业建设、课程建设、教材建设、实习实训基地建设、师资培养等人才培养的各个环节的共同建设。尽管河南省中等职业学校目前开展了顶岗实习、教学工厂、订单培养、股份制办学、集团化办学、现代学徒制等各种人才培养模式,但是根据河南省 2018 年度公布的中等职业教育年度质量报告显示,中等职业教育的产教融合、校企合作仍然存在层次低、程度浅、短期性等问题,中等职业教育的人才培养供给与行业企业的需求存在不匹配的状况。目前与中等职业学校合作的企业多属于劳动密集型企业,他们为学生提供的职业岗位大多是技术含量不高的操作岗位,这类企业与中等职业学校合作的初衷是为了获取廉价的劳动力,它们很难真正地参与到技术技能人才的培养过程中。企业参与育人的动力不足,导致中等职业学校缺乏真实的工作环境,制约了技能型人才的培养。当前,中等职业教育的专业设置与我省的农业、工业和服务业发展仍然存在结合度不高的状况。主要表现在两个方面:第一,专业设置难以满足当前产业发展需要。第二,专业设置没有把握未来产业的发展方向。教育应该具有一定的前瞻性,但是当前的专业设置难以满足新业态(如新能源、人工智能等)的发展需要,缺少相应专业。

(三)"双师型"教师数量不足,师资队伍结构有待优化

目前,我省中等职业学校的教师状况主要有以下几个特点:第一,"双师型"教师数量不足、比例偏低。2010 年教育部颁发的《中等职业学校设置标准》规定生师比为 20∶1,其中"双师型"教师不低于专任教师的 30%。河南省中等职业教育质量报告显示,2018 年全省中职在校生 136.63 万人,按照 20∶1 的生师比,专任教师数量应达到 68 315 人。而河南省 2018 年的专任教师数为 61 600 人,距离国家标准有 6715 人的缺口。按照"双师型"教师不低于专任教师 30%的标准,"双师型"教师最少应为 18 480 人,而当前河南省"双师型"教师只有 15 000 人,距离国家标准有 3480 人的缺口,与河南省政府提出的"双师型"教师占专任教师比例的 70%的目标更是相距甚远。另外,部分中等职业学校存在专业课教师不足的现状。第二,教师专业化能力与教学需求的差距较大。据调研统计,全省 71.3%的专业课教师没有经过专业的、系统的教师教育培养;73.7%的专业课教师对所教专业在企业、行业中的应用缺乏深入了解,不少教师新教育理念的接受能力、现代教育教学手段的掌握和应用能力、专业动手能力、实训教学指导能力不足,与现代职业教育发展所需要的既有扎实专业理论功底又有丰富实践工作经验的"双师型"教师要求差距明显。第三,专业技术人才引进渠道不畅,缺乏相应的

引进机制。由于体制机制的问题,企业中的中高级技能型人才很难被引进到中等职业学校,2008年以来,全省中等职业学校引进具有企业经历的高技术技能型人才不足210人。这就导致了中等职业学校缺乏的技能型人才很难从企业中得到有效的补充。总之,目前河南省中等职业教育师资队伍的数量、结构和质量与技能型人才的培养要求还相差较大,师资队伍的结构有待进一步优化。

(四)部分学校实训条件较差,人才培养条件有待改善

近年来,河南省在职业教育实习实训基地建设方面出台了一些政策措施,如2015年印发的《关于职业教育实训实习基地建设工程的实施意见》等,同时,省、市、县三级政府也投入了专业财政基金实施职业教育实训基地建设工程。"十三五"期间中等职业学校的实训基地建设取得了很大的成效,为技能型人才的培养提供了保障。但是,2018年河南省中等职业教育质量年度报告的资料显示,当前仍然有部分学校部分专业的实习实训场地过小,缺乏长期稳定的校外实习基地,难以满足学生实习实训的需要,从而导致了学生动手少、专业实践能力较差的结果。

四、河南省中等职业教育人才培养模式改革的建议

(一)完善机制,持续推进职业教育产教融合

产教融合、校企合作是提高职业教育质量的根本途径。要想实现产教高度融合、校企深度合作,必须通过完善各种机制加以保障。其一,健全需求导向的人才培养结构调整机制。发挥市场机制对资源配置与人才供给的调节作用,建立专业需求预警机制和专业动态调整机制,引导中等职业学校重点设置区域经济社会发展急需产业的相关专业。譬如,当前我省正在加速发展郑州航空港经济综合实验区,职业教育应以市场需求调整专业设置,加大航空应用型人才培养力度。其二,完善校企合作规划、合作治理、合作培养机制。搭建对话协作平台,及时将新技术、新工艺、新规范纳入教学标准和教学内容,促进产教融合校企"双主体"育人。譬如,行业职业教育校企合作指导委员会是推进职业教育产教融合、校企合作非常好的平台,通过健全行业职业教育校企合作指导委员会,进一步强化行业对职业教育的指导作用,促进产教深度融合。其三,实施各种项目建设、工程建设,引导职业学校进行产教融合、校企合作人才培养模式的改革。对于技术性、实践性较强的专业推行现代学徒

制。进一步推动职教集团的建设,发挥职教集团内部学校、行业和企业"多元协作"育人机制。其四,出台各种支持产教融合、校企合作的奖励政策。设立专项基金奖励在产教融合、校企合作中表现出色的职业学校、行业协会、企业。通过落实税收优惠政策、购买服务等方式鼓励企业接收职业学校的学生实训实习。出台扶持政策鼓励学校建设区域性或行业性实习实训基地,吸引中小企业参与校企合作。

(二)深化改革,积极鼓励企业兴办职业教育

要想从根本上解决职业教育校热企冷的问题,就应该不断深化职业教育办学体制改革,积极鼓励企业兴办职业教育。我们曾有行业企业举办职业学校的传统,后来随着政策的调整,这一传统办学优势逐渐丧失掉了。企业兴办职业学校具有产教融合、校企合作的先天优势,相对来说更有条件实现校企在专业建设、课程建设、教材编写、实习实训基地建设、师资培养等人才培养的各个环节的深度融合。2019年颁布的《国家职业教育改革实施方案》提出:经过5—10年左右时间,职业教育基本完成由政府举办为主向政府统筹管理、社会多元办学的格局转变。由此,省政府需要进一步研究制定行业、企业兴办职业教育的审批制度以及相应的激励政策和管理政策。比如,可以通过税收优惠、政府购买服务等方式进行支持。也可以由省级政府设置专门的办学奖励基金,用以奖励在兴办职业教育过程中成绩比较突出的企业。

(三)加强建设,打造一支高素质"双师型"教师队伍

"双师型"教师是职业教育质量的有效保障。要想彻底解决中等职业教育"双师型"教师不足的问题,解决职业学校专业化水平不高的问题,一是回归职业教育教师入职常态,即不应该从应届毕业生中招聘职教教师,职业学校的专业课教师原则上应该从具有一定工作经验的企业技术技能型人才中招聘。《国家职业教育改革实施方案》提出:2020年起,职业学校教师基本不再从应届毕业生中招聘。二是建立"双师型"教师的职前长效培养机制。鼓励、支持具备条件的工科院校举办职业技术师范教育,培养职业教育师资。三是改革中等职业学校教师管理体制。建立健全中等职业学校根据实际教学需要自主招聘专业教师的制度和自主聘任兼职教师的办法。四是打造"双师型""一体化"教师队伍。完善国家、省、市、县、校五级教师培训体系,深入实施职业院校教师素质提高计划,重点建设一批省级职业教育"双师型""一体化"教师培训基地,完善"学校+企业(行业)"的培训模式,提高培训质量和效益。五是提高中等职业学校教师待遇。完善以技

术技能人才培养能力为核心指标的职业学校教师职称评聘制度。建立中等职业学校正高级职称评聘工作的常态化机制。进一步健全中等职业学校教师与当地公务员工资福利待遇同步增长机制,切实提高中等职业学校教师待遇。

(四)注重布局,改善中等职业学校办学条件

对于实习实训条件差、达不到《中等职业学校设置标准》的学校,可以通过实施"中等职业学校达标建设工程",着力改善这些学校的办学条件,加强其实习实训基地建设,务必使每一所中等职业学校都达到教育部规定的《中等职业学校设置标准》的要求。当前,"财政投入保工资,收取学费保运转,适度负债求发展"是很多中等职业学校的生存现状,故此,必须巩固并进一步优化河南省中等职业学校布局调整成果,对于在校生规模达不到规模经济要求1200人且办学条件限期内仍然不达标的学校,取消其全日制学历教育招生资格或合并到区域内其他中等职业学校。建立中等职业学校动态调整机制,每三年进行一次办学基本条件审核,达不到要求的,将停止中等职业教育全日制学历教育招生资格;严把中等职业学校设置关,达不到要求的,不再审批设置。

参考文献:

[1]张文雯.中等职业教育教学模式研究[D].河北科技师范学院,2010(6):20-21.

[2]尹洪斌.怎样构建河南特色现代职业教育体系:河南省第四届职教专家论坛集萃[M].郑州:河南大学出版社,2015.

[3]崔炳建.怎样推进职业教育校企合作:河南省第三届职教专家论坛集萃[M].郑州:河南大学出版社,2015.

[4]崔炳建.职业教育集团化办学的理论与实践——来自中原大地的报告[M].郑州:大象出版社,2008.

[5]河南省教育厅.河南省中等职业教育质量年度报告(2018)[EB/OL].(2019-03-25)[2019-04-30].http://www.vae.ha.cn/templates/zcjgw/2/7/53/30.htm.

[6]佚名.德国双元制职业教育教育模式的河南本土化路径的探索与实践[BE/OL].(2018-05-12)[2019-04-30].http://www.vae.ha.cn/cgzs/02/01/2018/9581.html.

专题十 河南省中等职业教育教学改革研究

河南省职业技术教育教学研究室　杨金栓

自2008年河南省实施职教攻坚和被确定为教育部职教改革试验区以来，河南省中等职业教育取得了显著成绩，为社会培养了一大批高素质劳动者和技术技能人才，为河南省经济社会发展提供了有力的人才支撑。但是，随着经济转型和产业结构的调整以及劳动力市场的变化，社会对中职人才规格需求也发生了变化，中等职业教育的人才培养难以满足经济供给侧结构性改革的需求。因此，深化中等职业教育教学改革，加快培养适应新时代经济社会发展的中职人才，是河南省中等职业教育教学工作面临的现实课题。

一、河南省中等职业教育教学改革现状

（一）中等职业教育教学改革的政策框架

河南省中等职业教育教学改革的推进，离不开国家层面的倡导和一系列政策支持。从国家层面看，2008年以来，教育部颁布了一系列推进职业教育教学改革的文件。2008年12月，教育部印发的《关于进一步深化中等职业教育教学改革的若干意见》提出，"坚持育人为本，把德育工作放在首位；改革人才培养模式，大力推行工学结合、校企合作、顶岗实习、改革教学内容、教学方法等"，标志着新世纪后第二轮中等职业教育教学改革的启动。2009年1月，教育部印发了《关于制定中等职业学校教学计划的原则意见》，对省级教育行政部门发布教学指导方案、制定教学计划起到了重要的指导作用。教育部先后还印发了《关于印发中等职业学校德育课课程教学大纲的通知》《关于印发新修订的中等职业学校语文等七门公共基础课程教学大纲的通知》《关于印发中等职业学校机械制图等9门大类专业基础课程教学大纲的通知》等，这是指导和规范中等职业学校教学的纲领性文

件。2010年，国务院颁布了《国家中长期教育改革发展规划纲要（2010—2020年）》，纲要专门对职业教育工作进行了系统部署，确立了以提高质量为重点推进职业教育改革创新和加强建设的路线图，明确了职业教育改革发展的根本任务。教育部依据《国家中长期教育改革和发展规划纲要（2010—2020年）》，印发了《中等职业教育改革创新行动计划》。2010年12月，教育部在上海召开了全国中等职业教育教学改革创新工作会议，这是教育部在新世纪召开的第一次中等职业教育教学改革工作会议。2014年，国务院印发的《关于加快发展现代职业教育的决定》指出，"适应经济发展、产业升级和技术进步需要，建立专业教学标准和职业标准联动开发机制"，"开展职业技能竞赛"。2015年，教育部印发了《关于深化职业教育教学改革全面提高人才培养质量的若干意见》，明确提出"落实立德树人根本任务、改善专业结构和布局、提升系统化培养水平、推进产教深度融合、强化教学规范管理、完善教学保障机制"等举措，对职业教育教学改革指明了方向。2018年9月，习近平在全国教育大会报告中指出，"把立德树人融入思想道德教育、文化知识教育、社会实践教育各环节，贯穿基础教育、职业教育、高等教育各领域，学科体系、教学体系、教材体系、管理体系要围绕这个目标来设计"，对中等职业教育教学改革提出了纲领性要求。2019年1月，国务院印发《国家职业教育改革实施方案》，明确了职业教育改革发展的总体要求和目标，提出了促进职业教育改革发展的20条举措。

2008年，河南省政府印发了《关于实施职业教育攻坚计划的决定》，明确提出"职业教育教学工作与市场需求结合得更加紧密"。2009年，河南省认真贯彻落实国家关于职业教育教学改革的有关精神，先后转发了《关于进一步深化中等职业教育教学改革的若干意见》《关于制定中等职业学校教学计划的原则意见》《关于印发中等职业学校德育课课程教学大纲的通知》《关于印发新修订的中等职业学校语文等七门公共基础课程教学大纲的通知》等，并结合河南省实际明确提出了落实意见。2010年《关于加快推进职业教育攻坚工作的若干意见》明确提出"加快实施精品专业、精品课程和精品教材建设工程，大力开展职业院校技能大赛活动""加快建立以就业为导向的职业教育教学质量评价检查制度"。2012年，河南省召开了职业教育工作电视电话会议，明确了"三改一抓一构建"的工作思路。2014年，河南省人民政府印发《关于实施职业教育攻坚二期工程的意见》，提出"优化教学标准、课程体系和教材教法，推行项目教学、案例教学、理实一体化教学等教学模式""深入开展职业院校技能竞赛、素质能力比赛、信息化教学大赛、'文明风采'竞赛,积极引导职业院校学生参加科技创新大赛等活动"。印发了《关于加快发展现代职业教育的意见》,提出"推行项目教学、案例教学、工作过程导向教学等教学模式","进一步完善省级职业教育科研和职业教育教学成果奖励制度,用优秀成果引领职业教育改革创新"。2017年,河南省人民政府印发《关于加快推进职业教育攻坚二期工程的意见》,提出"落实立德树人根本任务,进一步推进管、办、评分离,深入开展职业院校教学诊断与改进工作。"

综上所述,为促进职业教育发展,国家与省(市)都紧紧围绕中等职业教育教学改革发展制定了强有力的协同政策,明确了教育教学改革的路线图。科学的顶层设计,有力地助推了河南省中等职业教育教学改革。

(二)中等职业教育专业教学标准体系

专业教学标准是规范中等职业学校专业和课程建设、推动专业教学改革、开展专业教学评估的指导性文件;是指导学校深化专业教育教学改革和评价专业教育教学质量的基本依据;是学校进行专业建设、规范化办学的基本依据。为深化中等职业教育教学改革,全面提高教育教学质量,依据教育部印发的《中等职业学校专业目录(2010年修订)》《教育部关于进一步深化中等职业教育教学改革的若干意见》《教育部关于制定中等职业学校教学计划的原则意见》,围绕河南省经济和社会发展需求,以服务河南省支柱产业、优势产业为宗旨,河南省于2010年遴选"现代农艺技术"等22个专业,启动了专业教学标准的研发工作(表10-1)。2013年以来,在《教育部办公厅关于制订中等职业学校专业教学标准的意见》颁发以后,依据教育部的最新要求,结合河南省实际,又先后制定了体现河南特色的"电子电器应用与维修""工程造价"等20个专业教学标准(表10-2、表10-3)。截至2017年年底,分三批共研发涵盖14个大类42个专业的专业教学标准,占河南省中等职业教育开设专业的23%(图10-1)。河南省中等职业学校专业教学标准体现了以下特色:一是突出了以岗位能力为核心。课程体系的构建按照履行岗位工作应具备的基本素质和基本技能进行整合优化。将课程设计成公共基础课、专业核心课、专业(技能)方向课、选修课四个模块,增加了灵活性,形成了理论教学体系和实践教学体系紧密结合的课程体系。二是对接了职业资格证书。专业教学标准列出了本专业的职业范围,以及相应职业岗位对应的职业资格证书和专业(技能)方向,为实现双证结合奠定了良好基础。三是明确顶岗实习要求。按照"工学结合、校企合作、顶岗实习"人才培养新模式的要求，对顶岗实习提出了明确的指导意见。专业教学标准的制定和实施，对于深化河南省中等职业教育教学改革，加强专业建设、专业教学和专业评估以及中等职业学校对口升学工作，都起

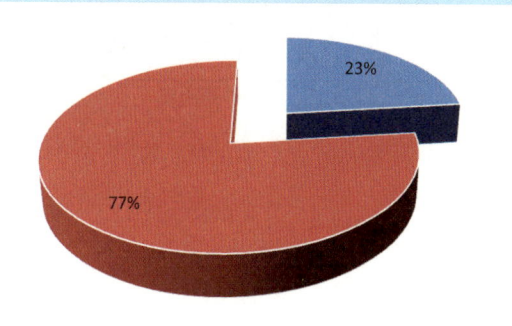

图 10-1 河南省中等职业已开发专业教学标准占比

到了积极的推动作用。同时，河南省教育厅依据专业教学标准，遴选专业核心课程，校企共同研发了 100 本校企合作精品教材，为中等职业学校教学工作提供了重要载体。

表 10-1 第一批专业教学标准涵盖专业

序号	专业大类	专业名称
1	农林牧渔类	现代农艺技术
		设施农业生产技术
		种子生产与经营
		果蔬花卉生产技术
		园林技术
		畜牧兽医
		畜禽生产与疾病防治
		农产品保鲜与加工
		农业机械使用与维护
2	土木水利类	建筑工程施工
		工程测量
3	加工制造类	机械加工技术
		数控技术应用
4	交通运输类	汽车运用与维修
5	信息技术类	计算机应用
		计算机网络技术
		电子技术应用
6	医药卫生类	护理
7	财经商贸类	电子商务
		会计电算化
		市场营销
8	旅游服务类	酒店服务与管理

表 10-2 第二批专业教学标准涵盖专业

序号	专业大类	专业名称
1	加工制造类	电子电器应用与维修 电气技术应用
2	轻纺食品类	服装制作与生产管理
3	旅游服务类	旅游服务与管理 烹饪
4	财经商贸类	国际商务 物流服务与管理
5	司法服务类	法律事务
6	石油化工类	化学工艺
7	信息技术类	计算机平面设计

表 10-3 第三批专业教学标准涵盖专业

序号	专业大类	专业名称
1	土木水利类	工程造价 楼宇智能化设备安装与运行 建筑装饰
2	加工制造类	机电技术应用
3	交通运输类	汽车车身修复
4	信息技术类	客户信息服务 电子与信息技术
5	文化艺术类	美术设计与制作 服装设计与工艺
6	财经商贸类	会计

专业教学标准的研发和实施，有力地引领和推动了河南省中等职业学校课程改革。据调查，自专业教学标准颁布以来，80%的中等职业学校都能够依据省颁专业教学标准，结合本地、本校实际，研制实施性人才培养方案，积极推行课程改革。淡化传统的学科体系，推进课程的模块化，增强课程设置的灵活性，课程改革取得了明显成效。

（三）中等职业教育教学模式

教学模式是指在一定教学思想或教学理论指导下建立起来的较为稳定的教学活动结构框架和活动程序。从省级层面看，河南省教育厅以优质课评选活动、信息化教学大赛为抓手，大力推进课堂教学模式改革。通过制订和落实优质课评审标准，引导中等职业学校教学模式创新。在教学目标的设计上，要求遵循学生心理发展规律，能从知识、能力和情感三个维度进行科学设计；在师生关系的处理上,能体现教师为主导学生为主体的原则,注重师生互动;在教学方法的选用上,要求鼓励学生积极参与问题设计、问题释疑、问题讨论和辩论等教学活动,与教师一起共同完成课堂教学任务,扭转填鸭式满堂灌的教学方法;在教学手段的运用上,要求能够运用信息化教学手段辅助教学;在课堂组织形式上,要求以小组合作组织形式开展教学活动。优质课评选活动的开展,极大地调动了广大教师学习先进教育理论、钻研教材和教学方法的积极性,推动了课堂教学模式改革,推动了课堂教学水平的提升。同时,还通过举办河南省职业学校信息化教学大赛、参加全国职业院校信息化教学大赛,提升教师信息化教学能力,推动教学模式的改革和创新。

从市级、校级层面看,部分省辖市和学校积极推进课堂教学模式改革实验,形成了特色鲜明的教学模式。如洛阳市职业教育教学研究室和洛阳市第四职业高中探索的"116"教学模式,"116"为课堂教学模式,包括"1个学案、1个课堂设计和6个教学环节",这一模式创新了职业教育课堂教学模式,提高了学生学习的积极性和主动性;焦作市积极开展中等职业学校新课堂教育试验,形成了"活力课堂教学模式";鹤壁市探索形成了"教学做合一"活力课堂教学模式,等等。

从教师层面来看,一线教师能够积极开展课堂教学模式改革研究。通过参加省教育厅职业教育教学改革项目课题研究,涌现出了一批有价值的研究成果,以教科研引领中等职业学校教学模式改革创新初见成效。

(四)中等职业教育竞赛系列活动

河南省中等职业教育竞赛系列活动包括技能大赛、素质能力大赛、中华优秀传统文化大赛和文明风采竞赛等。技能大赛是一项依据国家有关技能标准、以技能操作为主的竞赛活动;素质能力大赛强化了学生的综合素质培养;中华优秀传统文化大赛体现了优秀传统文化进校园、进课堂的导向;文明风采竞赛则通过加强校园文化建设进而推动德育工作落实落细。

随着经济社会的快速发展,以及社会对高素质劳动者和技术技能人才需求量的日益激增,大赛在职业教育教学改革中的地位和作用愈加凸显。河南省中等职业教育大赛的发展,从组织的层次、形式、内容等方面看,可划分为四个阶段:第一阶段(1988年至2003年)为起步阶段,第二阶段(2004年至2006年)为全面推进阶段,第三阶段(2009年至2011年)为制度化发展阶段,第四阶段(2012年至今)为创新发展阶段(图10-2)。分析技能竞赛的发展历程,呈现的总体趋势是,大赛规模逐渐扩大,大赛覆盖面越来越广,大赛规格越来越高,大赛内容紧贴生产实际,大赛社会影响力越来越强,大赛管理正在走向制度化、规范化,以全员化为基础的大赛制度正在形成。

```
                              ┌──────────────┐
                              │ 2012年至今    │
                              │ 创新发展阶段  │
                              └──────────────┘
                       ┌──────────────┐
                       │ 2009年至2011年│
                       │ 制度化发展阶段│
                       └──────────────┘
                ┌──────────────┐
                │ 2004年至2006年│
                │ 全面推进阶段  │
                └──────────────┘
         ┌──────────────┐
         │ 1988年至2003年│
         │ 起步阶段      │
         └──────────────┘
```

图 10-2　河南省中等职业技能大赛发展历程

1. 建立了技能大赛制度

为进一步贯彻落实"以服务为宗旨,以就业为导向"的办学方针,积极探索"校企合作、工学结合、顶岗实习"的职业教育人才培养模式,切实加强技能型人才培养,继 2002 年教育部在长春举办全国中等职业学校学生技能大赛之后,2007 年在重庆、2008 年在天津又相继开展了全国职业教育技能大赛活动。2009 年,省教育厅印发了《关于建立河南省中等职业教育技能大赛制度的若干意见》,提出了"建立统筹规划、分级举办制度""建立全员参与、定期举办制度""建立校企合作、行业参与制度""建立科学规范、客观公正的评判机制""建立表彰、奖励制度""建立安全保障制度"等六项制度。为切实做好参加全国职业院校技能大赛工作,2016 年,河南省教育厅印发了《关于加强河南省参加全国职业院校技能大赛中职组比赛工作的通知》,提出了"建立和完善技能大赛奖励制度、完善优秀学生推荐制度、建立技能大赛成绩与职教项目挂钩制度、建立技能大赛优秀辅导教师与教学名师、技能名师工作室认定挂钩制度、建立备战全国技能大赛督导制度等"政策导向。大赛制度的建立,为促进河南省中等职业教育技能大赛的规范化、调动广大师生参赛的积极性奠定了坚实的基础。

2. 形成了河南特色的竞赛活动群

为切实提升中等职业学校学生综合素质,在吸纳河南省职业教育教学改革项目研究成果和充分论证的基础上,2016 年开始,创新举办了河南省中等职业学校学生素质能力大赛;为推进中华优秀传统文化进校园、进课堂,2017 年开始,举办河南省中等职业学校中华优秀传统文化大赛;2018 年河南省教育厅推动文明风采竞赛现场化。这三项比赛与技能大赛相得益彰,共同构筑了富有特色的河南省中职竞赛群。河南省分别于 2012 年、2014 年、2015 年、2016 年、2017 年、2018 年举办共 6 届中等职业学校教师信息化教学大赛。尤其是自 2016 年开展大赛全员化试点以来,参赛学生大幅增加(图 10-3、图 10-4、图 10-5)。同时,还积极组队参加全国职业院校技能大赛活动。

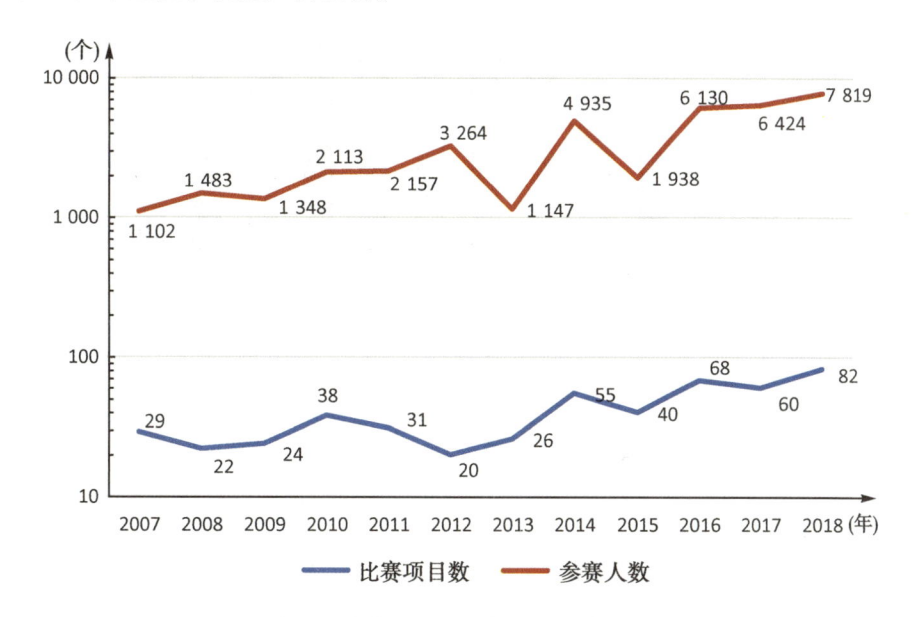

图 10-3　2007—2018 年河南省中等职业教育竞赛系列活动比赛项目数及参赛人数

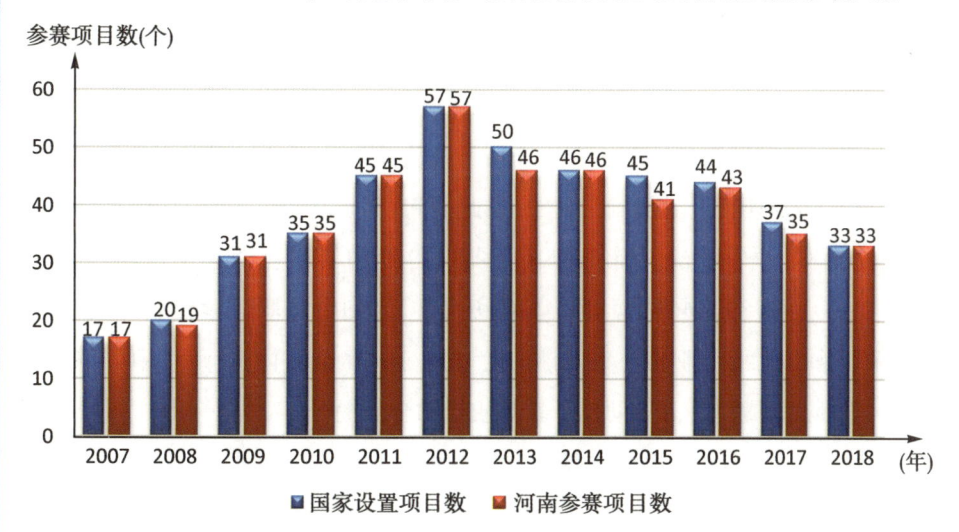

图 10-4　2007—2018 年河南省中等职业学校参加全国职业院校技能大赛项目统计

3.推动大赛活动全员化

《国家中长期教育改革和发展规划纲要》提出,坚持以人为本、全面实施素质

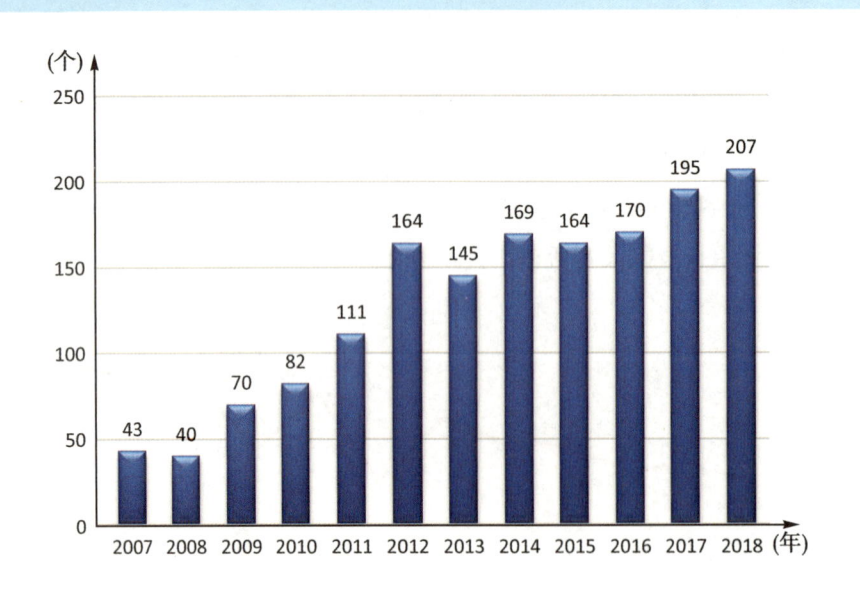

图 10-5 2007—2018 年河南省中等职业学校参加全国职业院校技能大赛人数统计

教育是教育改革发展的战略主题,重点是面向全体学生、促进学生全面发展。河南省教育厅提出大赛全员化的理念,努力让每个学生都参与。与传统大赛相比,全员化大赛体现了以下几方面的创新:一是内容创新,把职业标准、行业企业岗位技能标准融入专业核心技能,作为竞赛内容;二是工作方式创新,构建河南省技能大赛统一体,重点抓好市县大赛,把学校大赛作为基础;三是参赛方式创新,改革报送参赛选手方式,随机抽取参赛选手,让每个学生都有参赛机会。2010 年提出大赛全员化,2012 年试行并持续试点。2016 年,河南省中等职业教育技能大赛首次开展了技能大赛全员化试点项目的比赛,确定电子类电子电路安装与测试项目、财经类会计手工账务处理 2 个比赛项目成为全员化试点参赛项目。2019 年,全员化试点比赛项目已增加到 12 个。在此期间,素质能力大赛、中华优秀传统文化大赛全面实行,全部 28 个市县全面开展,420 所中等职业学校及专业、班级举办各类竞赛,河南省近 60 万学生参加各级大赛,受到中等职业学校和广大教师、学生、家长和一大批企业的一致好评。通过推行大赛全员化,让每个中等职业学生都参与,促进了教育公平,助推了教育质量的全面提升。

4.参加全国职业院校技能大赛成绩在中西部省份名列前茅

全国职业院校技能大赛是由教育部牵头组织、联合相关部门共同举办,面向职业院校在籍学生和专任教师,围绕专业和相应岗位要求组织的竞赛活动。河南省高度重视技能大赛工作,在《河南省人民政府关于实施职业教育攻坚计划的决定》等有关文件中,都把中等职业学校技能大赛活动作为一个提高质量的重要举措。各地、各职业学校切实加大对技能大赛工作的支持力度,加大经费投入,加强建设"双师型"师资队伍,加快实训基地建设步伐,积极组织参加全国大赛。并以开展技能大赛为抓手,引领和推进职业教育教学改革,全面提高教育教学质量。近几年来,河南省在全国职业院校技能大赛活动中取得了较好成绩,在中西部地区一直名列前茅,获奖率均高于全国60%的平均水平(图10-6、图10-7)。

图10-6 2007—2018年河南省中等职业学校参加全国技能大赛获奖情况统计

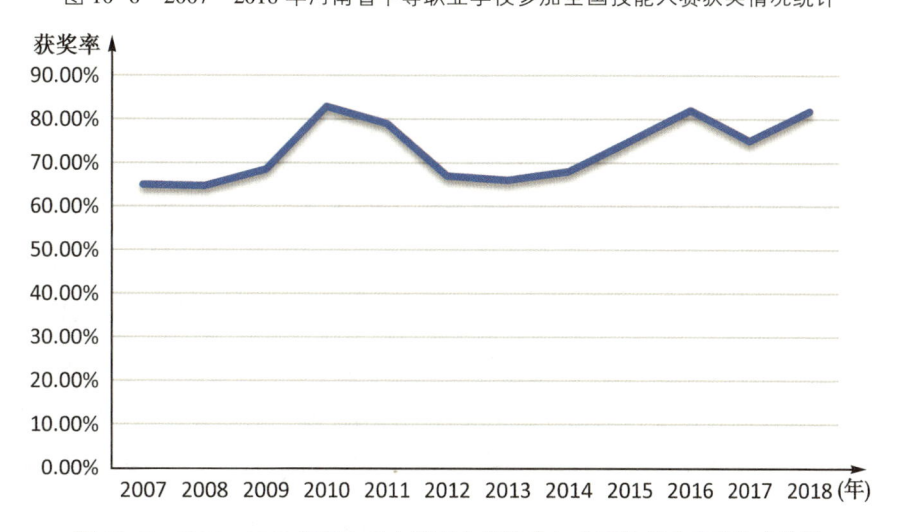

图10-7 2007—2018年河南省中等职业学校参加全国技能大赛获奖率统计

（五）中等职业教育教学质量评价和保障体系

1.建立教学评估和教学诊改制度

为提高中等职业教育教学质量，2009年，河南省教育厅启动了河南省中等职业学校教学质量评估活动。一是以专职教研员、兼职教研员为骨干，同时联合行业、企业有关专家共同研究制订了《河南省中等职业教育教学质量评价指标体系》。二是建立了组织机构，组建了河南省中等职业教育教学质量评估委员会和由省职教专家、省级教研中心骨干成员和行业企业专家组成的专家组。三是制订了《河南省中等职业教育教学质量评估工作方案》。2010年，首先在郑州等6个省辖市和河南机电学校等10所省属职业学校开展教学质量评估试点工作，2011年在河南省中等职业学校全面开展教学质量评估工作。通过开展教学质量评估，实现了以评促建、以评促改，推动了教学质量的提升。

2015年，教育部办公厅印发《关于建立职业院校教学工作诊断与改进制度的通知》，在全国职业院校推进建立教学工作诊断与改进制度，引导和支持学校全面开展教学诊断与改进工作，切实发挥学校的教育质量保证主体作用，不断完善内部质量保证制度体系和运行机制，提高技术技能人才培养质量。河南省教育厅积极贯彻落实有关要求，建立工作机制，通过成立省级专家委员会、举办专题培训、开展调研、开展试点等推进教学整改工作。2018年，组织40位专家分成5组到64所试点学校开展现场调研指导工作。

2.开展公共基础课水平测试与专业技能考核工作

为建立健全职业教育质量保障体系，衡量学生是否达到中等职业教育人才培养目标的要求，检验学生公共基础课和专业技能的发展水平，加强中等职业学校教学质量监控，切实提高中等职业学校教学水平、办学活力、社会吸引力和服务能力，河南省教育厅于2013年启动了河南省中等职业学校公共基础课水平测试与专业技能考核工作。一是印发了《关于开展河南省中等职业学校公共基础水平测试与专业技能考核工作的通知》《关于印发河南省中等职业学校公共基础课水平测试与专业技能考核实施细则等四个文件的通知》等一系列文件，并对各级教育行政部门的贯彻落实提出了具体要求。二是组织制订了测试大纲和考核标准，开发了试题库。先后组织制订了5门公共基础课水平测试大纲与30个专业技能考核标准（表10-4、表10-5、表10-6），并研制了试题库。三是积极开展试点。近几年来，河南省共有18个省辖市、10个直管县（市）361所学校、25所省属学校共

50多万人参加了测试,达到了预期目的,取得了初步效果(见表10-6)。

表10-4　第一批专业技能考核标准涵盖专业

序号	专业大类	专业名称
1	农林牧渔类	现代农艺技术
		果蔬花卉生产技术
		畜牧兽医
		畜禽生产与疾病防治
2	土木水利类	建筑工程施工
		工程测量
3	信息技术类	计算机网络技术
4	财经商贸类	电子商务
5	医药卫生类	护理
6	加工制造类	电子电器应用与维修

表10-5　第二批专业技能考核标准涵盖专业

序号	专业大类	专业名称
1	信息技术类	计算机应用
		电子技术应用
2	财经商贸类	市场营销
		会计电算化
3	交通运输类	汽车运用与维修
4	文化艺术类	服装设计与工艺
5	旅游服务类	烹饪
		酒店服务与管理
6	加工制造类	机械加工技术
		数控技术应用

表10-6　第三批专业技能考核标准涵盖专业

序号	专业大类	专业名称
1	农林牧渔类	设施农业生产技术
		种子生产与经营
		园林技术
		农产品保鲜与加工
2	信息技术类	计算机平面设计
3	财经商贸类	物流服务与管理
		国际商务
4	旅游服务类	旅游服务与管理
5	石油化工类	化学工艺
6	轻纺食品类	服装制作与生产管理

3.积极开展多元化评价体系探索

各地市、学校积极开展评价方式探索和实践,形成了富有特色的评价模式。如郑州市职业教育教学研究室创造性地探索了"5+1"综合职业技能训练活动。5是指"专业技能、口语表达技能、礼仪礼节技能、应用文基本写作技能、硬笔字书写技能"等五项技能,1是指"一项本专业以外的技能或本专业以内的具有较高水平的技能"。这项活动有效地提高了学生的综合职业能力和就业竞争力。

二、河南省中等职业教育教学中存在的问题

(一)专业教学标准体系不够完善

近年来,河南省职业教育以专业教学标准为引领,有效地促进了中等职业学校的专业建设和课程改革。但总体看来,系统、完善的专业教学标准体系还没有建立。一是从专业横向层面看,专业教学标准数量不足。调查显示,目前我省中等职业学校共开设18个大类185个专业,所开发的专业教学标准多为开设广泛的专业,占比仅为23%。有些专业大类如资源环境类、休闲保健类、教育类等专业教学标准尚未开发。(见图10-8)二是专业教学标准还不能很好地满足学校教学需求。尤其是随着经济转型和产业结构升级,中等职业教育专业结构还需要进一

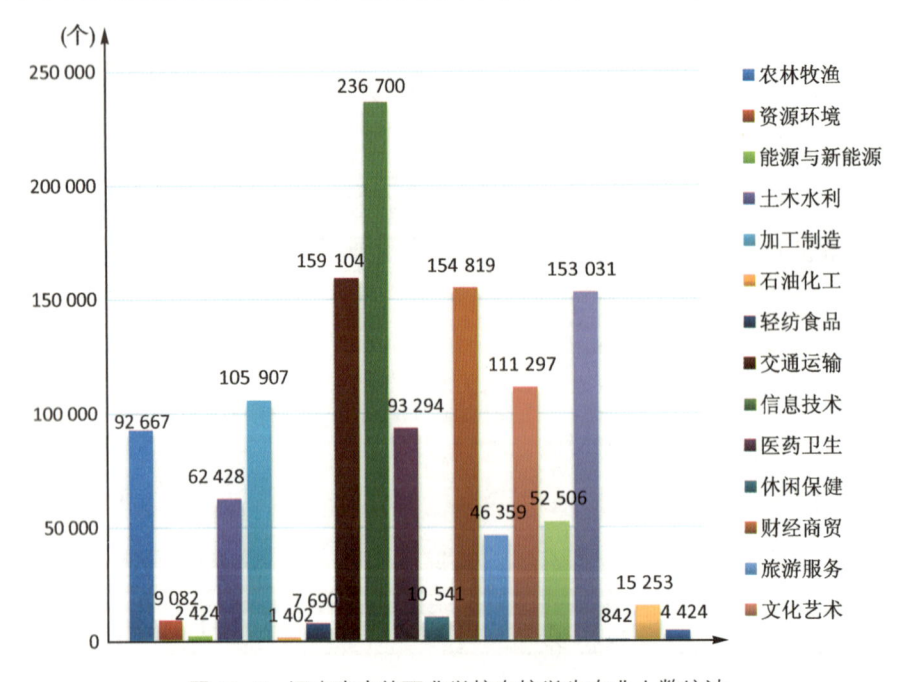

图10-8 河南省中等职业学校在校学生专业人数统计

步优化。针对限制和禁止发展的产业,可以撤并一批专业;针对调整转型产业,可以改造一批传统优势专业;针对高精尖产业,可以优先发展一批新型专业,如机器人、3D打印、无人机等,这些专业的教学标准亟待开发。三是从职业教育体系纵向来看,中高职衔接的专业教学标准还没有建立,导致中高职在课程设置上存在重复、断档和缺失的现象,在一定程度上影响着现代职业教育体系的构建。四是顶岗实习教学标准缺失,一定程度上影响了职业学校实习教学工作。

(二)课程体系和职业岗位对接不紧

目前,河南省中等职业教育课程体系,突出了以岗位能力为核心,将课程设计成公共基础课、专业核心课、专业方向课、选修课四个模块,体现了职业教育特色,增加了灵活性。但是,总体看来,在人才供需方面,由于中等职业学校和企业存在信息不对称,专业设置难以与产业布局调整相对接,人才培养与企业技术更新难以相吻合,导致课程体系与产业体系契合度不够;在课程体系开发方面,由于企业参与度低、共建度浅,课程设置未能较好地对接产业结构调整和企业技术升级;课程内容也比较陈旧;中高职课程体系衔接不够,课程出现重复、断档现象等,一定程度上制约了职业教育系统化培养人才的需要;在课程管理方面,存在不规范,随意压缩公共基础课程,不重视选修课,忽视了公共基础课和选修课对于学生整体素质提高的作用;中华优秀传统文化教育系统融入课程和教材体系不够。以数学课为例,目前该课程开设不全或课时不足的现象比较突出,调查中发现学时开设不足的学校占60%。过于关注职业技能,忽视职业素养,忽视创新能力。除了对学生进行操作技能实训和考取各类专业证书之外,对有利于提升综合素质和可持续发展的课程关注度不够,没有充分考虑当前技能发展现状和学生的实际情况。

(三)信息技术与教育教学融合创新不够

教学模式与教学质量、效益关系密不可分。随着信息技术的飞速发展,职业教育信息化建设取得了明显成效。但是,在职业教育教学领域,还存在着与信息化环境不相适应的教学模式,这在一定程度上制约着教育教学质量的提高。

1."黑板+粉笔+书本"教学模式

当前,以教师为中心的传统教学观念在教学中还有相当的市场。课堂教学以教师为中心,由教师通过讲授、板书,按照事先设计好的教学方案带着学生一步一步地进行,把教学内容传递灌输给学生。教师是整个教学过程的主宰者,学生处于被动接受的地位，教材是灌输的主要内容。即使有一些学生参与教学活动，也是在教师事先设计或限定的范围内为某一个教学环节服务。这种课堂教学模式仍停留在灌输和接受的水平和阶段，信息传递的过程是单方向的，学生往往是被动地接受信息。这种教学模式使有一定潜力的学生在统一模式下被压制，不利于学生动手能力和创造能力的培养。这种教学模式在条件不太好的农村职业学校应用较多。

2."信息技术+传统教学"教学模式

在教学过程中，仅仅将信息技术手段与传统教学模式简单相加，没有从根本上改变讲授与学习的方式；仅仅利用课件和白板代替传统的教材、粉笔和黑板，信息技术和资源的运用变成了扩充教学内容的工具；仅仅重视教学内容的传递及信息技术工具的使用，轻视学生学习环境的设计，把信息技术的浅层应用当作教学模式的创新。

3."播放课件型"教学模式

部分教师认为，信息化教学就是将大量的多媒体素材如图片、视频、动画等，制作成一个多媒体课件进行教学，而采用能够实现学生自主和交互式操作的课件与互联网技术的课程则很少。因此，在教学过程中，教师将事先制作的课件在课堂上播放，学生被动观看和接受教师讲授的内容，失去了思维和想象的空间，学生的主体作用得不到有效发挥，学生学习情况难以及时汇总反馈，学生在学习活动中获取有效学习信息的来源受到诸多限制。播放课件型教学模式由于缺乏"交流模块"的细化设计，致使教师与学生、学生与学生之间的交互方式、交互内容设置单一，无法适应学习者个性化学习、团队协作式学习和师生的交互需求。

4."技术和资源堆积型"教学模式

在教学过程中，教师过多地关注技术应用，追求教学资源多样化，把信息化教学的重点聚焦在技术手段的实现上和资源的呈现上，忽略了与教学内容、教学策略和教学方法的有效融合。在教学中采用技术复杂的软件以体现教学的先进性；采用与教学无关的资源如图片、动画和声音，以体现资源应用的多元化。这种"花样"繁多的信息技术，华而不实的教学资源，必将导致信息技术与教学过程相脱离，致使学生注意力分散，课堂重点不突出，达不到良好的教学效果。

上述问题的存在，不仅与信息化时代对职业教育教学要求脱节，在一定程度上也制约着高素质劳动者和技术技能人才的培养。因此，打破职业教育现行的教学模式，把学习的主动权交还给学生，构建信息化环境下的新型教学模式，已经成为中等职业教育课堂教学改革的价值取向。

（四）大赛的导向作用需进一步发力

1.大赛制度操作性有待进一步增强

省级出台的大赛制度仅仅停留在指导性意见上，操作性还有待进一步加强。如：河南省教育厅印发的《关于建立河南省中等职业教育技能大赛制度的若干意见》，建立了"统筹规划、分级举办""全员参与、定期举办""校企合作、行业参与""科学设计、公正评判""表彰奖励"和"安全保障"等六项制度，但缺乏相应的技能大赛校企合作管理办法、技能大赛表彰奖励办法、技能大赛安全管理规定、省赛协办管理办法、省赛赛题管理办法等，在一定程度上削弱了省赛层面文件的执行力度和效果。

2.技能大赛校企合作深度挖掘还存在盲点

校企合作是职业教育技能大赛发展的方向。近几年举办的不同级别技能大赛，均有不少项目自觉联合企业，建立了校企合作机制，通过企业为大赛提供设备或赞助、通过聘请企业相关人员参与大赛评判等形式实现校企合作。这些合作仅仅是浅层次的合作，深层次的校企合作还不够，教学与企业需求相脱节，学历教育与职业资格证书培训相脱节的现象，还没有得到根本改变。

3.大赛面向全体学生参与不够

从大赛制度设计来看，要求的是层层选拔，由于大赛在制度执行上缺乏相应的监控机制，致使一部分省辖市和省属职业学校从自身的利益出发，搞功利化大赛。在组织技能大赛时，部分省辖市和省属职业学校实行"精英教育"，指定骨干学校、优秀学生直接参赛；只抓少数尖子生的比赛训练，学校的教学资源都集中在个别学生身上，大部分学生没有机会参与，导致参赛不充分，学校之间不平衡。"校校有比赛、师生全参与"的大赛局面并未真正实现，一定程度上影响了职业教育技能大赛的健康发展。

4.大赛成绩与发达省份相比还存在一定差距

近几年来，河南省获得全国技能大赛的奖项数量，尽管在中部地区有一定优势，但与经济发达的上海市、江苏省相比差距较大，一是获奖人数较少，二是获奖层次较低。以2018年为例，河南省中等职业学校共有166名选手获奖，而江苏省中等职业学校获奖选手达到218名；河南省中等职业学校一等奖获奖选手26名，而江苏省中等职业学校一等奖获奖选手144名（图10-9）。这充分说明，实施职教改坚计

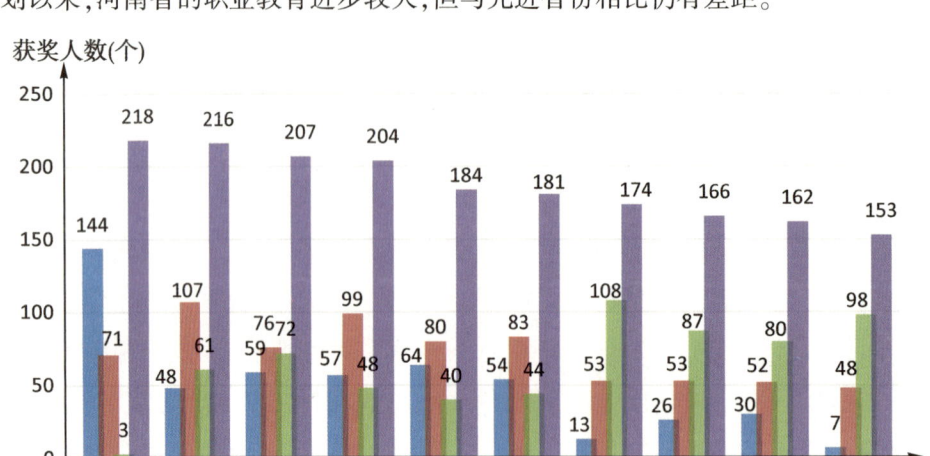

划以来,河南省的职业教育进步较大,但与先进省份相比仍有差距。

图 10-9　2018 年部分省市参加全国中等职业技能大赛获奖情况统计表

5.大赛引导教学改革力度不够

举办大赛的初衷是要引导教育教学改革,以赛促学,以赛促教,全面提升教育教学质量。但在具体实践中,却走向另一个极端,一些学校实行"应赛教育"。对于举办比赛的专业,学校在专业课程教学中完全以比赛内容代替课程教学,赛什么就学什么,忽视学生综合职业能力的培养;对于没有举办比赛的专业,部分学校忽视专业建设,经费投入不足,设备更新缓慢,导致人才培养质量和水平难以提升。

(五)多元化评价成效不够显著

1.测试和考核工作存在形式化

一是对测试和考核工作认识不够。部分学校领导主观认为,实施测试和专业技能考核给学校增加了负担,因此对组织测试与考核工作的积极性不高,存在随意性大等问题。二是技能训练设备和场所与学生规模不匹配,难以满足考核需要。不少学校技能课程教学条件薄弱,实训设备不足,实训场所有限,尤其是对设备要求高的专业如数控、汽车等专业存在着工位不够等问题,组织技能考核存在一定困难。三是经费投入不足。测试与考核是一项系统工程,需要人力、财力、物力的投入和支撑,它不仅仅需要设备、场地,还需要组建一支专家队伍,对考核工作进行评判。不少学校经费投入不足,导致测试与考核工作不能顺利开展。这些问题的存在,在一定程度上制约着测试与考核工作的顺利进行。

2. 多元化评价体系有待进一步完善

一是评价主体重一元轻多元。评价的目的是对学生的学习情况及学习效果进行检测,为改善教师教学方式和学生学习方式提供可靠的依据,促进学生全面发展。在评价过程中,评价主体应该多元化,不仅有教师,还应该积极引导学生、家长以及企业相关人员参与评价。但是,部分学校把教师作为评价学生的唯一主体,家长及企业评价没有得到体现。在对评价主体调查中,结果显示,有85%的学生选择教师是唯一的评价主体。这充分说明,不少学校忽视评价主体的多元化,尤其是忽视行业、企业的参与。这种单一的评价主体,势必导致评价视角和评价内容的片面性。二是评价内容重职业技能轻职业精神。调查显示,把课堂教学内容当作评价的重点,通过公共基础课程知识与专业技能课程知识考试来评价学生的占70%,能够从学生的职业技能、职业道德、职业行为习惯等综合素质层面对学生进行全面评价的仅占总数的30%。这种忽视人文素养、职业情感、职业态度意志等因素的评价体系,不利于学生综合素质的培养,在一定程度上影响了学生的可持续发展。三是评价方式重书面考试轻动手操作。过分强调学科的逻辑性和知识的系统性,不重视学生的专业技能训练。由此导致对学生的评价基本上仍以传统的定量书面考试为主,体现学生职业素养的综合素质定性评定方式并未引起足够重视。调查显示,认为采取书面考试的占60%,书面、口试和操作相结合的仅占40%。四是重结果性评价轻过程性评价。不少职业学校强调终结性评价,忽视诊断性评价和改进,不能有效激励学生的主动发展。调查显示,有65%的学生认为学校对学生的评价注重结果评价,而过程性和结果性评价相结合的仅占35%。这种评价机制导致培养出的学生职业素养水平普遍较低,职业能力相对薄弱,不能很好地适应企业的需求,更不能适应以就业和创业为双重目标的学生终身发展需求。

三、河南省中等职业教育教学改革的对策

(一)完善立德树人落实机制

1. 构建立德树人培养机制

深入开展中国特色社会主义和中国梦宣传教育,大力加强社会主义核心价值观教育,帮助学生树立正确的世界观、人生观和价值观。加强法治教育,增强学生法治观念,树立法治意识;贯彻落实教育部德育课程标准,开齐德育课程,开足德

育课学时；统筹推进活动育人、实践育人、文化育人，广泛开展文明风采竞赛、中华优秀传统文化大赛、学生素质能力大赛，以竞赛方式推动立德树人根本任务的落实。

2.加强文化基础和中华优秀传统文化教育

加强公共基础课与专业课间的相互融通和配合，注重学生文化素质、科学素养、综合职业能力和可持续发展能力培养，为学生实现更高质量就业和职业生涯更好发展奠定基础。要按照教育部印发的教学大纲（课程标准）规定，开齐、开足、开好相应课程。要把中华优秀传统文化教育系统融入课程和教材体系，开设经典诵读、中华礼仪、传统技艺等课程；要充分挖掘和利用地方中华优秀传统文化教育资源，开设专题的地方课程和校本课程，拓宽选修课覆盖面。

3.把提高学生职业技能和培养职业精神高度融合

积极探索有效的方式和途径，形成常态化、长效化的职业精神培育机制，重视崇尚劳动、敬业守信、创新务实等精神的培养。充分利用实习实训等环节，增强学生安全意识、纪律意识，培养学生良好的职业道德。深入挖掘劳动模范和先进工作者、先进人物的典型事迹，教育引导学生牢固树立立足岗位、增强本领、服务群众、奉献社会的职业理想，增强对职业理念、职业责任和职业使命的认识与理解。

（二）健全中等职业教育教学标准体系

1.完善中等职业教育专业教学标准

一是修订已有中等职业学校教学标准。河南省研发的42个专业教学标准，对于中等职业学校专业建设、专业教学和专业评估工作起到了重要的规范和指导作用。随着经济转型和产业结构调整升级，社会对中职人才需求也发生了变化，现行的专业教学标准存在着与人才培养不相适应等问题，不能很好地满足中等职业教育教学需求。因此，应对已有专业教学标准进行修订。二是研发中等职业教育新兴专业教学标准。随着经济转型和产业结构升级，中等职业教育专业结构也在不断优化，一批新型专业已经设置，如机器人、3D打印、无人机等，应加快研发这些专业的教学标准，以满足专业建设、专业教学的需求。三是加快研发中、高职衔接的专业教学标准。促进中高职协调发展、系统培养高素质劳动者和技术技能人才，研发中高职衔接的专业教学标准是关键。应注重中高职在培养规格、课程设置、工学比例、教学内容、教学方式方法、教学资源配置上的衔接，合理确定各阶段课程内容。中等职业学校要结合办学定位、服务面向和创新创业教育目标要求,借鉴、引入企业岗位规范,制订人才培养方案。

2.研发中等职业教育顶岗实习教学标准

中等职业学校顶岗实习教学标准的缺失,在一定程度上影响着顶岗实习的科学化、规范化,因此,应加快研制中等职业学校教学顶岗实习教学标准。学校和实习单位应按照专业培养目标的要求和教学计划的安排,共同制定实习计划和实习评价标准,明确实习教学目的、实习教学地位、实习教学目标、实习教学内容、实习教学组织、实习教学条件、实习教学考评。组织开展专业教学和职业技能训练,并保证学生顶岗实习的岗位与其所学专业面向的岗位群基本一致。

3.完善中等职业学校核心课程标准

对于公共基础课程,应贯彻落实国家课程标准;进一步完善专业核心技能课程标准。一是要科学定位课程目标,不仅体现学生的知识和技能,还应体现情感、态度和价值观。二是要科学组建课程内容,要按照职业岗位需求、职业技能标准、企业最新技术来选择教学内容;按照企业生产流程、企业工艺流程来组织教学内容顺序和体系。三是要提供教与学的建议、教材编写建议、评价建议、课程资源的利用与开发建议、考核建议和相关的保障措施等。

(三)构建基于工作过程导向的课程体系

1.准确定位课程目标

职业教育课程目标是专业人才培养目标的具体体现,职业教育的课程目标除了知识和技能之外,同样还有职业素养。因此,课程目标必须将职业技能的培养与职业精神的养成融入课程。课程目标的确立既要符合《教育部关于深化职业教育教学改革全面提高人才培养质量的若干意见》的要求,又要结合当前中等职业学校职业技能与职业精神融合的现状与需求,根据不同年级学生的不同特点与不同专业的教学特点,科学设计职业技能与职业精神融合的课程的目标。

2.推进课程的综合化、模块化和项目化

要进一步优化课程体系。中等职业教育课程,应设置"四层次六模块"课程结构。四层次是基础、拓展、实践、创新,六模块是指公共基础课、专业核心课、专业方向课、专业拓展课、专业选修课、专业实践课。基础层次课程,重在培养学生的专业基础知识和专业能力;拓展层次课程,重在培养学生的专业后续发展和跨专业储备知识,力求使学生能够成为复合型、可持续发展的人才;实践层次课程则以技术创新团队为牵引,以项目为载体,学生可根据相关行业工作要求和个人兴

趣,在教师指导下进行生产实践、课程实践、技能热点透视。同时将创新创业教育纳入课程体系,贯穿在不同的学习模块,培养学生创新创业精神。统筹安排公共基础课、专业技能课和顶岗实习。

3. 对接最新职业标准、行业标准和岗位规范更新课程内容

在课程内容选择上,应根据职业岗位对学生职业技能和职业精神的融合要求来组织教学内容,把职业岗位所需要的知识、技能和职业素养融入相关专业教学中。尤其是专业课程,应坚持理论与实践相结合,课程内容与职业标准对接,并基于工作过程系统化创设职业模拟情境。不仅关注学生技能掌握情况,同时还要关注学生的态度、行为习惯及职业道德。在实习实训教学过程中,要制订和落实有利于职业技能与职业精神相融合的实习实训计划和标准,并将企业文化、安全知识、操作规范等纳入实习实训内容。

4. 开展职业教育在线精品课程建设

主动适应学习者个性化发展和多样化终身学习需求,立足省情建设在线课程和公共服务平台,加强课程建设与公共服务平台运行监管。坚持立足自主建设、注重应用共享、加强规范管理的原则,建设一批以大规模在线开放课程为代表、课程应用与教学服务相融通的优质在线开放课程,认定一批省级在线精品课程,建设在线课程公共服务平台。通过开展职业教育在线精品课程建设,推动信息技术与教育教学深度融合,促进优质教育资源应用与共享,全面提高职业教育教学质量。

5. 校企"双元"合作开发省规划教材

应建立健全教材编写机制,根据区域经济和行业发展的实际需要,组织开发和编写具有地方和行业特色的专业教材。一是要校企"双元"合作开发教材,组织学校和企业专家,共同研发校企合作精品教材;二是倡导使用新型活页式、工作手册式教材,配套开发信息化资源;三是在教材内容上,要克服理论偏深偏难的弊端,适当压缩理论比重,降低理论难度。根据职业岗位对专业技能的要求安排实践教学内容,加强技能训练,重视技能操作,充分体现新知识、新技术、新工艺、新方法的应用;四是要创新教学形式,打造新形态教材。

(四)深化职业教育教学模式改革创新

1. 构建基于信息化环境的教学模式

适应"互联网+职业教育"发展需求,运用现代信息技术改进传统教学模式。

信息化教学资源是教学信息化得以长效开展的真正源动力,建设数量充足、覆盖面广、形式多元、适应性强的教学资源是推动信息化教学开展的关键所在。学校应围绕专业群创建职业教育信息资源库、围绕技术技能人才培养链搭建资源保障平台、围绕学生技能水平的提升建设虚拟实训中心、围绕以城带乡促进职业教育均衡发展构建优质资源信息服务机制。同时要采取购买、共建、自建等多种方式,拓宽信息化资源建设渠道,并结合学校专业实际,组织力量开发建设校本信息化教学资源,实现教材的生动化与可视化、单媒体变为多媒体、静媒体变成流媒体,通过体制、模式创新,有效提高资源的使用率和学生自主学习的积极性。

2.积极开展行动导向型教学

坚持以学生为中心,突出做中学、做中教。积极推行项目教学、案例教学、场景教学、模拟教学和岗位教学等。开展行动导向型教学培训,将行动导向型教学培训列入省级骨干教师和"双师型"教师的培训计划之中;鼓励教师运用现代教学理念、技术手段和方法,对接岗位需求,创设出与教学内容相对应的项目、案例、场景等,激发学生学习兴趣,提高学生感性和理性认识水平,促使学生熟练掌握技能;推广行动导向型课堂教学成果,通过开展公开课或示范课等活动,引领学校深化课堂教学改革。

3.实施"特色示范课堂"建设项目

推行"课堂革命",构建以学为中心的课堂行动模式,促进学生全面发展。打造职业教育优质特色示范课。建立"特色示范课堂"评审制度,研制"特色示范课堂"评价标准,开展优质特色示范课评审,开展优质特色示范课推广活动。以实施"特色示范课堂"为抓手,引导中等职业学校教学模式创新。

(五)进一步增强大赛制度的导向作用

1.完善大赛系列活动制度

一是建立赛项协办单位管理制度。以公开竞争方式确定省级技能大赛赛项举办地。制发关于开展河南省中等职业教育技能大赛分赛点申报工作的通知,各地各校可根据实际情况,向省中等职业教育技能大赛组委会办公室提出协办大赛申请,省中等职业教育技能大赛组委会办公室按照规定的条件和程序进行遴选。二是建立赛题管理制度。按照公平、公开、公正的比赛原则,规范各赛项赛题管理,确保赛项赛题质量。技能大赛的命题工作由省中等职业教育技能大赛组委会办公室制定命题专家负责。赛题的制定与使用必须遵从公开、公平、公正的原则,能公开的内容必须公开。命题范围要依据正式公布的赛项规程，命题方向和难度要以教育部和河南省颁发的相关教学标准为依据，赛题编制应规范。三是建立技能大赛资源转化制度。要将大赛内容纳入专业人才培养方案；将大赛内容提炼成技能训练课程，开发数字化专业教材和技能训练指导书。四是建立大赛校企合作管理办法。明确校企合作的宗旨、企业遴选条件、企业的义务和纪律等，使大赛成为校企合作的平台。努力实现技能大赛由阶段性工作向常态化工作的转变，使技能大赛真正成为师生成长的重要平台。

2. 建立健全全员化大赛运行机制

全员化大赛是对传统大赛的一种有效升级，从长远来看是大赛质量的飞跃。目前，全员化大赛正处于起步阶段，既需要理论研究和实践探索，更需要制度的保障。因此，应建立健全全员化大赛的运行机制。一是建立省级、市级和校级三级联动机制。省级大赛由河南省教育厅统一确定比赛专业和项目，比赛专业应是河南省职业学校开设广泛的专业，由省级教育行政部门统一制订比赛规程、统一命题、统一组织；市级大赛除依据省级比赛确定的比赛项目之外，还应结合本市实际选择具有地方特色的专业和项目，其比赛由市级教育行政部门统一制订比赛规程、统一命题、统一组织；校级比赛即除响应省、市级比赛要求的专业和项目外，中等职业学校应结合本校实际，选择其余专业和项目开展比赛，由本校统一制订比赛规程、统一命题，学校自行组织。通过三级联动，形成专业全覆盖，真正实现学生全员参与。二是建立全员化大赛持续推进机制。按照先行试点、分步推进的原则，进一步扩大全员化大赛专业覆盖面，完善全员化大赛比赛方案，健全全员化大赛参赛选手的抽取制度和办法，确保全员参加大赛的目标早日实现。三是建立全员化大赛长效机制。要强化融合训练，实现全员化大赛常态化。要把比赛内容和训练标准融入到课堂教学之中，融入到正常的教学计划之中。同时，还可通过第二课堂活动、社团活动，推动全员化大赛，从根本上改变赛前集中训练影响正常教学秩序的问题，为实现全员化大赛常态化奠定坚实基础。

3. 以大赛引领职业教育教学改革

大赛工作是职业教育工作的一项制度创新，大赛活动是检验职业教育教学改革成果的重要手段，是推动职业教育改革发展的动力。充分发挥文明风采竞赛、中华优秀传统文化大赛、学生素质能力大赛、师生技能大赛的引领作用，全方位推进中等职业教育教学改革。做好大赛成果的资源转化，调整专业方向，更新课程内容，改进教学方法，改善教学条件，加强师资队伍建设。以全员化大赛为导向推进大赛活动与常规教学融合,改革传统大赛"精英化"的弊端,将全员化大赛内容和评分指标体系融入到教育教学全过程,促进教育公平,提升教育教学质量。继续办好职业学校信息化教学大赛,推进信息技术在教学中的广泛应用,推动信息技术环境中教师角色、教育理念、教学观念、教学内容、教学方法及教学评价等方面的变革。

(六)健全职业教育教学质量评价制度

1.改进公共基础课水平测试与专业技能考核办法

河南省教育厅开展中等职业学校公共基础课水平测试与专业技能考核工作,对于引导中等职业学校规范教学活动、加强教学质量监控、提高教学质量具有重要意义。鉴于河南省中等职业学校发展的不平衡、学生实训实习组织的灵活性,刚性的考核标准和评价方式在一定程度上制约着测试和考核的组织,因此,应改进河南省中等职业教育公共基础课水平测试与专业技能考核办法。按照国务院办公厅关于全国深化"放管服"改革转变政府职能的要求,河南省中等职业教育公共基础课水平测试与专业技能考核工作,由各省辖市、省直管县市教育局和省属中等职业学校,根据自身发展水平和专业特点,制订相关方案,自行组织实施。要充分发挥河南省中等职业教育公共基础课水平测试与专业技能考核工作委员会办公室工作职责,加强对省辖市、省直管县市和省属中等职业学校公共基础课测试与技能考核工作的组织和指导。

2.建立基于诊断与改进理念的评价机制

教育部办公厅印发的《关于建立职业院校教学工作诊断与改进制度的通知》,要求建立教学工作诊断与改进制度,在职业院校全面开展教学工作诊断与改进。这是持续提高人才培养质量的重要举措和制度安排。职业学校要关注人才培养质量工作的全过程,要按照教育部关于建立职业院校教学工作诊断与改进制度的有关要求,加快推进教学诊断与改进工作。要切实发挥学校的教育质量保证主体作用,不断完善内部质量保证制度体系和运行机制。要建立过程性评价和终结性评价相结合的评价机制,关注过程性评价,加强过程管理,进行多时段考核评价,及时发现问题,随时加以改进;充分发挥评价的激励功能,不仅要关注学生的知识与技能,还要关注学生的学习过程与方法,以及学习过程中形成的良好情感态度和价值观;重视学生个人的专业发展,助推学生的全面发展。

3.建立多元化评价体系

一是构建多元协同的评价主体。评价主体决定着评价的权威性和客观性,采取任课教师和专业课教师评价相结合、学生自我评价与相互评价相结合、学校评价和家长评价相结合,同时吸纳行业、企业作为评价参与主体。二是开发基于多维度的评价指标体系。应结合职业教育培养目标,以促进学生职业技能和职业精神融合为核心,从文化素质知识、专业知识、岗位技能、职业道德、职业意识、职业行为等多维度构建反映学生学习活动的评价指标体系;采取多元互动的评价指标构建机制,把社会用人单位的意见作为评价指标构建的重要来源。三是采取多样化评价方式。要改变传统的将纸笔测验作为唯一的评价手段的现象,坚持课内评价和课外评价相结合、校内评价和校外评价相结合、理论和实操相结合、笔试和口试相结合。通过多途径多方式的评价,促进学生职业精神与职业技能的有机融合。

当前,产业升级和经济结构调整不断加快,各行各业对中等职业技术技能人才的需求越来越紧迫。国家职业教育改革实施方案明确提出,职业教育将由参照普通教育办学模式向企业社会参与、专业特色鲜明的类型教育转变。这既为新时代中等职业教育教学改革指明了新方向,也提出了新要求。随着教育现代化目标任务的确立,中等职业教育将面临着实现现代化和类型教育重新构建的双重任务,这就需要紧紧围绕职业教育事业发展的需要,坚持落实立德树人的根本任务,强化顶层设计,谋求统筹推进,以更加坚定的信念、更加强大的勇气,更加明确的目标,深入推进职业教育教学改革,全面提升人才培养质量。

参考文献:

[1]何文明.中等职业学校教学工作现状、问题与对策——基于湖南省株洲市的调查[J].中国职业技术教育,2008(07):16-18.

[2]杨金栓.推进中职教育专业技能考核的策略[J].河南教育(职成教),2016(08):29-31.

[3]杨金栓.职业技能和职业精神融合视域下职业教育课程体系的构建[J].河南教育学院学报(社会科学版),2018(04):71-74.

[4]杨金栓.职业教育学生评价体系的构建——基于对职业技能和职业精神的融合考察[J].平顶山学院学报,2018(04):122-124.

[5]杨金栓.依托全员化技能大赛促进学生职业技能和职业精神融合的思考[J].河南教育(职成教),2018(05):24-26.

[6]中华人民共和国教育部.教育部关于深化职业教育教学改革全面提高人才培养质量的若干意见:教职成[2015]6号)[EB/OL].(2015-07-29)[2019-04-30].http://www.moe.gov.cn/srcsite/A07/moe.953/201508/t20150817_200583.html.

[7]中华人民共和国国务院.国务院关于印发国家职业教育改革实施方案的通知:国发[2019]4号[EB/OL].(2019-02-13)[2019-04-30].http://www.gov.cn/zhengce/content/2019-02/13/content_5365341.htm?isappinstalled=0.